LA VIDA CRISTIANA: ¿CRUZ O GLORIA?

¿Cómo sería una teología que se tomara en serio las palabras de Pablo: «Porque nada me propuse saber entre ustedes excepto a Jesucristo, y Este crucificado» (1Co 2:2)? Steven Hein ofrece una respuesta convincente en un libro que podría llamarse una «teología sistemática de la cruz». Enriquecido con ideas de las Tesis de Heidelberg, de Lutero, y comprometido con las cuestiones planteadas en la cultura de la espiritualidad autónoma tan dominante en América del Norte, Hein ha proporcionado un libro que servirá para cimentar en la palabra de la cruz a los cristianos experimentados, desafiando, a la vez, a los aburridos o agotados por el cristianismo superficial y anémico, a oír una versión fresca de la historia y la promesa del Señor crucificado y resucitado.

—John T. Pless
Profesor Asistente de Ministerio Pastoral y Misiones / Director de Educación en Terreno
Concordia Theological Seminary Fort Wayne, IN

Probablemente, alguna vez oíste el anuncio de que tu autor favorito publicaría un nuevo libro, y de que en él trataría su propio tema favorito... *¿Cuándo podré conseguir un ejemplar?* Eso es exactamente lo que pensé cuando escuché el anuncio del nuevo libro del Dr. Steve Hein: *La vida cristiana: ¿Cruz o gloria?*

¿Por qué? Durante décadas, el Dr. Hein se especializó en Lutero y la teología luterana confesional clásica (fue profesor de esa asignatura en la universidad de la Iglesia luterana Sínodo de Misuri, en Chicago, por casi veinticinco años). Hein se deleita, y es supremamente competente, en enseñar esta fe *dentro de los confines* de su iglesia/sínodo, hablando a miembros como uno que también es miembro. Lo haría 24/7, si fuera posible. Y, en particular, el Dr. Hein es un maestro de la visión de Lutero sobre la vida cristiana (la «santificación», aquella doctrina que, según otros cristianos, los luteranos no tienen, no creen, o ni siquiera consideran de interés).

Centrándose en los temas paradójicos presentes en la *Disputa de Heidelberg* de Lutero, el libro del Dr. Hein cubre todas las materias predecibles: la ley y el evangelio, Dios oculto y revelado, la justificación *sola fide* y *propter Christum*, la naturaleza de la vida/santificación cristiana, y así sucesivamente. Las partes II y III de su libro se centran en la guerra entre la nueva vida y el «viejo Adán» del cristiano, en lo que Lutero llamó *tentatio* (pruebas, tentaciones, aflicciones), en las buenas obras como fruto de la fe en Cristo, en la *vocatio* («vocación, llamado, puesto») y en la condición del cristiano como libre señor de todo y al mismo tiempo siervo del prójimo (Lutero, *La libertad cristiana*). Tal como en las *Confesiones* de san Agustín, tiene un capítulo final, influenciado por C. S. Lewis, acerca del cielo y el infierno (no como se enseña en las clases de Teología Sistemática, sino en la línea de «¿Cómo les damos sentido?» —*cf.* la conversación de Lewis con MacDonald en *The Great Divorce*—).

Este libro está repleto no solo de la Escritura [texto completo y bien seleccionado], sino también de referencias ilustrativas a Lutero y a escritores luteranos contemporáneos (por ejemplo, los difuntos Gerhard Förde, el Dr. Heiko Oberman y el Dr. Ronald Feuerhahn). Para mi sorpresa y deleite, el Dr. Hein también hace uso de los escritos del fallecido Padre Robert Capon (episcopal de línea principal, pero poseedor de una bíblica y asombrosa comprensión de la «gracia» —así como de la ausencia casi total de su contenido escandaloso en párrocos, pastores, iglesias y seminarios—). A los escritos de estos «grandes», el Dr. Hein añade sus propias y útiles ilustraciones.

Recomiendo el libro del Dr. Hein especialmente a quienes apreciaron The Spirituality of the Cross, del Dr. Eugene Edward Veith, y desean leer más sobre el tema, pero en un estilo más profundo y analítico. Sin embargo, si leíste el libro del Dr. Veith en un fin de semana, probablemente deberías tomarte un par de semanas para leer La vida cristiana: ¿Cruz o gloria? del Dr. Hein.

—Dr. Rod Rosenbladt

Si estás buscando un libro que le dé un «giro luterano» al tema de la vida cristiana, no es este. Cuando se trata de la vida cristiana, los luteranos y el cristianismo popular norteamericano no están en el mismo planeta, y mucho menos en la misma página. No, este es un libro singularmente luterano sobre la vida cristiana. Es una vida que se da en la predicación, el bautismo y la cena del Señor; que se vive en el prójimo; y cuya forma es la de la cruz. En otras palabras, este libro sitúa la vida cristiana no en el cristiano, sino en el propio Cristo crucificado.

—Todd Wilken

LA VIDA CRISTIANA: ¿CRUZ O GLORIA?

STEVEN HEIN

**Editado por
RICK RITCHIE**

La vida cristiana: ¿Cruz o gloria?
Steven A. Hein

© 2024 New Reformation Publications

Publicado por:
1517 Publicaciones
PO Box 54032
Irvine, CA 92619-4032

ISBN (Paperback) 978-1-964419-08-4
ISBN (EBook) 978-1-964419-09-1

Traducido del libro *The Christian Life: Cross or Glory?*
© 2015 Steven A. Hein. Publicado por 1517 Publishing

A menos que se indique algo distinto, las citas bíblicas están tomadas de la Nueva Biblia de las Américas™ NBLA™, © 2005 por The Lockman Foundation.

Las citas bíblicas marcadas con NVI están tomadas de la *Santa Biblia*, Nueva Versión Internacional © 1999, 2015 por Biblica, Inc ®.

Las citas bíblicas marcadas con PDT están tomadas de la Palabra de Dios para Todos (PDT) © 2005, 2008, 2012, 2015, Centro Mundial de Traducción de La Biblia. © 2005, 2008, 2012, 2015, Bible League International.

Contenido

Introducción

La gracia no podrá prevalecer [...] mientras no se haya agotado ni derrumbado nuestra vieja certeza de que hay alguien llevando la cuenta.

—Robert Farrar Capon (1925-2013)

El título de esta obra, *La vida cristiana: ¿Cruz o gloria?*, pretende incitar al lector a plantearse una pregunta un tanto desagradable: *¿Cuál es la relevancia del Cristo crucificado para la vida diaria cristiana?* ¿Cuál debe ser cada día el centro del camino de fe del cristiano: el Jesús resucitado glorificado, o el Cristo crucificado? La sabiduría religiosa estándar cree que, si tenemos la seria intención de promover los ideales cristianos y llenar los asientos de la iglesia los domingos por la mañana, es una tontería frotar los ojos, los oídos y la nariz de la gente en la cruz ensangrentada de Cristo. Para las personas de sensibilidad religiosa no judía, la crucifixión de Jesús nunca ha sido un foco muy popular a la hora de buscar desarrollar una relación más satisfactoria con Dios. Detenerse o centrarse en la tortuosa muerte de Jesús llevada a cabo por los antiguos romanos siempre ha rozado ruidosamente con las sensibilidades estéticas y religiosas refinadas. Por el contrario, como declaraciones de moda religiosa, las cruces siempre han sido populares, en sus diversas formas y tamaños. Tanto los creyentes como los no creyentes siempre han visto con buenos ojos las cruces de metales preciosos, sea lo que sea que vaya adherido a ellas. Es decir, mientras no se trate de Jesús. Reconozcámoslo. Para la mayoría de la gente, incluidos quienes se identifican como cristianos, las cruces que representan de manera precisa lo sucedido con Jesús provocan una gran repulsión emocional. Por esta razón, muchas Iglesias no las permiten en sus santuarios, tengan la forma o el tamaño que tengan, ya que las consideran negativas y de mal gusto. Mucho más populares son las representaciones de un Jesús muy saludable, en diversas posturas reverentes, a menudo parado serenamente con algunos niños pequeños o con ovejas descarriadas.

La mayoría de los protestantes, así como muchos luteranos, piensan que los que tienen cosas como crucifijos son los católicos, y, como ellos dicen, *nosotros no somos católicos*. Además, a menudo se utiliza el siguiente argumento teológico para justificar la ausencia de Jesús crucificado: *Mira, presentamos la cruz de Cristo vacía porque Jesús ya murió y dejó la cruz. Ya no está allí. Resucitó, ascendió, y ahora se encuentra junto al Padre en la gloria.* Este razonamiento nunca me ha parecido muy convincente. ¿Alguna vez has visto una representación de la natividad de Nuestro Señor en la que hubiera un comedero vacío, sin el niño Jesús, y te dijeran que es una celebración del *pesebre vacío? Jesús ya no está allí: creció, murió, resucitó y ascendió al Padre en gloria.* No, la verdad es esta: las representaciones y presentaciones del Cristo crucificado y ensangrentado nos hacen sentir incómodos. Que nos den una cruz hecha de calas, en la iglesia, y simplemente dirijamos nuestra atención al Cristo resucitado, en la gloria.

El deseo de evitar cualquier enfoque en la cruz de Cristo no es nada nuevo en la historia de la Iglesia. En los días del apóstol Pablo, tal hostilidad se hallaba muy viva. La Iglesia de Corinto se debatía sobre el modo en que debía enfocar su misión y su ministerio. Muchos pensaban que las características y habilidades del liderazgo espiritual eran el criterio fundamental para la salud y la expansión de los ministerios corintios. Discutían sobre qué tipo de líder y atributos eran cruciales para la vitalidad espiritual (1Co 1:11ss.). Divididos en facciones, cada cual defendía a su propio líder espiritual: unos a Pablo, otros a Pedro, y otros a Apolos. Sin embargo, un grupo visionario especial no pensaba en ninguno de ellos: *¡Seguiremos únicamente a Jesús!* Este último grupo pensaba que los simples líderes terrenales aminoraban el éxito. Ellos simplemente seguirían a Jesús y vivirían imaginando lo que él haría en lugar de ellos. Olvida a los apóstoles, sus enseñanzas y consejos; este grupo moldearía la visión espiritual corintia guiado únicamente por «lo que haría Jesús». Pensaban que lo que se debía predicar era a Jesucristo, y a él ejemplificado.

En 1 Corintios 1–2 descubrimos que el apóstol Pablo no aceptaría nada de esto. Allí expuso el tema de todo su ministerio y misión entre ellos. Sostuvo que, en la predicación del evangelio, *la cruz de Cristo no debía ser vaciada de su poder* (1Co 1:17). Trazando un límite no negociable, declaró que *se había propuesto no saber entre ellos nada excepto a Jesucristo, y este crucificado* (2:2). Para Pablo, *Cristo crucificado* no era simplemente *una parte* del mensaje, sino todo el mensaje y el único mensaje para la Iglesia de Cristo. ¿Estaba Pablo engañándose y haciendo gala de su ingenuidad? ¿No se daba cuenta de que esto desanimaría a muchos indagadores espirituales que, de otro modo, habrían estado dispuestos a darle una oportunidad a la Iglesia de Corinto? Sí, lo entendía perfectamente. Calificó la cruz de *necedad* para los que se pierden; de *piedra de tropiezo para los judíos* y, sencillamente, de *necedad* total para el gentil típico (1:23). Sin embargo, solo en ella se encuentra la sabiduría de Dios para los pecadores y la única misión y ministerio por los que podemos vivir mediante la gracia y la reconciliación de Dios. Sin la cruz de Cristo crucificado, todo enfoque en Jesús, y toda discusión sobre el amor de Dios o sobre imitar lo que Jesús haría, simplemente equivalen a permanecer bajo la ira y la condenación de Dios. Dios no concede insignias al mérito, ni ciertamente favor alguno para cualquier misión, ministerio, o enfoque en Jesús que oculte o suplante el evangelio de Cristo crucificado.

¿Quién puede negar el desagradable sabor de convertir a Cristo crucificado en la suma y la sustancia de la proclamación y la vida de la Iglesia? La crucifixión es una forma fea y repulsiva de ejecución que los romanos reservaban para los criminales a los cuales querían usar como advertencia. No nos gusta insistir en el hecho de que Jesús recibió un trato tan vergonzoso y espantoso. *Sí, le ocurrió a nuestro Salvador, y nos alegramos por ello. Pero eso ya pasó, así que sigamos adelante.* ¡No tan rápido! Si tomamos en serio la forma en que Pablo presenta nuestro bautismo en Romanos 6:3-11, es necesario que veamos la cruz de Cristo con una perspectiva de-regreso-al-futuro. Si hemos de vivir con él, lo que Dios requiere de nosotros es la unión con el Cristo crucificado en su muerte. Mientras que Jesús dejó atrás la cruz y la tumba, ascendiendo a la gloria, nosotros no lo hemos hecho —aún—. Por ahora, nuestra vida con Dios permanece fija en nada más que la caridad sangrante de Dios —una caridad sangrante provista exclusivamente en la cruz de Cristo—. Toda nuestra perspectiva de la cruz de Cristo promete ofender las sensibilidades religiosas comunes. Argumentará que, cuando Dios ejerza su poder y su justicia contra todos los males del mundo, todos recibirán lo que no merecen.

Sí, Jesús ya tuvo su Pascua, pero en esta vida nosotros aún esperamos la nuestra atados a su cruz. Aunque algunos preferirían morir antes que centrar su vida espiritual en ello, es Dios quien exige precisamente eso, tu muerte, para que el centro de tu vida espiritual sea el correcto. Tu muerte al pecado es exigida por la mismísima cruz que crucificó a tu Señor.

Debes morir con Cristo para vivir con él. Si quieres ser cristiano, debes ser crucificado. ¡Lo que a él le tocó, te toca a ti! Lo suyo duró algunas horas, y lo tuyo, toda la vida.

Lo asombroso es que, en la cruz de Cristo, mueren dos: Cristo y tú. Y por esa muerte, hay vida. Viven dos: Cristo y tú (Ro 6:10-11). Es feo de ver y experimentar, y es una completa locura pensarlo. Cada ápice de tu razón te dirá que, en la muerte, lo que obtienes es muerte. Pero la promesa de la santa cruz de Cristo es que, en **esta** muerte, se obtiene vida; vida eterna, de hecho. Y para la Iglesia de Corinto, y todas las Iglesias, tanto entonces como ahora, uno no se salva por la miserable cruz para luego, cinco minutos más tarde, avanzar por el camino de la gloria y de una relación más satisfactoria con Dios. Aquí, de momento, todos permanecemos cautivos en y por la divina necedad de Jesucristo, y de él crucificado; aquí está la cruz sangrienta que, por sí sola, salva a los pecadores a fin de que permanezcamos hasta recibir nuestra corona de gloria. Su muerte al pecado y tu muerte al pecado; es una cruz doble. Satanás pierde, y tú ganas.

Fue Martín Lutero quien inició su movimiento para recuperar el evangelio del Nuevo Testamento haciéndose eco de la resolución de san Pablo a los Corintios, cuando declaró: *La cruz es nuestra teología*. Escudriñando las Escrituras, Lutero descubrió que la vida cristiana en este mundo se vive en unión con el Cristo crucificado. ¡Ahora es vida de cruz! La pregunta para el lector es la siguiente: ¿Estás dispuesto a considerar las implicaciones del Cristo crucificado en donde los pecadores se ensangrentan con Jesús porque simplemente mueren para vivir? Esto te exigiría aceptar la conclusión de Lutero de que la historia de la gloria está reservada solo para ti y todos los cristianos en la ocasión de tu propia Pascua feliz. Lutero entendió que muchos aspectos de la vida de cruz del cristiano reflejan realidades que se comprenden mejor por la vía de la paradoja. Las Escrituras presentan a menudo dos realidades aparentemente opuestas en las que ambas deben ser abrazadas y apreciadas sin que la tensión entre ellas se relaje o se resuelva. Las realidades duales pero paradójicas del pecado y la gracia, la muerte y la resurrección, la ley y el evangelio, el arrepentimiento y la fe, el pecador y el santo, la fe y la experiencia, el ahora y el todavía no; estos pares de opuestos describen de qué manera deberían entenderse muchos aspectos de nuestra fe y experiencia de la vida en Cristo.

La vida de cruz empieza cuando la gracia nos salpica en el bautismo, que une al pecador con la muerte del Cristo crucificado (Ro 6:5ss.). Allí, en la cruz, el cristiano vive como ciudadano dual de este mundo y del

Reino de Dios hasta que se lo traslada a la vida glorificada y resucitada de Cristo. Lutero denominó teologías de gloria a todas las distorsiones del Evangelio que prometen al cristiano elementos de gloria en esta vida a cambio de perfeccionar u ofrecer cosas espirituales que merezcan el favor de Dios. Lutero caracterizaría como teología de gloria cualquier promesa que, en esta vida, concediera al creyente alguna exención o lo liberara de experimentar su propia pecaminosidad o la de los demás y la de este mundo. En los capítulos que siguen exploraremos lo que Lutero describió como Teología de la cruz y esbozaremos los contornos de la vida que el cristiano vive en la cruz de Cristo. Al lector podrá sorprenderle descubrir que es muy similar a la suya, donde solo la gracia le confiere alguna cualidad redentora.

En las páginas que siguen, nuestro propósito no es inspirar o elevar, sino más bien informarte y luego persuadirte de reevaluar lo que constituye una vida saludable en Cristo. Nuestro análisis ofrecerá una perspectiva radicalmente diferente a la de muchos autores superventas respecto del modo en que el cristiano debe medir y evaluar su viaje por la senda de la justicia de Dios. Se esforzará por persuadirte de que, mientras te alimentes regularmente del evangelio en la Palabra y la Cena, Dios promete lograr contigo lo que él quiere, y solo él logrará todo lo que necesitas para que tu vida en él sea completa. Él no está esperando ni exigiendo que tú hagas algo primero (durante o después de tu conversión) para luego proporcionarte cada una de las bendiciones del evangelio. Los líderes cristianos que escriben y hablan de llevar una vida gloriosa en Cristo sobre la tierra actual —como en el viejo comercial donde unos tipos beben su cerveza favorita alrededor de una fogata y dicen: «¡*Nada podría ser mejor que esto!*»— están engañados y extraviados. Cuando la experiencia de nuestra vida en Cristo no pueda ser mejor, habremos dejado atrás la vida de cruz y habremos entrado en la vida gloriosa de la Felicidad eterna.

Nuestro análisis explorará la vida de cruz desde diferentes puntos de vista. *Primera parte: La vida de cruz del cristiano* comenzará con una visión general de *La teología de la cruz* tal como Lutero llegó a entenderla en sus monumentales *Tesis de Heidelberg* de 1518. Aquí se describirán brevemente los principales temas paradójicos que conforman la vida en la cruz, a fin de orientar al lector para un tratamiento más sólido de los mismos temas en los capítulos siguientes. Comprender y apreciar estas realidades paradójicas constituirá la estrategia de nuestro análisis para involucrar al lector en la consideración de la cuestión general del libro: *La vida cristiana: ¿Cruz o gloria?*

A partir de un esbozo inicial de la teología de la cruz, el estudio abordará la clave para entender la revelación bíblica: la constatación de que Dios no es sumamente simpático, y de que se presenta con dos caras. Él nunca se acerca a los pecadores para preguntar tiernamente si alguien está interesado en hacerse cristiano. Los golpea mortalmente con toda la fuerza de la ley, pero luego los levanta a una nueva vida en Cristo con el evangelio puro. La ley y el evangelio, correctamente entendidos y en toda su fuerza, son *la sustancia* del Cristo crucificado y al mismo tiempo *la alocución* de Dios que mata y hace vivir. Lo que se dice y lo que oyes es lo que obtienes. Si no captas el juicio de la ley de Dios, no captarás la gracia del evangelio. Simplemente no hay otra manera.

Lo que Dios declara por medio de la ley y el evangelio hace que el cristiano sea una paradoja total —*simultáneamente santo y pecador*—; aún injusto en carácter, pero santo, justo e irreprochable ante Dios. Para otras personas, los cristianos siguen pareciendo decepcionantes, pero para Dios lucen simplemente maravillosos, ataviados con el manto de la justicia. En otras palabras, no necesariamente se sabrá que eres cristiano por tu amor. Nuestro tratamiento del artículo principal, la justificación, explicará que ser salvo solo por la fe no significa solamente una fe sin obras, sino también una fe separada de la experiencia. Los cristianos siguen experimentando toda su miseria pecaminosa, mientras que *la gracia por la cual se es salvo* es aferrada únicamente por la fe sola. Además, promoveremos la postura de que el cristiano ha llegado a ser completamente justo en Cristo. Lo tiene todo, pero siempre necesita más.

Nuestro capítulo sobre la santificación promete ser una verdadera decepción. Defenderá la posición religiosamente impopular de que tus obras piadosas nunca contribuyen en nada a tu crecimiento y madurez en Cristo. Puesto que el bautismo crea un nuevo ser conforme al Segundo Adán, los nuevos cristianos son bebés en Cristo. La nueva creación no es defectuosa, sino inmadura. En la santificación, la obra de Dios no consiste en reformar nuestra fe y nuestra vida en Cristo, sino en hacerlas madurar. Sin embargo, cuanto más madures en Cristo, menos maduro te sentirás. El crecimiento en Cristo te hace cada vez más consciente de tu pecaminosidad. La paz de Dios supera esta conciencia perturbadora, pero no la sustituye. En otras palabras, puedes debatir con el apóstol Pablo sobre quién es el primero de los pecadores (1 Ti 1:15).

Segunda parte: La experiencia de vivir en la cruz llevará el análisis al aspecto quizás más perturbador de la vida cristiana según la teología de la cruz. Eso es lo que fue para Lutero. ¿Qué deberíamos esperar experimentar *como resultado de* una vida espiritual saludable vivida en la cruz de Cristo? ¿Cómo deberían entenderse los episodios desagradables y no deseados de pruebas y angustia espiritual? ¿Deberían verse —como son interpretados en muchos libros actuales sobre la vida cristiana— como síntomas de carencia y pobreza espiritual? Nuestro estudio adoptará la impopular postura de que las pruebas, las tribulaciones y la ansiedad espiritual (*tentatio*) son experiencias cristianas normales para todos los cristianos, pero especialmente para los de fe madura. Continuamente se recordará al lector que distinga cómo los dones y bendiciones del evangelio se aplican a nuestra vida en el Jesús crucificado en lugar de nuestra vida con el Cristo glorificado. Ampliaremos lo que Lutero entendió como un aspecto central en la vida de cruz del cristiano: que, mientras vivamos en Cristo, las puertas del infierno seguirán traqueteando a nuestro alrededor, produciendo una guerra espiritual tanto desde adentro como desde afuera. Los cristianos se salvan solo por la fe, pero mientras atravesamos el valle de sombra de muerte, esa fe no está a salvo de ataques. Sufrirá el continuo asalto de la tríada impía: el mundo, la carne y el diablo.

El final de nuestro análisis —*Tercera parte*— será un poco ecléctico. Lo hemos titulado *La vida fiel en la cruz*. Se examinará la cuestión de las buenas obras, argumentando que son consecuencia de la vida y el crecimiento en Cristo a partir del impacto del evangelio. Nuestra imagen de las obras del cristiano sigue el modelo botánico (Jn 15:1-5). Tal como el sarmiento produce uvas porque fue diseñado para eso, el fruto de nuestra fe simplemente proviene de lo que somos, sarmientos que viven y crecen en Cristo, la Vid. Lo que hacemos es el resultado de lo que somos; no somos el resultado de lo que hacemos.

Las labores de la vocación del cristiano distribuyen las bendiciones de Dios en los lugares donde vivimos, trabajamos y jugamos. Si has sentido que tus labores son poco eficaces para convencer a los demás de que eres un *verdadero* cristiano, descansa tranquilo. Argumentaremos que las obras del cristiano suelen ser bastante comunes y ordinarias —no muy distinguibles de las labores benéficas del incrédulo—. Por lo tanto, no, no se sabrá que somos cristianos por nuestro amor. Además, sostendremos que las obras piadosas nunca son para el beneficio de Dios, y esto, por dos razones incómodas: no tenemos nada que él necesite, y si tenemos algo de algún valor, lo recibimos de él. Las buenas obras son el secreto de Dios y, por la fe, sirven a Cristo distribuyendo las bendiciones de Dios a nuestros prójimos que las necesitan. Solo cuando nuestras obras sean ensalzadas por Cristo, en el día del juicio, ellos sabrán que somos ovejas por nuestro amor (Mt 25:31-40).

El análisis de la fidelidad en la vida de cruz desafiará al lector a reflexionar sobre cómo esta comprensión de dicha vida debería influir en las estrategias y el contenido de la educación espiritual de nuestros hijos bautizados. Hablando en serio, ¿pueden los ejercicios de pintura con los dedos y aplicar brillo a conejitos y mariposas comunicar eficazmente a los niños pequeños las realidades de morir y resucitar en la cruz de Cristo? Sostendremos que la visión de Lutero en su famoso ensayo, *La libertad cristiana*, debería informar una pedagogía que prepare a nuestros niños para involucrarse en la lucha del mundo y la salvación del alma. Dicha educación abrazaría la libertad de la gracia que nos hace mendigos de por vida, pero también una esclavitud que nos ata a hacer obras por nuestro prójimo.

A lo largo de nuestro análisis, la conversación estará salpicada de comparaciones y contrastes con los acentos populares de seductoras historias de gloria. Nuestro objetivo es que, al realizar una nueva evaluación de lo que constituye una vida cristiana normal, el lector pueda reconocer más claramente cómo Dios ha estado todo el tiempo logrando lo que quiere. En su bautismo, su vida volvió a ser creada en la cruz de Cristo y fue correctamente colocada en la senda de la justicia, que incluye muchas experiencias derivadas de peregrinar por el valle de sombra de muerte (Sal 23:4). Para el cristiano atribulado es un consuelo saber que el Buen Pastor lo guía fielmente por esa senda hacia los verdes pastos de gloria que indudablemente llegarán.

Por esta razón, concluiremos nuestro análisis examinando los contornos de la eternidad y algunas características contrastantes del cielo y el infierno. Afirmamos que la justicia de Dios reinará sobre todo y para siempre solo en el cielo, donde todos reciben lo que no merecen. A la inversa, Dios provee el infierno para quienes exigen ser tratados de acuerdo con la doctrina de la justicia —obteniendo solo lo que merecen y estando dispuestos a morir por ello—. Solo los perdidos reciben lo que merecen. Los cristianos no merecen la cruz ni la gloria, pero ambas son la herencia de su bautismo, y recibimos las dos —ahora y más tarde—. Oramos para que, en las páginas que siguen, se renueve la determinación del lector a conocer, como el apóstol Pablo, *únicamente* la divina necedad de *Jesucristo*, y de *él crucificado*.

PRIMERA PARTE

La vida de cruz del cristiano

CAPÍTULO 1

La vida cristiana

¿Cruz o gloria?

Si eres uno de los muchos cristianos que se han cansado de las promesas vacías de lo que Martín Lutero llamaría historias de gloria; o si la gloriosa y efervescente vida en Cristo parece habérsete escapado; o si simplemente quieres hablar de la vida cristiana con franqueza, te sugerimos que consideres la *Teología de la cruz*, de Lutero. La Teología de la cruz te proporcionará una comprensión realista de lo que estás experimentando en tu vida, no te acusará de ser un cristiano espiritualmente deficiente, y es una teología sólidamente arraigada en la fe apostólica del Nuevo Testamento.

Al igual que el apóstol Pablo, Martín Lutero empleó frecuentemente la paradoja para describir los misterios de la obra salvadora de Dios en la cruz de Cristo. Muchas de las paradojas de la Teología de la cruz se reflejan en las famosas Tesis de Heidelberg de Lutero de 1518. Nuestro objetivo será primero familiarizarnos con algunas de ellas y luego desarrollarlas y aplicarlas con mayor detalle a medida que se desarrolle nuestro análisis sobre diversos aspectos de la vida de cruz.

La Teología de la cruz de Lutero nunca ha sido muy popular en las Iglesias estadounidenses, ni siquiera en las luteranas. La Teología de la cruz hace hincapié en gran parte de la desagradable negatividad de la condición humana: la depravación total de los pecadores, la vocación como un enfoque más bien rutinario en las necesidades diarias del prójimo, y el hecho de que, incluso cuando uno «es salvo», nunca va más allá de la cruz de Cristo. Estas enseñanzas centradas en la cruz son poco atractivas para quienes han sido educados en las corrientes de santidad norteamericanas del pensamiento protestante. Además, la insistencia de la Teología de la cruz en que la angustia y la guerra espirituales son normales en la vida cristiana se opone al predominante énfasis cristiano en la denominada vida victoriosa y las experiencias aparentemente más satisfactorias de Cristo.

El punto de contraste en las *teologías de gloria* que dominan gran parte del cristianismo es el siguiente: si confías, te rindes, perseveras y obedeces más, Dios te dará bendiciones adicionales que transformarán tu vida en Cristo en una vida mucho más agradable y satisfactoria. Esta fórmula ha sido muy atractiva para los *baby boomers* de la cultura norteamericana contemporánea. *Puedes ser profundamente espiritual y religioso; cosechar la abundancia de las bendiciones temporales y eternas de Dios; y, al mismo tiempo, seguir teniendo una vida espiritual en la que tus esfuerzos y compromisos te permitan tener el control.* ¡Un negocio excelente! No es de extrañar que las Iglesias y los medios de comunicación religiosos que comercializan este tipo de recursos espirituales sean inmensamente populares y tengan tanto éxito.

Gracias a la influencia, en el siglo XIX, de promotores de la teología de la santidad y de los avivamientos como Charles Finney y Ruben Torrey, hombres más recientes como Charles Swindoll, Robert Schuler y Rick Warren prometen una realización espiritual satisfactoria aquí y ahora. Mediante estrategias que aplican principios extraídos de la ley, se pueden obtener mayores bendiciones de Dios por medio del compromiso de modificar los patrones de vida pecaminosos. A través de la obediencia a Dios y una mayor dedicación a los principios espirituales correctos, el cristiano puede cosechar una mayor medida de las bendiciones de Dios y una experiencia más satisfactoria de Cristo en su vida. Para algunos, la clave es el poder de la oración; para otros, es la entrega y la devoción completa a Cristo; y para otros, son los estudios bíblicos poderosos o la vida de discipulado y evangelización.

Aunque resulte sorprendente para algunos, la Teología de la cruz de Lutero también se ha enfrentado a una dura oposición dentro de la propia comunidad luterana. En el siglo XIX, Samuel Simon Schmucker propuso un luteranismo americanizado que involucraba *nuevas medidas* destinadas a lograr una transformación profunda de la teología de Lutero por medio de elementos del avivamentismo protestante[1]. Creía que un barniz protestante de métodos y atmósfera de avivamiento —con una presentación atenuada de las prácticas distintivamente luteranas— haría

---

1. Véase el análisis de la plataforma de nuevas medidas (*new measures*) de Schmucker en *The Lutherans in North America*, ed. E. Clifford Nelson (Philadelphia: Fortress, 1980), pp. 135-138.

que la difusión fuera más atractiva para la sensibilidad religiosa estadounidense. Sus *medidas* estaban especialmente dirigidas a los sentimientos de los estadounidenses que, en su opinión, no podían identificarse con lo que él consideraba una experiencia religiosa luterana alemana.

En la actualidad, muchos elementos del iglecrecimiento y el movimiento de la Iglesia Emergente siguen tentando a cristianos de todas las tendencias a buscar ardientemente una experiencia de culto más gloriosa que atraiga a un segmento más amplio de la población descrita como indagadores religiosos. Todos estos acentos siguen estando informados por el *ethos* de una piedad avivamentista protestante. Pero, en lo que respecta a la Teología de la cruz, permítenos ahora invitarte a examinarla más de cerca.

Lutero y su teología de la cruz

La mayoría de los estudios sobre la primera etapa de Lutero y el curso de la Reforma en Wittenberg se centran en dos acontecimientos: la publicación de las Noventa y cinco tesis sobre las indulgencias, en 1517, y el Gran debate de Leipzig con Juan Eck, en 1519. El año intermedio, 1518, parece pasar rápidamente en el relato, como si fuera un período de descanso en el desarrollo del pensamiento de Lutero. En realidad, en dicho desarrollo, 1518 es la montaña ubicada entre dos valles. Ese año, Lutero formuló las Veintiocho tesis teológicas para una disputa celebrada en Heidelberg como parte de una asamblea trienal de su Orden agustina[2]. En estas tesis concisas y a menudo mordaces, Lutero expuso un esbozo de lo que se necesita para convertirse en un teólogo de la cruz. En esencia, Lutero entendía la *Teología de la cruz* como una expresión paradójica de la revelación y la obra salvífica de Dios. Suponía un alejamiento radical de las tradiciones teológicas de la teología medieval vigente entonces en Occidente.

La tradición medieval sostenía que, en el mundo y en la vida de las personas, Dios se manifiesta y lleva a cabo su obra salvadora de manera más clara en contextos análogos. En otras palabras, las cosas son propiedad de otras similares, manifiestan a otras similares, y cooperan con otras similares —para bien y para mal; para Dios y para el diablo—.

Lutero llegó a creer exactamente lo contrario, y lo vio más claramente en la cruz de Cristo. La gloria, la sabiduría y la justicia de Dios solo pueden

---

2. *Luther's Works*, ed. Jaroslav Pelikan y Helmut T. Lehmann, American ed. (Philadelphia: Fortress, 1958), 31.42-59 (en adelante, *AE*). Todas las citas de las Tesis de Heidelberg de Lutero que siguen en nuestro análisis están tomadas de esta edición.

verse correctamente cuando se perciben en la debilidad, la vergüenza y la injusticia de la cruz de Cristo. Todas las demás perspectivas conducen a una falsa visión de la gloria de Dios, a una falsa comprensión de cómo él se revela a nosotros, y a una falsa comprensión de cómo él salva a los pecadores. Todos los otros caminos, vías o enfoques nos ofrecen teologías del diablo que Lutero denominó *teologías de gloria*.

Cuando Lutero proclamó que *la CRUZ es nuestra teología*, implicó varios elementos paradójicos en el núcleo de su pensamiento[3]. De manera omnicomprensiva, podrían expresarse de la siguiente manera: «La cruz no es simplemente el final del viaje en nuestra búsqueda de la justicia; no es simplemente el destino de una vida feliz con Dios para nosotros, pecadores muertos; es también el medio por el cual se realiza el viaje, y es la experiencia del viaje mismo».

Lutero comprendió que el camino a la justicia comienza con el bautismo del pecador. El bautismo nos une al Cristo crucificado, donde se contempla y experimenta la muerte al pecado —nuestro pecado— (Ro 6:3-11). La Palabra, en el agua, nos une al Cristo crucificado y produce simultáneamente una muerte al pecado y una vida emergente que ahora se vive en la justicia de Cristo. El bautismo cristiano no es un hecho que se realiza y concluye de una sola vez. Lutero enfatizó que, hasta el día de nuestro último aliento en esta vida, nuestro bautismo siempre incluirá un tiempo presente. Podemos decir: Fui bautizado, estoy siendo bautizado y seré bautizado. La muerte al pecado, en la muerte de Cristo, y la resurrección a una nueva vida, en su resurrección, fueron eventos singulares para nuestro Señor. Sin embargo, para nosotros deben ser eventos diarios. En nuestras cruces y golpeados por la ley, debemos morir diariamente al pecado, y luego ser resucitados reiteradamente en su vivificante Palabra acuosa: de la pobreza de nuestro pecado a las riquezas de su gracia; del arrepentimiento a la fe; de la muerte a la vida. Por lo tanto, no simplemente *fuimos* bautizados en el Cristo crucificado; *somos* bautizados en la cruz de Cristo. El progreso del pecador en el camino a la justicia conduce simultáneamente hacia y desde la experiencia y la herencia del bautismo cristiano.

El bautismo presenta una paradoja. La cruz no es solo nuestro destino en el camino a la justicia; también describe el tipo de experiencia que tendremos tanto al acercarnos como al llegar a la cruz de Cristo. *Esto no*

---

3. *Dr. Martin Luthers Werke, Kritische Gestamtausgabe* (Weimarer Ausgabe) (Weimar: Hermann Bohlau, 1883), 5.176.32-33 (en adelante, WA), citado en Alister E. McGrath, *Luther's Theology of the Cross* (Oxford: Basil Blackwell, 1990), p. 152. Las mayúsculas son de Lutero.

sucede simplemente una vez, sino que es el latido de la vida del cristiano en la cruz del Cristo crucificado. Siempre estás llegando a la cruz donde ya has estado. En su esencia, el bautismo cristiano es unirse a Cristo en su cruz, morir al pecado y resucitar a una vida nueva en su justicia. En la vida en Cristo, esto sucede una y otra vez. Lutero entendió que, al entrar en la vida cristiana a través del bautismo, morir al pecado y resucitar en Cristo se convierte en un régimen diario que revisita la muerte del viejo yo pecador y la renovación de la nueva creación[4]. El antiguo Adán es ahogado. La nueva vida en Cristo surge porque la ley hace morir y el evangelio produce una nueva vida. Avanzamos por el camino de la justi- cia comenzando siempre de nuevo: en su ley y en su evangelio, Dios obra muerte y resurrección, arrepentimiento y fe[5]. Maduramos como nueva creación en Cristo a medida que, en la cruz, avanzamos hacia la gloria volviendo una y otra vez a nuestro bautismo. Este viaje está acompañado también por la experiencia de las cruces que nos han sido dadas, las cua- les pueden implicar sufrimiento, pruebas y, a veces, incluso sentimientos de abandono. Estas experiencias son normales para todos los cristianos.

Jesús ha resucitado de entre los muertos y ha recibido su gloria celes- tial. Él ha tenido su Pascua, pero nosotros no. Para Cristo, la experiencia de la victoria sobre el pecado, la muerte y el diablo ya es historia. Para nosotros es fe y esperanza. La cruz y la tumba solo están vacías para Jesús. En la Pascua, proclamamos la tumba no tan vacía de Jesús, porque todos cuantos hemos sido bautizados en la muerte de Cristo seguimos allí esperando nuestra vida gloriosa y resucitada. La vida cristiana tiene dos etapas: la cruz y la gloria. Para nosotros, ahora, es vida de cruz, y será gloria en el día mejor que se aproxima.

Cuando finalmente seamos trasladados a la gloria en el Día Mejor, será el día de coronación de nuestro bautismo. Será nuestro mejor día para morir al pecado. Entonces experimentaremos la herencia completa de la nueva vida resucitada, liberados para siempre de cada aspecto del pecado y de la maldición de la tierra. No más muerte, ni espinas ni cardos, no más

---

4. «Así pues, la vida cristiana no es otra cosa que un bautismo diario, comenzado una vez y siempre continuado. Porque debemos mantenernos en él incesantemente, purificando siempre lo que pertenece al viejo Adán, para que pueda surgir lo que pertenece al hombre nuevo». Martín Lutero, *The Large Catechism*, 4:65, *The Book of Concord*, trad. y ed. Theodore G. Tappert (Philadelphia: Fortress, 1959), p. 445.
5. Fue Lutero quien refrescó el pensamiento cristiano occidental al redescubrir que la Palabra de Dios se entiende y maneja correctamente distinguiendo entre dos palabras o ministerios diferentes de Dios: la ley y el evangelio. Dios utiliza la ley para acusarnos y condenarnos por nuestro pecado y obrar el arrepentimiento. El evangelio es la revelación y el otorgamiento por parte de Dios de las obras y dones salvíficos de Cristo.

dolor ni sufrimiento... y ¡sí, no más sudor! Cada día es un buen día para morir al pecado porque cada día es un buen día para vivir con Cristo. Cada día es un buen día para entregarle nuestros pecados y quedar anonadados por el inestimable tesoro de su gracia.

Paradojas en la ley

Varias de las primeras Tesis de Heidelberg de Lutero presentan una evaluación muy sombría de las posibilidades de que la ley o sus obras hagan avanzar al pecador en la justicia. Sus dos primeras tesis declararon lo siguiente: «La ley de Dios, la doctrina más saludable de la vida, no puede hacer que los seres humanos avancen en su camino hacia la justicia, sino que más bien los obstaculiza. Mucho menos pueden las obras humanas, que se hacen una y otra vez con la ayuda de preceptos naturales, por así decirlo, conducir a ese fin [justicia ante Dios]» (Tesis 1-2).

A menudo, la ley de Moisés ha sido descrita, como lo hizo Lutero arriba, como la *Ley de vida*. Sin embargo, esta designación ha causado un gran malentendido entre la gente religiosa respecto de lo que la ley puede hacer por nosotros. Este malentendido se observa por primera vez en la historia bíblica cuando los israelitas, confiados, escucharon las exigencias de la ley sentados a orillas del Jordán, justo antes de entrar en la tierra prometida. Tras haber reiterado todas las exigencias de la ley recibidas por Moisés en el Sinaí, Dios exhortó a su pueblo a través de Moisés a obedecer esa ley y, de ese modo, vivir y prosperar (Dt 30:16, 19-20). A partir de esta exhortación entregada por medio de Moisés, razonaron —del modo aún popular— que, si la ley era lo que Dios esperaba que hicieran, entonces, con la ayuda de él, podrían hacerlo. Dios no exigiría lo imposible para luego prometer bendiciones a aquellos que lo lograran. En otras palabras, la obligación implica capacidad. Este razonamiento es tanto falaz como condenable. La obligación solo implica responsabilidad, y el propósito de la ley es demostrar que la responsabilidad revela nuestra incapacidad (Ro 3:20). Puesto que todos somos incapaces, la Ley de vida revela nuestra muerte.

Hay aquí una paradoja implícita sobre la ley que podría enunciarse así: Si persigues la Ley de vida —lo cual, por supuesto, es simplemente tu deber—, acabas muriendo para vivir. Si no persigues la Ley de vida, acabarás viviendo para morir. Analicemos esto. Un desacuerdo importante entre la Teología de la cruz y las teologías de gloria se observa en estas preguntas: ¿Podemos hacer cualquier cosa que la ley requiera, y si podemos, no sería nuestra obligación hacerlo, como nuestro granito de arena para adquirir el favor de Dios? En la época de Lutero, la teología dominante insistía en que el pecado heredado nos había dejado a todos espiritualmente enfermos, e incapaces de hacer casi nada que Dios considerara agradable. ¡Casi nada! Aunque no había un acuerdo sobre cuánto, ni sobre qué, se creía que siempre había algo que los pecadores podían hacer. Y, por lo tanto, tenían el deber de hacerlo. Todos debían hacer por su salvación lo que, como decía la expresión popular, estuviera en ellos. Haz, para comenzar, lo que esté en ti. Luego, la gracia de Dios se hará cargo y te dará los recursos para salvar gradualmente la brecha entre lo que eres/haces y lo que deberías ser/hacer, de acuerdo con las exigencias de su justa ley.

Lutero insistió en que los pecadores que hacen lo que está en ellos (separados de Cristo), ¡pecan! Y lo hacen necesariamente. Aprendiendo del apóstol Pablo, Lutero sostuvo que solo hay dos tipos de personas ante Dios: los que son perfectamente justos, y los que son injustos y están espiritualmente muertos. Lutero siguió al apóstol en Romanos 5, donde Pablo distinguió a toda la humanidad en consecuencia: quienes han heredado la muerte espiritual de Adán (Ro 5:12) y quienes han sido vivificados en la justicia de Cristo (Ro 5:17). Por lo tanto, o estás ligado a Cristo, o estás ligado al pecado. O eres perfecto, o estás perfectamente muerto.

Dios utiliza la ley para llevarnos, arrepentidos, al abrumador reconocimiento de que, separados de la justicia de Cristo, debemos considerarnos muertos en pecado. Somos los hijos injustos y espiritualmente muertos de Adán. Y los muertos, como sabemos, están fuera de carrera. No pueden hacer ni siquiera *un poco*. Como comentó Robert F. Capon a propósito de nuestra similitud con Lázaro en la tumba (Jn 11:39), todo lo que un muerto tiene que hacer es ser un buen cadáver y Dios hará el resto[6]. Los muertos solo pueden dar asco. Por lo tanto, ¡es una tontería animar a un cadáver a dar lo mejor de sí mismo! Lutero entendió que el propósito de la ley es mostrarnos a nosotros, pecadores muertos, nuestra verdadera condición espiritual. Los luteranos tienen la tradición de pensar en la ley de Dios en su papel de espejo que nos muestra nuestro pecado (Ro 3:20). Una mejor metáfora describiría la función de la ley como una autopsia espiritual, que revela a los pecadores la patología de su estado de muerte espiritual. Como sabemos, las autopsias no tienen ningún valor terapéutico para la persona muerta, ni en la medicina ni en la teología.

---

6. Robert Farrar Capon, *Between Noon and Three—a Parable of Romance, Law, and the Outrage of Grace* (San Francisco: Harper & Row, 1982), p. 133.

La ley de Moisés es la Ley de vida, pero el diablo trata de seducirnos para que nos acerquemos a ella adoptando uno de dos caminos espiritualmente letales. El primero es el camino de la semiautoaprobación. Consiste en creer que la Ley de vida no tiene que ser guardada perfectamente para recibir el favor de Dios. Dios respetará y honrará a quienes se esfuercen al máximo por vivir de acuerdo con sus exigencias. Nadie es perfecto, pero si tú realmente haces un esfuerzo sincero, él seguramente aceptará lo mejor de ti. Después de todo, Dios es un Dios de amor y, por lo tanto, nunca nos exigiría lo imposible. Ese es el primer engaño. El segundo es el camino de la rebelión. Consiste en reconocer correctamente que la ley hace exigencias imposibles de justicia perfecta, pero decir *¡al diablo con todo!* Vivamos hoy, que mañana moriremos, pero... bueno, eso será mañana.

Seamos claros sobre las únicas opciones que provee la Ley de vida: puedes morir para vivir, o vivir para morir. Puedes andar por el camino de la cruz, que trae vida de la muerte y arrepentimiento para fe, o puedes andar por los caminos del diablo, eligiendo algo a lo cual aferrarte para asegurar tu propia vida —sobresalir en ser bueno o sobresalir en ser malo—. Escoge; de cualquier manera, morirás. La Ley de vida es realmente una cruz encubierta. Exige que crucifiquemos aun nuestros mejores esfuerzos y obras que nos tientan a confiar en ellos para asegurarnos el favor de Dios. La ley acusa y revela estas obras por lo que son. Están al servicio de sí mismas; por lo tanto, como declara Lutero, son pecados mortales condenables. Ya sea por obra del Espíritu Santo o por obra del Espíritu Profano (el diablo), la ley hace que los pecadores, en arrepentimiento, mueran para vivir, o, en rebeldía, vivan para morir. Nótese cómo Lutero quiere ir más allá al explorar no solo las obras que consideramos malas, sino también las obras que consideramos muy buenas y de las que nos enorgullecemos. Además, quiere contrastar estas últimas con las obras salvíficas de Dios que parecen comunes, ordinarias y aun malas. Dice: «Aunque las obras de los hombres siempre parecen atractivas y buenas, probablemente son pecados mortales. Aunque las obras de Dios sean siempre poco atractivas y parezcan malas, realmente son méritos eternos» (Tesis 3, 4). Sea en la calle o en los bancos de la iglesia, la gente espera que la religión produzca personas justas según la medida de la ley de Dios. Piensan que, como la ley y sus mandamientos son santos, justos y buenos, cumplen la función que, según ellos, se asigna a la Iglesia: hacer justas a las personas. He aquí la paradoja: *Aquellas obras nuestras que parecen ser las mejores son probablemente condenables, y la obra de Dios que parece tan condenable como la cruz de Cristo es, en realidad, justicia delante de Dios.* Lo que parece bueno conforme a la buena ley de Dios no es bueno, sino que probablemente es pecado mortal. ¿Cómo puede ser pecado mortal obedecer la ley? Si la persona vive de acuerdo a la ley, haciendo obras buenas y pensando que está contribuyendo a su propia justicia, entonces esa persona peca, porque tal pensamiento es una negación del hecho de que solo Cristo nos hace justos.

Por eso san Pablo dice que la ley produce ira (Ro 4:15). Y por eso Lutero declara que, aunque las obras de los seres humanos parezcan siempre atractivas y buenas, es probable que sean pecados mortales. El hombre o la mujer de la calle, y con demasiada frecuencia, el hombre o la mujer en el banco de la iglesia, ven la apariencia exterior de las obras como buenas; sin embargo, al mismo tiempo, ven las cosas de Dios como poco atractivas e incluso malas. La gente quiere un Dios que sea impresionante. Tenderán incluso a aceptar el mal si es impresionante. Sin duda, si los seres humanos pueden hacer cosas tan impresionantes, las obras de Dios deberían serlo aun más.

Sin embargo, las obras más grandes de Dios parecen humildes, poco impresionantes y, a veces, incluso repulsivas. Dios trae su poder milagroso y creador de fe, el *bautismo*, en agua simple y cotidiana. Dios trae su Palabra autorizada, tanto de juicio como de perdón, mediante la boca de hombres mortales y pecadores que él ha elegido como sus portavoces. Dios trae el perdón de los pecados a través del pan y el vino consagrados y te dice que, mientras comes y bebes este pan y este vino, en realidad estás comiendo y bebiendo el cuerpo y la sangre de Cristo. La obra de Dios se ve en medio de sangre, sudor y lágrimas en una cruz de madera a las afueras de Jerusalén. Su mayor obra es la expiación hecha por todos los pecadores de todos los tiempos, efectuada por el sufrimiento y la muerte de Cristo, al convertir un feo instrumento de pena capital en la santa cruz redentora.

Las obras buenas: ¿Buenas para qué?

> Las obras de los justos serían pecados mortales si, por un piadoso temor de Dios, los propios justos no las temieran como pecados mortales (Tesis 7).

La paradoja de esta tesis podría enunciarse así: *Las buenas obras en que confías te separarán del favor de Dios a menos que el favor de Dios te separe de las buenas obras en que confías.* Todas las teologías de gloria insisten en que podemos cumplir la ley hasta cierto punto, pero nuestro problema es que no podemos cumplirla a la perfección. En otras palabras, la mayoría de las personas dedicadas y espirituales pueden hacer algunas cosas buenas y agradables a Dios, pero deben buscar a un Dios misericordioso a fin de compensar la diferencia en aquello en que se quedan cortos. Este punto de vista hace de Jesús un Salvador a tiempo parcial de pecadores a tiempo parcial y capaces de confiar en que al menos algunas de sus obras son buenas y aceptables ante Dios. Esta postura proviene, en realidad, de la engañosa astucia del diablo. En su imaginación, la parábola del fariseo y el publicano (Lc 18:9-14) podría haber incluido a un tercer tipo de individuo que, entrando en el templo, podría haber orado: *Oh Señor, te doy gracias porque no soy como este fariseo petulante que se cree superior, pero también te doy gracias porque soy mucho mejor que este recaudador de impuestos.*

El fariseo siempre es criticado por haber erróneamente imaginado que su vida estaba llena de nada más que buenas obras. Pensaba que era asombrosamente justo en su actuar aun sin tener un salvador del pecado. En contraste, el publicano había dedicado su vida entera al pecado. Todo el mundo reconoce que necesitaba un salvador y ¡Dios lo bendiga! Hay uno que puede salvar a gente tan desdichada, tanto entonces como ahora. Sin embargo, muchas personas relacionadas con la Iglesia imaginan que existe una tercera clase de individuos: los que buscan a Jesús porque se dan cuenta de que, aunque se esfuercen por cumplir los preceptos de la ley de Dios llevando una vida moralmente limpia y una generosidad benevolente, están lejos de ser perfectos. Fallan y no siempre cumplen lo que Dios exige en su ley. Estas personas se ven a sí mismas como pecadores a tiempo parcial. Confían en que pueden atribuirse el mérito de algunas obras buenas y, en consecuencia, esperan que Jesús compense la diferencia proporcionándoles un tipo de gracia en la que, junto con sus obras, puedan confiar para ganarse el favor y la salvación de Dios.

En la época de Lutero, muchos cristianos confiaban en su propio ayuno, abnegación, ejercicios monásticos y asistencia diaria a la misa, además de la gracia y los méritos de Cristo. Hoy en día, las obras más populares incluirían hacer un compromiso personal, entregarte a Jesús como Señor de tu vida, ir a la iglesia con regularidad, participar en actividades de evangelización personal, dar el máximo y esforzarte por mejorar, y participar en las actividades de tu congregación.

La Teología de la cruz entiende que lo que realmente condena es cualquier confianza en algo diferente —o sumado— a la justicia de Cristo que él nos otorga. No existen los denominados pecadores a tiempo parcial o aquellos que necesitan una justicia parcial de Cristo. Solo existen los pecadores muertos-en-sus-delitos que necesitan la justicia vivificadora y omnisuficiente de Cristo.

El diablo entiende bien que cualquier obra en la que tenemos la confianza de poder contribuir al favor de Dios no es una obra buena, sino una obra pecaminosa. Esto es así porque una obra solo es buena si beneficia al prójimo en vez de a ti. La tesis de Lutero refleja correctamente la postura de que todas las obras enviadas a Dios para tu propio beneficio son pecados condenables. Dios busca una fe que, de manera simple y agradecida, se aferre a él y a todos sus dones y bendiciones; especialmente aquellos dones que fluyen de la obra salvadora de la cruz de Cristo. En parte, Dios es Dios porque solo él salva a los pecadores. La fe es para Dios, y las obras son para el prójimo. Si intentas hacer algunas de ellas para ti mismo, haces de ti un ídolo, porque confías en que, además de las obras de Cristo, las tuyas tienen algún beneficio salvador.

La paradoja de la humildad

Vivir en el Cristo crucificado no solo produce una fe y una maduración crecientes en Cristo; también nos humilla en el proceso. Dios quiere que, en nuestro interior, crezca una conciencia de nosotros mismos similar a la de san Pablo. Él, como apóstol maduro, se veía a sí mismo como el primero de los pecadores (1 Ti 1:15; Ro 7:21-25). La humildad, una cualidad espiritual, y las obras que agradan a Dios, comparten la característica similar de la invisibilidad. Si crees ver las tuyas, probablemente no existen. De hecho, la humildad presente en todas las obras que agradan a Dios fluye de un enfoque y una preocupación por los demás, al servir a Cristo mediante las necesidades de ellos. Él produce gratamente ambas cosas en tu vida a medida que creces y maduras como una nueva creación. En Heidelberg, Lutero expresó de la siguiente forma una paradoja sobre nuestras obras: «No se puede evitar la arrogancia ni tener verdadera esperanza si no se teme el juicio de condenación en cada obra» (Tesis 11). Explícitamente, la paradoja podría expresarse así: Si te enalteces por tus obras, Dios te humillará. Si te humillas por ellas, Dios te exaltará en las obras de Cristo. Si puedes identificarte con la reflexión de san Pablo sobre sus propias obras en Romanos 7:21-25, él te incitaría a reconocer que tus mejores esfuerzos siempre parecen quedarse cortos. Él confiesa no solo debilidad e ineptitud, sino también la experiencia de una ley interior (el yo carnal) que realmente actúa en rebelión contra la ley de Dios. La vieja carne pecaminosa es otra ley que libra una guerra contra la ley de mi mente haciéndome cautivo a la ley del pecado (v. 23). Pablo está diciéndote que el bien que buscas hacer y el esfuerzo por hacerlo revelan que, en tu interior, el viejo yo pecaminoso se opone a tales esfuerzos y los contamina con una rebelión orgullosa y egoísta.

Como pecador, realmente tienes solo dos maneras de mirar tus obras en tu interior. Puedes imaginar que las ves con un sentimiento de orgullo personal, o bien, mirarlas a través de la lente de la ley escrita en el corazón, la cual, actuando en toda su fuerza, siempre acusa como se supone que debe hacerlo. El propósito de la ley en tu interior no es revelar tus buenas obras, sino tu pecado (Ro 3:20). Y al hacerlo, produce una sensación de pesar arrepentido, por el cual, junto con Pablo, lamentas no hacer ni ser capaz de hacer el bien que quisieras.

Pero, ¿qué deberías pensar de tus obras? ¿Puedes creer que alguna de ellas será aceptable, alguna vez, para Dios? ¿Podrás alguna vez hacer una obra verdaderamente buena que agrade a Dios? La respuesta, con certeza, es ¡sí! Como nueva creación en Cristo, te has convertido en esclavo de Dios y de la justicia (Ro 6:19, 22). Pero, en esta vida, nuestras buenas obras son un artículo de fe, no de vista. En este preciso momento, no puedes ver estas cosas. Solo tienes que creer en ellas de acuerdo con la Palabra de Dios, que declara que haremos las obras para las cuales fuimos creados como hechura suya, pues él las preparó de antemano (Ef 2:10).

Sin embargo, si las buscas en tu interior, te decepcionarás. Encontrarás obras que crean una arrogante sensación de superioridad moral, la cual finalmente te llevará a la destrucción, o bien, verás cómo la vieja carne pecaminosa interpone su propio orgullo egoísta en todo lo que haces. Eso, a su vez, te llevará a experimentar la ira y el juicio de Dios, que te enviarán a la cruz de Cristo sintiendo hambre de su justicia. Simplemente debes aferrarte a su Palabra, la cual promete que, mientras permanezcas en él y en su justicia, producirás mucho fruto de fe (como el sarmiento en la vid). Lutero sostuvo que «... hablar de esta manera (la voz condenatoria de la ley) no da motivo para desesperar, sino para despertar el deseo de humillarse y buscar la gracia de Cristo» (Tesis 17). La ley de Dios puede traer la desesperación que conduce a Cristo, pero puede también traer la desesperación que lleva a la ruina. La ley, en toda su fuerza, impacta la vida de los seres humanos pecadores acusándolos siempre de su pecado y revelando la ira y el juicio de Dios. Revela tanto la pobreza de nuestro hacer como la de nuestro ser. Muestra que no hacemos lo que deberíamos hacer y que no somos lo que deberíamos ser. Revela que estamos muertos en nuestros delitos; no somos semijustos, sino injustos. ¿Significa esto que todos cuantos se ven fielmente en el espejo de la ley deben perder toda esperanza de su propia justicia? ¡Pues sí! Además, cuanto más luches y te esfuerces por enmendarte, más te acusará y condenará. ¿Significa esto que la ley lleva a todos los pecadores al arrepentimiento? Por desgracia, no. Aquí hay un misterio. En realidad, hay tres cosas que la ley, actuando en toda su fuerza, puede producir: rebelión, ruina o arrepentimiento. Las dos primeras son efectos producidos por el diablo. En algunos, la ley produce una rebelión destructiva que incita al pecador a cometer actos más pecaminosos que antes. A otros, la desesperación de la ley los lleva a la ruina. Judas, por ejemplo, traicionó a Jesús por 30 monedas de plata y la ley lo acusó severamente y lo llevó a la desesperación. Por desgracia, fue un tipo de desesperación que lo llevó a la ruina. Luego de devolver la plata a los sumos sacerdotes, salió y se ahorcó (Mt 26:14-15; 27:3-5). El rey Saúl se desesperó tras perder el favor de Dios y se suicidó en el campo de batalla contra los filisteos (1 S 31:4).

Como señala Lutero, estos no son los efectos de la ley que Dios produciría para poner a un pecador en el camino recto que conduce a la justicia. Dios produciría un corazón arrepentido que no desea más que obtener el favor de Dios por pura misericordia. Esta actitud se refleja bien en la oración del publicano, en el templo: *Dios, ten piedad de mí, pecador* (Lc 18:13). El hambre de misericordia es producida por una desesperación acompañada de arrepentimiento. Cuando el corazón está arrepentido, Dios crea un vacío con forma de cruz que solo puede ser llenado por la necedad del evangelio. Así es exactamente como la ley coloca al pecador arrepentido en el camino de la justicia que conduce a la cruz ensangrentada de Cristo. Allí nos unimos a nuestro Señor, que subió esa colina en la que valía la pena morir y que incluía una enorme pila de pecados. Después de todo, incluía todos los tuyos y los míos. Él sufrirá una muerte sacrificial para adquirir ese don de gracia que nuestra desesperación nos ha motivado a buscar.

Las paradojas del evangelio

> La ley trae la ira de Dios, mata, injuria, acusa, juzga y condena todo lo que no se halla en Cristo (Ro 4:15) (Tesis 23).

Es importante señalar que, de las Veintiocho tesis de Heidelberg, solo las últimas cuatro presentan elementos del evangelio. La gran mayoría de las tesis están dedicadas a una correcta comprensión de la naturaleza y el propósito de la ley ante los malentendidos predominantes que, tanto entonces como ahora, existen dentro y fuera de la Iglesia. Esta abundancia de ley puede parecernos extraña de parte del Dr. Lutero, especialmente considerando que, para él, el evangelio era la Palabra propiamente tal de Dios para nosotros, y que la ley era solo una Palabra provisional y ajena de parte de Dios. Lutero escribió estas tesis basándose en dos consideraciones. En primer lugar, descubrió que, cuanto más dirigía él su atención a observar los mandamientos de Dios, y cuanto más se esforzaba por hacerlo lo mejor posible, más claramente veía no solo sus evidentes deficiencias, sino también sus defectos interiores en lo que, para los demás, eran sus mejores obras. Siempre descubría en sí mismo el deseo de apaciguar a Dios para su propio bien egocéntrico. En segundo lugar, cuanto más la ley revelaba que su progreso no era bueno, más esta lo acusaba y lo condenaba.

Lutero se dio cuenta de que, si la ley es una escalera, solo desciende hasta el infierno, y no sube al cielo. En segundo lugar, Lutero descubrió que su experiencia era paralela *tanto a* la experiencia *como a* la visión inspirada del apóstol Pablo, quien dijo a los corintios que la ley es el ministerio de muerte. Está diseñada para matar, no para vivificar (2Co 3:6-9). Puede ser gloriosa, pero ejerce *un ministerio de condenación*, no de justicia (v. 9). La ley no presenta ningún portal al cielo; más bien, presenta la carretera al infierno. Es el ministerio de condenación divino para todos los que no están en Cristo.

La escalera de Jacob (Gn 28:12), por otra parte, debe verse no como un instrumento por el que podríamos subir al cielo, sino más bien como un portal por el cual el Hijo y el Espíritu de Dios descienden hasta nosotros. No ascendemos a la justicia por obra nuestra, sino que la justicia desciende a nosotros por la gracia y la obra de nuestro Dios misericordioso. El Hijo de Dios no se ha limitado a *descender* hasta nosotros por la escalera de Jacob, sino que ha *condescendido* haciéndose uno de nosotros. *El que vive por la ley perecerá por la ley*, pero la última de las tesis de Heidelberg está dedicada a esta verdad: *¡El que vive por la gracia vivirá... por la gracia!* El evangelio predomina en las vidas de los pecadores cuando se presenta como la Palabra final de Dios, y en estas últimas tesis Lutero captura maravillosamente la Palabra final de Dios a los pecadores en el evangelio del Cristo crucificado: «No es justo aquel que mucho obra, sino aquel que, sin obras, cree mucho en Cristo» (Tesis 25). La ley de Dios declara qué es la justicia, y te ordena ser justo. Satanás, conociendo tu estado caído, también te insta a ser justo y te alienta a buscar la justicia para complacer tanto a Dios como a tu conciencia. Cuando fallas en este propósito —como las Escrituras testifican que lo harás— Satanás se escabulle para chismear sobre ti delante de Dios mientras agita la culpa en tu conciencia. El objetivo del diablo es llevarte a la desesperación y quizás también a una cierta rebelión por estar atrapado en el vicio de la ley. He aquí la paradoja: *Todo lo que sabes acerca de la* *justicia proviene de la ley, pero por esta misma ley no serás hallado justo.* En lugar de eso, por la ley serás hallado culpable de injusticia. La Ley describe y ordena la justicia, pero no puede producirla.

Cuando no se permite que el evangelio sea la palabra final de Dios para los pecadores, se pone en peligro su consuelo para las conciencias agobiadas. Cuando las exigencias de la ley se aplican a los pecadores después de la predicación del evangelio, se pervierte el evangelio poniéndolo al servicio de la ley. Como lo ha expresado Capon: «*No se debe leer a Jesús como si solo nos hubiera cebado con la gracia para finalmente azotarnos con la ley*»[7]. Según las Escrituras, es la ley la que debe estar al servicio del evangelio. Cristo produce justicia, y por lo tanto, Lutero te exhorta correctamente a no hacer mucho, lo cual no produce justicia, sino a creer mucho, que te la da toda. *No puedes ser más santo que cuando estás envuelto en la justicia de Cristo.* Y no puedes ser más obediente a las demandas de la ley que cuando vives con la perfecta obediencia de Cristo. Observa cómo Lutero contrasta la esclavitud de la ley y la libertad de la gracia. «La ley dice: "Haz esto", y jamás se hace. La gracia dice: "Cree en esto", y ya está todo hecho» (Tesis 26). He aquí otra manera de expresar las dos paradojas que encierra esta maravillosa tesis sobre la ley y el evangelio. Cuando todo está dicho y hecho, siempre queda más por hacer. Sin embargo, cuando todo se cree, ya está todo hecho y no queda nada por hacer. Y con esa nada... ¡se consigue todo!

Analicemos la primera paradoja. Continuamente nos damos cuenta de que no somos las personas que deberíamos ser, ni vivimos como deberíamos vivir. Oímos hablar nada menos que a Dios mismo sobre cómo el pueblo de Dios debe pensar, ordenar su vida y comportarse, y observamos que, de muchas maneras y en muchos casos, no somos así, no hacemos lo que debemos y tampoco somos capaces de hacerlo. De manera alarmante observamos que, a medida que el tiempo pasa, esta constatación del modo en que estamos actuando no desaparece, ni tenemos la sensación de estar mejorando. Parecemos estancados e incapaces de recorrer el camino, aunque seguimos hablando de cómo deberíamos vivir como ciudadanos del Reino de Dios. El diablo piensa que esto es maravilloso. Quiere que no estemos seguros de que realmente tenemos el favor de Dios por causa de Cristo. Así que nos tienta a enfrentar esta inseguridad de dos maneras. Quiere que cuestionemos la insuficiencia de nuestras obras, o que nos preocupemos de si la solución de Dios en Cristo

---

7. Robert Farrar Capon, *Kingdom, Grace, Judgment: Paradox, Outrage, and Vindication in the Parables of Jesus* (Grand Rapids: Wm. B. Eerdmans, 2002), p. 355.

realmente nos ha incluido. Es decir, quiere que nos preguntemos si necesitamos *solamente* la justicia de Cristo o si realmente cumplimos los requisitos para obtenerla.

Como hemos señalado en nuestro análisis anterior, hacer lo que está en nosotros es pecar. Ciertamente, esta noticia es lo suficientemente mala como para crucificarnos bajo la maldición de la ley. Pero ni Lutero ni la ley de Dios se detienen ahí. Hay otra maldición de la ley que esta paradoja pretende iluminar. Aun si lográramos rendirle a Dios algo que cumpliera con los dictados de la ley, y fuéramos, de algún modo, capaces de hacer tal obra en forma espontánea y desinteresada, la ley y todo lo que exige seguirían existiendo. La ley nos presenta un cruel estribillo semejante al antiguo dicho: *¿Qué has hecho por mí últimamente?* La ley plantea exigencias que no llegan a cumplirse una vez que somos capaces de realizar el tipo de obras que exige. Si de algún modo alcanzamos el estándar (lo cual es imposible), ¡la ley aún insiste en que *lo volvamos a hacer*! Siempre y perpetuamente, la ley exige que *lo hagamos una y otra vez.* Y si preguntamos: *¿Por cuánto tiempo debemos seguir haciéndolo?*, la ley responde: *¡Por siempre! ¡Nunca terminas!* Aun si lo haces perfectamente, y aun si hubieras obedecido siempre la ley perfectamente (lo cual no has hecho, y lo sabes), *¡jamás terminas!* La ley siempre exige más.

La ley no exige simplemente que logremos o alcancemos la justicia por obras; exige que sigamos manteniendo obras perfectas cada momento de cada día de nuestra existencia —ayer, hoy, mañana y por siempre—. Para ser justo, debes hacerlas por siempre. Por lo tanto, una cosa es perfectamente clara: en cualquier momento previo a ese por siempre, la ley dice que todavía no somos justos ni aptos para el Reino. Si sus exigencias para ser justos requieren obras justas que nunca terminan, entonces es imposible. *¡Así es!* Y eso es precisamente lo que las profundidades de la ley pretenden revelar. De modo que Lutero quiere decir lo siguiente: Cuando todo ha sido concluido, ¡nosotros jamás lo hacemos! Con la ley, siempre habrá un mañana y un nuevo conjunto de exigencias válidas por siempre. La maldición de la ley es la constante acusación de que somos pecadores —de la mano con su exigencia: *¡Hazlo por siempre!*—. Esta es la paradoja de la ley: *Cuando todo está dicho y hecho, siempre debe hacerse algo más.* Vemos y experimentamos nuestra muerte cuando comprendemos y somos impactados por la magnitud de la imposibilidad de la exigencia *¡Hazlo por siempre!* Y esta cruz de imposibilidad fue planeada por el Dios de la ley desde el principio. Él utiliza la constatación de esta imposibilidad para llevarnos a la otra dimensión de la cruz, donde descubrimos al Dios misericordioso que da gratuitamente todo lo que la ley ha exigido.

Solo el Cristo crucificado del evangelio puede vencer esta maldición. Él viene a la cruz como nuestro defensor. Ha cumplido todos los requisitos de la ley, y ha sufrido y muerto por la culpa de todas nuestras faltas y transgresiones. En la cruz, Jesús nos dice: «Ahora cree esto: he cumplido perfectamente las exigencias de la ley por ti, y te entrego todas mis obras para siempre. También he expiado todas tus culpas y pecados. El Padre declara que, por mi muerte sacrificial en la cruz, eres justo, ayer, hoy, mañana y por siempre. Cree esto y ya estará todo hecho. No habrá nada más que debas hacer». Aquí hay vida por la cruz proveniente de la muerte: la muerte de Cristo y la nuestra. Esta es la vida de justicia que ahora se posee y vive solamente a través de la fe. Piensa por un momento en la libertad que ahora tienes y en todas las cosas que no *tienes que hacer*. Puedes abandonar todas esas labores que buscan agradar a Dios. Puedes descansar. Puedes tomar las obligaciones de la ley, con todas sus exigencias perpetuas, y romperlas y enterrarlas. ¡Tíralas a la basura! Se acabó la ley. No hay nada que Dios te exija ser o hacer. Estás libre de la maldición de la ley (Gá 3:13).

En la cruz, donde la fe recibe de Cristo todo lo necesario para obtener de manera segura la justicia total, el favor de Dios y la felicidad eterna, queda una sola cosa por hacer: aquello que sencillamente *quieres* hacer. Esto es lo que Gerhard Forde ha llamado la *hilaridad* del evangelio. Es oír la voz de Dios hablando suavemente en la cruz de Cristo, preguntando: *¿Qué vas a hacer, ahora que no «tienes que» hacer nada?*[8] Escucha de nuevo cómo lo expresó Lutero, y mira si puedes oír la hilaridad del evangelio. *La ley dice: «Haz esto», y jamás se hace. La gracia dice: «Cree en esto», y ya está todo hecho.*

Si puedes oírlo, entonces has llegado al pie de la cruz de Cristo, que es justo donde quieres estar en el camino de la rectitud —o, de hecho, estar y permanecer—. Aquí oímos continuamente lo que hemos de creer, y no nos queda nada por hacer: nada hoy, nada mañana, y nada por siempre. Y cuando la nada corresponde a las obras de la ley, ¡esa *nada* lo es todo!

---

8. Gerhard O. Forde, *Justification by Faith* (Ramsey, NJ: Sigler, 1991), p. 56.

CAPÍTULO 2

Una parábola sobre la ley y el evangelio

Estaba en el porche de su casa de diez años. Estaba empapado por el aguacero. Había estado horas caminando… pensando y pensando en cómo las cosas podían haber terminado tan mal en su matrimonio. Estaba desconcertado, desilusionado y furioso por lo que acababa de descubrir acerca de sí mismo. Era el décimo aniversario de su boda, pero no era lo que había planeado. Debía contarle a su mujer lo que acababa de descubrir. Pero ¿qué era lo que debía decirle? Volvamos al principio.

Hubo una vez un joven cristiano que se casó con la mujer de sus sueños y estaba decidido a ser el marido que la voluntad de Dios lo obligaba a ser. Se unió a la organización Promise Keepers, donde se comprometió públicamente a amar a su esposa como el deber más alto de su vida después de su fe y de su amor a Dios. En el primer aniversario de su boda, que recordó, sus actos respondieron a su compromiso y a su conciencia de que a su mujer le encantaban las rosas de tallo largo. Así que, de camino a casa, ese día, al volver del trabajo, recogió una docena de hermosas rosas rojas de tallo largo, empapadas de rocío, para su esposa. Después de saludar a su mujer en la puerta con un cariñoso «Feliz aniversario», le entregó el precioso ramo de rosas. Ahora, imagina la reacción de su esposa cuando, en medio de sus agradecimientos, él le respondió alegremente, mecánicamente alineado con su compromiso de amarla (recuerda, lo prometió): «No tiene importancia, cariño, ¡solo cumplo con mi deber!». Inmediatamente, en el rostro de ella se dibujó una expresión de furiosa incredulidad, le lanzó las rosas a la cara y corrió a su dormitorio llorando.

¿Qué entiende esta esposa —y, a través de sus ojos, nosotros— que su insensible marido no entiende? Ciertamente es deber del marido amar a su mujer. Los maridos deben amar a sus esposas. Es una parte importante de la ley de Dios, y él ha prometido solemnemente hacerlo. Además, es igualmente cierto que su compromiso en Promise Keepers está indudablemente alineado con esta obligación. No obstante, en lo más profundo de su corazón, la esposa entiende que este deber de amar jamás puede cumplirse con meros compromisos y promesas de hacerlo. Ella comprende, de hecho —y nosotros a través de sus ojos—, que el amor es un deber que jamás puede cumplirse por un compromiso de cumplir con el deber. Y cuanto más su marido se comprometa, en sus acciones, a cumplir con ese deber, más lejos estará de amar realmente a su esposa. Intuitivamente, ella comprende que todas las motivaciones de su marido para cumplir con su obligación respecto de ella indican una ausencia de amor.

Así que, tanto nosotros como este desconcertado marido, nos encontramos con una misteriosa paradoja. Amar es el deber que tiene para con su esposa, pero es un deber que jamás cumplirá haciendo el compromiso de cumplir con su obligación. Por otro lado, todos entendemos que, si deja pasar su aniversario de bodas sin hacer nada, seguramente no estará cumpliendo con su obligación de amar a su esposa como debe. Por lo tanto, teniendo en cuenta todo lo que hemos reconocido a través de los ojos de su esposa, este marido se da cuenta de que, en lo que respecta a su obligación de amar a su esposa... está condenado tanto si cumple como si no cumple con su deber. Y cuanto más se compromete a cumplir con su deber en todo lo que hace por su esposa, peor le va.

> Ya han pasado diez años desde que esta pareja se casó. Hoy es el décimo aniversario de la boda de este hombre. Al final del día, el marido vuelve a casa con su mujer y le hace la siguiente confesión y promesa: «Querida, quiero que sepas que durante estos diez años me he esforzado por amarte. Y prometo que, el año que comienza, redoblaré mis esfuerzos».

¿No ha confesado este marido a su mujer que no la ama? En efecto, ¿no le ha revelado que, en todos los años de su vida matrimonial juntos, no la ha amado? Si fueras su esposa, ¿cómo responderías? Tal vez dirías *¡Por favor, basta!* De nuevo, ¿qué aspecto del amor es aquel que, en lo más hondo de su corazón, la esposa entiende, pero su marido no? Ella comprende que el amor no es fruto del esfuerzo. De hecho, si estás *esforzándote* por amar... no amas. Pero indudablemente debemos esforzarnos por amar. ¿Cuál sería la reacción de la esposa si el marido llegara a casa y confesara: «*Querida, quiero que sepas que, durante los diez años de nuestra vida juntos como matrimonio, no te he amado... pero quiero que sepas que, el año que comienza, ni siquiera voy a intentarlo*»?

Ahora imagina que este marido ha estado leyendo este texto sobre él hasta esta parte. Hoy es el décimo aniversario de su boda, pero aún no ha vuelto a casa con su mujer. Está reflexionando sobre lo que ha descubierto acerca de sí mismo a partir de lo anterior.

Debo amar a mi esposa. Es mi deber. Estoy comprometido, y prometí hacerlo. Pero, veamos... Si cumplo con mi deber, estoy condenado, y si no lo hago, también lo estoy. Estoy condenado si me esfuerzo por amar a mi esposa. Mi esfuerzo por amarla solo revela que no la amo. Pero, si ni siquiera lo intento, también estoy condenado. En conclusión, no tengo opciones. ¡Estoy muerto!

En el ajedrez, cuando te quedas sin opciones para mantener al rey fuera de peligro, se dice «¡jaque mate!». En lo que respecta a su obligación de amar a su esposa, ¿no ha reconocido este marido que se encuentra en el equivalente moral del jaque mate? Esto, por supuesto, no significa que no tenga opciones. Tiene varias. Puede elegir cumplir con su deber o no hacerlo. Puede esforzarse por amar a su mujer o no esforzarse en absoluto. Pero, al igual que en el ajedrez, donde una posición de jaque mate presenta movimientos posibles, ninguna de las opciones saca al jugador de dicha condición de jaque-mate-juego-concluido. Hagas el movimiento que hagas, o elijas la opción que elijas, el juego sigue estando terminado; estás muerto. *Y también lo estoy yo*, reconoce el marido en un mágico momento de autodescubrimiento. Es un hombre cambiado. Ya no podrá volver a casa, con su mujer, como lo ha hecho los últimos diez años. Pero, ¿qué hará? ¿Qué le dirá ahora a su mujer en su décimo aniversario de boda? He aquí una posibilidad. Retomemos nuestra historia desde el principio.

El marido entra a su casa, se dirige a su mujer y le dice: «Querida, tengo algo que decirte. Ha sido un día muy duro para mí. He descubierto algunas cosas que no sabía acerca de mí en la vida que hemos llevado juntos como matrimonio. Iré al grano. Me he dado cuenta de que en estos diez años no te he amado. Dios sabe cuánto me he comprometido a hacerlo, y cuánto me he esforzado por amarte, pero el hecho es que no lo hago ni puedo hacerlo. Es así de sencillo. Así que... al diablo con eso, y al diablo contigo; ¡me largo de aquí!». Y deja a su esposa, allí callada, para no volver jamás.

Fue el gran pensador danés Søren Kierkegaard quien observó el carácter paradójico del amor y de la ley. «De esto hablaremos: *amarás*, porque la marca misma del amor cristiano y su característica distintiva es esta, que contiene la contradicción: amar es un deber»[1]. El amor y la ley se relacionan entre sí como jugando a las *escondidas*. Si ves a uno, el otro está oculto y no se lo puede encontrar. *Amar a Dios con todo el corazón, la mente y el alma, y al prójimo como a uno mismo*, es, en efecto, la ley de vida de Dios. Haz eso y vivirás. Si ves la exigencia —*debes* amar—, el amor estará ausente y no se lo verá por ninguna parte. Si el amor es una realidad presente que fluye, entonces la ley habrá desaparecido de la vista. Sí, el amor *es* la ley de vida, pero el amor y la ley nunca pueden estar presentes juntos porque se repelen como el aceite y el agua. La ley del amor nos pone en un callejón sin salida moral y espiritual. La ley nos obliga a amar, pero todas las consideraciones legales y los compromisos con el deber anulan y destruyen el amor. Donde hay ley, no hay amor. Siempre revela que no somos, no hacemos y no podemos. Comprendemos y al mismo tiempo empatizamos con las reacciones de la esposa de nuestra parábola. Y, por lo tanto, también entendemos algo sobre la mente de Dios, como exploraremos más adelante en este capítulo.

Pero ¿y si respondemos como Israel, cuando se dieron cuenta de que habían transgredido la ley de Dios y estaban bajo su ira? *¡Danos otra oportunidad!* Exploremos la idea de las oportunidades adicionales volviendo a la analogía del juego de ajedrez. Imaginemos que las exigencias de la ley del amor pudieran compararse con la tarea de derrotar al mejor jugador de ajedrez del mundo (en realidad, las exigencias de la ley para los pecadores constituyen una tarea mucho más imposible). Sacas blancas y haces tu primer movimiento —peón de rey avanza dos casillas—. Ahora imagina que el campeón de ajedrez te mira y anuncia: *¡Jaque mate!* Protestas: *Oye, la partida acaba de empezar. Todavía tengo todas mis piezas sobre el tablero, y tú ni siquiera has hecho un movimiento. ¿Cómo que «jaque mate»?* El campeón responde: *¿No lo ves? Pues entonces juega la partida. Lo verás en siete movimientos.* Y efectivamente, en siete movimientos lo ves... ¡Jaque mate! Así que dices: *¡Dame otra oportunidad!* Y la nueva partida empieza con el mismo anuncio: *¡Jaque mate!* Juegas la partida y lo ves en siete movimientos. Ahora, *si juegas lo suficiente*, te dice, *puedes llegar a ser lo suficientemente bueno como para verlo en seis movimientos.* Y mejor aun, tal vez lo consigas en cinco.

---

1. Søren Kierkegaard, *Works of Love: Some Christian Reflections in the Form of Discourses*, trad. Howard y Edna Hong (New York: Harper and Roe, 1962), p. 40.

Sin embargo, la verdadera pregunta para ti es la misma que para Israel: ¿cuántas veces debes jugar el juego para darte cuenta de que no puedes ganar? Al marido del relato le llevó diez años de relación con su mujer. Donde hay ley, no hay amor. Pero algunos tardamos más en verlo que otros. Y algunos no lo ven en toda su vida. Volvamos a nuestra parábola. Hay otro escenario posible.

El marido entra a su casa, se dirige a su mujer y le dice: «Querida, tengo algo que decirte. Ha sido un día muy duro para mí. He descubierto algunas cosas que no sabía acerca de mí en la vida que hemos llevado juntos como matrimonio. Iré al grano. Me he dado cuenta de que en estos diez años no te he amado. Dios sabe cuánto me he comprometido a hacerlo, y cuánto me he esforzado por amarte, pero el hecho es que no lo hago ni puedo hacerlo. Es así de sencillo. Ahora, creo que tienes todo el derecho a dejarme y no te culparía si lo hicieras. Te mereces mucho más de lo que yo he sido capaz de darte. Pero, solo quiero que sepas cuánto lo siento».

En esta versión de la parábola, la esposa rompe su silencio y le hace la siguiente asombrosa revelación a su marido. «Para ti, tu falta de amor por mí puede ser una revelación reciente, pero para mí no es una sorpresa. Siempre lo he sabido. Sin embargo, hay algo más que quiero que entiendas. Yo sí te amo, y siempre lo he hecho. Y tal como ha sido en el pasado, ese amor será suficiente para los dos. Yo no me iré a ninguna parte; tú estás bien así». El marido apenas puede creer lo que ha oído decir a su mujer. Se le llenan los ojos de lágrimas, se acerca a ella y la abraza. Ahora, en lo que toca a ese abrazo, él no se comprometió a abrazar a su mujer, ni la abrazó por un sentido del deber. No se esforzó por abrazarla. Lo hizo espontáneamente. Fue la primera cosa cariñosa que alguna vez hizo por su mujer durante la vida que llevaban juntos. De hecho, hacía diez años que ella esperaba ese abrazo.

¿Cómo podemos explicar ese abrazo? Si bien es cierto que la ley no puede engendrar amor, el amor sí puede hacerlo. Y eso es precisamente lo que, en este segundo escenario, la esposa logró en su marido. Cuando, por no haber amado, hay un arrepentimiento humilde, el amor puede engendrar amor al engendrar primero una fe en ese amor. El marido solamente se levanta para abrazar a su esposa al creer primero en su increíble relato de su propio compromiso y amor. El amor y la confianza de ella hicieron florecer en él un amor correspondiente —algo que todos sus compromisos con el deber y el esfuerzo jamás pudieron producir—. Esta es la segunda parte de la paradoja de Kierkegaard: donde hay amor, la ley está ausente.

Ahora debemos comprender cuán extraordinaria es la mujer de nuestra parábola. Ella entiende la ley del amor, y también entiende bien algo importante sobre su propio deseo de tener una relación amorosa con su marido. Habría una sola manera de conseguir lo que ella quería, pero esa única manera no estaba garantizada. Para lograr una relación amorosa con su marido, él primero tendría que descubrir que no la amaba, y además, que nunca lo haría por compromisos con el deber o esforzándose. Hasta que llegara ese momento, ella tendría que guardar silencio. Hay cosas sobre su corazón que un hombre debe descubrir por sí mismo. Ella no se las puede *decir*.

Imagina la respuesta de él si, tras cinco años de matrimonio, ella rompiera su silencio y le informara que sabe que él no la ama. Y si, además, ella declarara: «Pero no hay problema. Yo sí te amo y eso es suficiente para los dos». Él se sentiría increíblemente ofendido e indignado por esos comentarios, ¿verdad? Y le diría cosas como: «¿Por qué me dices cosas tan ofensivas? Después de todo lo que hago por ti cada día, etcétera».

La mujer sabe que debe guardar silencio; un silencio sin garantías. Él podría pasar toda su vida sin llegar a entender verdaderamente su propio corazón. De ser así, ella perdería. Además, aun si él llegara a descubrirlo, como en nuestra parábola, se trata de un momento mágico. El primer escenario es siempre una posibilidad; él puede irse, en cuyo caso ella también pierde. Ella debe guardar silencio… aunque tenga que hacerlo para siempre. No hay otro camino y ella lo sabe.

Así trata Dios con nosotros en su ley y en su evangelio. El propósito principal de la ley no es mostrarnos dónde amamos cuando lo hacemos. Tampoco tiene el propósito de capacitarnos para amar. Todos los compromisos con el deber y el esfuerzo destruyen el amor (el amor puede involucrar mucho esfuerzo, pero nunca para amar). El propósito de la ley es revelar el jaque mate, el hecho de que nuestra condición pecaminosa nos tiene muertos en nuestros delitos. No lo hace anunciándolo, sino mostrándonos nuestro propio corazón cuando nos involucramos con la ley de vida en el diario vivir… cada vez que jugamos el juego. Su propósito es llevarnos detrás de la leñera espiritual de Dios y darnos el tipo de paliza que nos humilla ante él. Sin embargo, al igual que en nuestra parábola, el resultado no está garantizado. Del mismo modo que la constatación de nuestro propio jaque mate moral puede producir arrepentimiento, puede también producir rebelión y un mayor desamor. Frente a esta verdad, gran parte de la Iglesia contemporánea ha perdido el valor y ha imaginado otras opciones. El ministerio de la ley al servicio del evangelio se basa en esta verdad espiritual: no hay otro camino.

En el segundo escenario, la mujer revela el corazón de Dios en el evangelio… un corazón que solo revela su verdadero ser al hombre de sus sueños cuando este se ha humillado ante ella. Tal vez sea una figura bastante increíble, un mero producto de la imaginación. ¿Qué mujer, en la vida real, tendría semejante compromiso amoroso con un marido que no la ama? Sobre esto puede haber muchas opiniones diferentes. Sin embargo, en lo que respecta a nuestro Dios, no puede haber duda alguna. Él es un Dios tan amoroso que tiene propósitos con nosotros, humanos carentes de amor. Él apuesta, y en Cristo Jesús, se juega el todo por el todo —gane o pierda— con todos nosotros. Sin embargo, en lo que a él respecta, no nos pongamos sentimentales ni nos engañemos. Cuando se trata de lo que se requiere para tener una relación con él, a través de la fe en su favor por causa de Cristo, no hay otro camino. Él es el Campeón que empuja el tablero de ajedrez hasta ponerlo delante de nosotros para jugar la partida de la vida. En juego está la muerte y la vida. Las reglas están contenidas en la ley del amor, que es la ley de vida. Haz tu jugada.

Ahora bien, para que no pensemos que reconocer el jaque mate pasa por simplemente ver el asunto de la manera en que la mujer percibía a su marido en la parábola, debe decirse que esta es solo la mitad del asunto. La verdadera desesperanza del jaque mate debe verse en los ojos de la mujer, a medida que ella examina su propio corazón. Si los meros compromisos con el deber no te satisfacen, cariño… no creas que alguna vez satisfarán a Dios.

CAPÍTULO 3

El Dios de dos caras

Eruditos más que reflexivos se han hecho la pregunta de cómo es Dios en realidad. O preguntas aun más trascendentales, como por ejemplo: *¿Qué piensa él de nosotros y del problema del mal aquí en la tierra? ¿Le importa? ¿Podemos negociar con él, o pedirle ayuda para resolverlo? ¿Es un poderoso y vengativo Dios intransigente, que no se conforma con menos que la perfección; o es más bien una Deidad bondadosa y misericordiosa?* Desde intelectuales maduros hasta niños curiosos, en todas las épocas se ha reflexionado y debatido sobre estas cuestiones. Tal vez, en algún momento de nuestras vidas, nosotros mismos hayamos deseado hacernos una idea de Dios y nos hayamos preguntado cómo sería conocerlo cara a cara.

El Dios oculto y revelado

Aunque Dios está siempre más cerca de nosotros que nuestra propia nariz, no se ha quitado los envoltorios ni ha dado a ningún ser humano pecador y mortal un encuentro cara a cara en toda su dimensión. Como Dios le dijo a Moisés, quien solicitó tal encuentro, ver el rostro o el esplendor total de su santidad y gloria significaría la muerte inmediata de cualquier humano pecador (Éx 33:20). Por su misericordia, nuestro Dios se mantiene, de modo general, en secreto; es un Dios oculto —aunque no totalmente—.

Ha elegido revelarse en determinados momentos y lugares, y solo para manifestar algunos aspectos de sí mismo. Al principio de la historia del Antiguo Testamento, Dios se reveló a menudo como aquel que realmente tiene el control de las cosas aquí en la tierra. Una y otra vez manifestó su fuerza y su poder de manera impresionante. En los días de Noé, lo hizo con el diluvio destructor. En Sodoma y Gomorra, fue con fuego y azufre.

En Egipto fueron las plagas, la muerte de los primogénitos y la división del mar Rojo. En el monte Carmelo, fuego cayó desde el cielo reduciendo a cenizas un sacrificio y un altar empapados de agua. Por mucho que a veces los creyentes modernos pensemos que una buena exhibición de Dios en la actualidad —como las de aquel entonces— haría maravillas por la causa de la verdadera religión, estos espectáculos de Dios nunca inspiraron mucha fe ni devoción en el largo plazo. En su mayor parte, los poderosos despliegues de Dios en el Antiguo Testamento simplemente asustaron a la gente. Aun en el desierto, la primera vez que Dios se hizo gloriosamente presente con su pueblo en una tienda especial, los hijos de Israel siempre se quedaron fuera, como diciéndole a Moisés: *Entra y averigua lo que quiere; nosotros nos quedaremos aquí fuera. Luego podrás contárnoslo todo.* A menudo, la manera especial que Dios tenía de *saludar* en el Antiguo Testamento requería pronunciar continuamente las palabras: *No teman.* En aquel entonces, los encuentros con el Dios soberano solían ser experiencias bastante aterradoras.

Consciente de nuestra fragilidad pecaminosa y deseando que tengamos una relación personal con él, Dios ha elegido revelarse a nosotros envuelto en las cosas triviales de este mundo. Nuestro Creador se ha dado a conocer personalmente a través de su Palabra hecha carne en el hombre Jesús, verbalmente en las Escrituras proféticas y apostólicas, y visiblemente en el bautismo y la cena del Señor. Usando las máscaras de la humanidad, el lenguaje terrenal y los sencillos elementos del agua, el pan y el vino, Dios no simplemente ha descendido hasta nosotros, sino que ha *condescendido* con nosotros. Aquí nos da continuamente la oportunidad de asimilarlo con todos nuestros sentidos, y de maneras prolongadas, lentas y poco alarmantes: ¡cara a cara! Dios no desea sorprendernos. Quiere amarnos y abrazarnos tiernamente como propiedad suya. Es más, su deseo ardiente, desde la creación, ha sido que respondamos a su amor con un amor correspondiente, dando forma a una magnífica relación y vida en común. No obstante, como sabemos, el amor siempre nos complica las cosas. También complica las cosas para Dios. Kierkegaard ilustró bien el problema de Dios al decir:

> Supongamos que había un rey que amaba a una humilde doncella. No había otro rey como él. Todos los estadistas temblaban ante su poder. Nadie se atrevía a pronunciar una palabra contra él, porque tenía la fuerza para aplastar a todos sus oponentes. Y, sin embargo, este poderoso rey se derretía de amor por una humilde doncella.

¿Cómo podía declararle su amor? De una extraña manera, su propia realeza le ataba las manos. Si la llevaba al palacio, la coronaba con joyas y la vestía con ropajes reales, seguramente ella no se resistiría —nadie se atrevía a oponerle resistencia—. Pero, ¿lo amaría?

Ella diría que lo amaba, por supuesto, pero ¿lo haría de verdad? ¿O viviría junto a él atemorizada, alimentando un dolor secreto por la vida que había dejado atrás? ¿Sería feliz a su lado? ¿Cómo podría saberlo? Si iba hasta su choza del bosque en su carruaje real, con una escolta armada ondeando brillantes estandartes, eso también la abrumaría. Él no quería una súbdita acobardada. Quería una amante; una igual. Quería que ella olvidara que él era un rey y ella una humilde doncella, y que permitiera que el amor compartido atravesara el abismo que los separaba.

Convencido de que no podría elevar a la doncella sin aplastar su libertad, el rey resolvió descender. Se vistió de mendigo y, de incógnito, se acercó a la choza de ella envuelto en una amplia capa gastada. No se trataba de un simple disfraz, sino de una nueva identidad. Renunció al trono para conseguir su mano[1].

Como sabemos, la verdad de la parábola de Kierkegaard entró en la historia humana en Jesús el Cristo. En Filipenses 2, Pablo resumió elocuentemente la versión histórica de la historia:

... el cual, aunque existía en forma de Dios, no consideró el ser igual a Dios como algo a qué aferrarse, sino que se despojó a Sí mismo tomando forma de siervo, haciéndose semejante a los hombres. Y hallándose en forma de hombre, se humilló Él mismo, haciéndose obediente hasta la muerte, y muerte de cruz.

El rey se despojó de sus vestiduras regias y se convirtió en un bebé indefenso, un humilde lavador de pies y un bochornoso portador de cruz. Nada muy aterrador, pero ese es precisamente el punto. Dios tiene en mente amar y cortejar. En Jesús, Dios se encuentra con nosotros cara a cara. ¡Pero de incógnito! Viene a conquistarnos humildemente, con un amor moribundo y sacrificial, a fin de que seamos su esposa para siempre. Así como venció a las fuerzas de las tinieblas y de la muerte, el Cristo resucitado y exaltado aún está con nosotros. Por sus amorosas intenciones, se oculta humildemente en su evangelio, envuelto en un lenguaje humano corriente y en los elementos comunes del agua, el pan y el vino.

1. Paráfrasis de Søren Kierkegaard, *Philosophical Fragments*, pp. 31-43, por Philip Yancey, *Disappointment with God* (Grand Rapids: Zondervan, 1988), p. 103-104.

A través de ello, Palabra y Sacramento, su ministerio evangélico de cortejar salvíficamente a personas frágiles y pecadoras continúa. Solo que ahora lo lleva a cabo a través de cuerpos humanos comunes como el tuyo y el mío. Nosotros, en su Iglesia, ¡nos hemos convertido en parte del humilde disfraz de nuestro Señor!

No es muy llamativo ni rimbombante; no se parece en nada a los grandes espectáculos del Antiguo Testamento. Hollywood nunca pediría a gritos los derechos, pero aquí se encuentra el amoroso rostro de Dios, tan claramente como podemos recibirlo de él. Y ese es su ministerio y la forma en que, por su misericordia y amor, condesciende a reunirse con nosotros por nuestro bien. No nos equivoquemos: en la Encarnación, Dios no estaba jugando. La cruz le costó la humillación y la muerte de su propio Hijo, y todo por su ardiente amor por nosotros, seres humanos pecadores. En el evangelio nos encontramos realmente con un *Dios* sincero, tal y como es: un Dios amoroso y misericordioso.

La reunión preparatoria de Dios

Sin embargo, las reuniones cara a cara entre personas humanas o divinas requieren un encuentro honesto en el que todo lo importante esté al descubierto. En el lado divino del encuentro, el fuego y el humo no revelarán a un Dios amoroso y misericordioso, y en nuestro lado, engañar y ser deshonestos no servirá. Todos los que piensan que tienen la entereza espiritual para solicitar una reunión cara a cara con Dios deben darse cuenta, como lo hizo C. S. Lewis, de que tal reunión requiere que nosotros, pecadores rebeldes, llevemos únicamente nuestro verdadero rostro al encuentro[2]. Y ese es el problema que, tanto en los niños como en los eruditos, frena en seco la curiosidad por los asuntos divinos. No tenemos, de manera innata, el temple espiritual para ello. La verdadera honestidad con nosotros mismos es una virtud espiritual, pero nosotros, hijos e hijas de Adán, estamos espiritualmente muertos.

Dios, por lo tanto, tiene otro rostro y otro ministerio para prepararnos para el verdadero encuentro cara a cara con él a través del evangelio. A través de este encuentro preparatorio, él nos da un rostro verdadero y honesto así como la humildad para encontrarnos con él en su amor y misericordia. *No puedes encontrarte con Dios como él realmente es mientras no te hayas encontrado contigo mismo como realmente eres.*

---

2. Véase el caso ilustrativo de la queja de Orual contra los dioses en la novela de C. S. Lewis *Mientras no tengamos rostro (Till We Have Faces* [New York: Harcourt Brace, 1984], pp. 290-294).

Dios no tolerará las burlas de encuentros fingidos con seres humanos sin rostro. Debemos ir con nuestro verdadero rostro, y eso es precisamente lo que Dios nos proporciona al encontrarnos con él a través de su ley.

Aquí vemos una de las características más singulares y distintivas del cristianismo que lo separan de todas las religiones del hombre. La mayoría de las religiones tienen un código moral que nos es recomendado con la promesa de que, a través de él, todos podemos llegar a ser mejores personas. Iluminados por la ley y comprometidos con un virtuoso sentido del deber, todos podemos progresar significativamente en la superación de nuestros defectos morales *percibidos*. El sello distintivo de los preceptos morales del hombre es que son alcanzables cuando existe la suficiente determinación. *Debo, luego puedo*, dijo el famoso filósofo moral Immanuel Kant. Construyó todo un sistema ético basado en ese supuesto.

Sin embargo, cuando nos encontramos bajo la luz reflectante de la ley de vida de Dios, esta proyecta sobre nosotros una sombra de oscuridad y muerte que provoca la confesión contraria: *Debo, luego no lo hago, ni puedo*. La ley de Dios nos muestra que, en su raíz, nuestro problema no es la inmoralidad o una determinación débil. Nuestro problema es un problema de bancarrota y muerte espiritual. Esta es la oscura verdad que yace escondida en lo profundo del alma de cada pecador, y que, antes de que podamos encontrarnos cara a cara con el Dios misericordioso, debe ser enfrentada con total honestidad y arrepentimiento. Nuestra idolatría y el engaño de nuestro corazón deben ser confrontados por lo que son. La brecha entre lo que somos y lo que deberíamos ser debe considerarse como el gran abismo que somos incapaces de cruzar.

Jesús expresó la médula de la ley de Dios cuando aprobó la fórmula deuteronómica: *Amarás al Señor tu Dios con todo tu corazón, y con toda tu alma, y con toda tu fuerza, y con toda tu mente, y a tu prójimo como a ti mismo* (Lc 10:27-28). Y erigiéndose como la encarnación revelada de la ley, ordenó a sus discípulos *que se amen los unos a los otros, así como Yo los he amado* (Jn 15:12). El amor es la ley del Espíritu de vida, porque Dios es amor y Dios es vida.

Considerada en *toda su fuerza*, la ley contiene dos elementos. El primero es el amor, el carácter de Dios y el propósito central de la existencia humana que Dios planeó para nosotros desde el principio. El amor es el fundamento del entorno moral y espiritual que habitamos, cimentado en el propio ser de Dios. Cuando amamos, nos sentimos cautivados por el otro de manera espontánea y alegre. Las necesidades, deseos e intereses del ser amado se convierten en el centro de atención que motiva y moldea nuestra implicación y relación con él. La actividad y el interés del amor siempre están dirigidos al otro y se dan gratuitamente. El amor no busca lo suyo, sino lo del otro (1 Co 13:5).

La segunda parte es la *ley propiamente dicha*, que fue añadida a causa del pecado (Gá 3:19). Es el *debes* —de lo contrario, perecerás—. *¡Si no lo haces, morirás!* La ley propiamente dicha nos impone el deber y la obligación con la amenazadora pena de muerte, una pena que nos toma cautivos en nuestro bienestar mismo, el nivel más fundamental de nuestro amor propio y nuestra preocupación por nosotros mismos. El amor se exige bajo pena de muerte. Servir a la ley es ponerse al servicio del deber legal, y hacerlo no por el otro, sino por uno mismo. Haz lo que se exige, y vivirás. En otras palabras, ¡cumple con tu deber o muere! Actuar movidos por la necesidad legal y la maldición condenatoria de la ley sofoca la libertad y la espontaneidad que el amor requiere. Cuando somos cautivos de la ley e impulsados por ella, no puede haber amor; sin embargo, cuando somos asidos por el amor, las exigencias y amenazas de la ley se evaporan. De hecho, pueden incluso parecer tontas.

Imagina que paseas por un parque y ves a una joven pareja sentada en un banco. Luego de observarlos con el rabillo del ojo por varios minutos, te resulta evidente que están profundamente enamorados. Basta con ver cómo se miran. Ahora, imagina que te acercas a ellos y les dices: *Sin duda ustedes se dan cuenta de que tienen que amarse. Es la ley: ¡Si no lo haces, mueres!* Te mirarían como si estuvieras demente, ¿verdad? Seguramente se preguntarían: ¿Cómo sería *un deber* hacer lo que no podemos evitar? La obligación del amor se halla vinculada a la persona amada, no a la necesidad legal. Donde hay amor, la fuerza y la obligación de la necesidad legal no solo se hallan ausentes para los amantes, sino que parecen ridículas.

Como se observó en su parábola, Kierkegaard entendió que los dos elementos, el amor y la ley, tienen una relación paradójica: si ves a uno, no ves al otro. Si eres cautivo de uno, el otro está ausente. Si experimentas la exigencia de que *debes*, el amor está ausente. Donde el amor es una realidad presente que fluye, la ley se halla fuera de la vista. Sí, el amor *es* la ley de vida, pero el amor y la ley nunca se experimentan juntos. Cuando experimentamos uno de ellos, se repelen como el agua y el aceite. O estamos atrapados por la necesidad de cumplir con nuestro deber por nuestro propio bien, o somos cautivos del amor y lo que es bueno para el ser amado.

Profundicemos en la paradoja. Es cierto que siempre somos capaces de ser más amables y considerados con los demás de lo que lo hemos sido, y que nos corrompemos si ni siquiera lo intentamos. Además, nunca amaremos a menos que hagamos un esfuerzo consciente. Sin embargo, esforzarse deliberadamente por amar a la gente no logrará el objetivo. El amor es un fruto de la fe, no una obra de la ley. Donde existe el amor, lleva espontáneamente su propia carga por el amado, sin luchas ni sentido alguno de obligación legal. La ley del amor presenta a los seres humanos pecadores un dilema paradójico, un callejón sin salida moral y espiritual. La paradoja puede ilustrarse mediante el ejemplo de un pintor que intenta deliberadamente convertirse en un gran artista. Si no se esfuerza, jamás llegará a ser un artista, y mucho menos uno grande. Pero como su esfuerzo tiene el objetivo deliberado de alcanzar la genialidad en su oficio, demuestra que no es ni será nunca un genio. Los grandes artistas lo son sin esforzarse. Sus habilidades simplemente se despliegan en su obra como los pétalos de una rosa ante el sol[3]. La genialidad es un don de Dios, no una obra que se hace, y lo mismo ocurre con el amor. El amor florece a partir de una fe alimentada por la gracia en la vida cristiana, a medida que la fe se ejercita en nuestras relaciones con los demás. Si no nos esforzamos por amar con todo lo que hay en nosotros, seguramente nos condenamos. Pero, por otro lado, el amor no es fruto del empeño. Además, el amor es nuestro deber, pero jamás podemos amar impulsados por el sentido de ese deber.

Recuerda a aquel marido que, en su primer aniversario de boda, le regaló rosas a su esposa diciéndole que solo cumplía con su deber. Cuanto más se empeñe en cumplir con su deber, más se alejarán su corazón y su vida del amor verdadero. El deber condena si lo cumplimos, y también condena si no lo hacemos, pues ambas situaciones destruyen el amor. Sin embargo, también en la *Parábola*, el marido le confesó a su esposa que llevaba diez años esforzándose por amarla y que pensaba redoblar sus esfuerzos el año que comenzaba. Le reveló que no la ha amado en años, que no la ama ahora y que, en realidad, tampoco es capaz de hacerlo. Sin embargo, como observamos, se autocondenaría delante de su mujer si ni siquiera tuviera la intención de intentarlo. Este es el irresoluble jaque mate de la ley.

El amor no viene a través del esfuerzo, o por negarnos a esforzarnos. El amor es nuestro deber a causa de la ley, pero el compromiso con el deber y todas las consideraciones legales anulan y destruyen el amor.

---

3. Fue Edward John Carnell quien hizo esta excelente observación sobre la disparidad entre el esfuerzo y el verdadero carácter del amor en *Christian Commitment* (New York: Macmillan, 1957), pp. 212-213.

Cuando somos cautivos de las exigencias de la ley, no hay amor. La ley siempre revela lo que no hacemos y lo que somos incapaces de hacer. Comprendemos y empatizamos con las reacciones de la esposa en la *Parábola*. Por lo tanto, también entendemos la mente de Dios. El amor es un fruto de la fe a través de la gracia, en donde, por supuesto, la ley ha sido reemplazada y está completamente ausente.

Las palabras de san Pablo en Romanos 3:19-20 nos dicen: «Ahora bien, sabemos que cuanto dice la ley, lo dice a los que están bajo la ley, para que toda boca se calle y todo el mundo sea hecho responsable ante Dios. Porque por las obras de la ley ningún ser humano será justificado delante de Él; pues por medio de la ley viene el conocimiento del pecado». Este es el propósito central de Dios para la ley. Él no pretendía que fuera una herramienta de motivación para convertir un corazón egoísta y orgulloso en uno verdaderamente amoroso; ni tampoco pretendía que fuera una guía de ejercicios para que el practicante de diez principios bíblicos avanzara en el arte de amar. Cuando Dios añadió la ley a su diseño creativo del amor, proporcionó una poderosa herramienta de diagnóstico para poner de relieve nuestra muerte espiritual y la imposibilidad de volver nosotros mismos al plan original que él tuvo para nosotros en la creación. El amor fue la condición constante de la existencia humana en el paraíso, hasta que Adán y Eva dejaron de confiar en Dios para confiar en sí mismos. Cuando la confianza de ellos se destruyó, todos los contornos del amor se evaporaron con ella. En el fondo, la capacidad humana perdió todos sus recursos espirituales para centrar su existencia en un amor y una confianza del ser completo en Dios. Tal existencia era un paraíso, pero el Paraíso se perdió. El exigente deber de la ley propiamente dicha fue añadido para mostrar a los hijos e hijas de Adán que en nosotros mismos no tenemos los recursos para volver al Paraíso. *La necesidad moral, unida a la amenaza de muerte, no generará amor ni confianza en Dios*. Para Lutero, generaban ira y odio. Los intentos de recurrir a la ley para complacer a Dios solo generarán una falsa justicia propia, desesperación o una rebelión a gran escala.

Cuando consideramos la ley en toda su fuerza, la verdad que muestra acerca de nosotros es dolorosamente dura. Todo nuestro orgullo y sentido de bienestar carnal es aplastado por el veredicto que pronuncia. Nos incita a ser honestos con nosotros mismos a un nivel que sabemos que pondría fin a todas nuestras caras de *estoy haciéndolo bien*. Destruye todos nuestros planes y pretensiones de autojustificarnos cumpliendo con nuestro deber. ¡La ley nos condena! Podemos caer fácilmente en la tentación de alejarnos del impacto pleno de la ley y de intentar negociar con sus exigencias. Algunas formas populares incluyen convertir las demandas de la ley en metas, como si la ley dijera: *Conviértete en la persona que puede amar a Dios con todo su corazón, mente y alma, y a su prójimo como a sí mismo, y vivirás*. Otra forma es esta: *Haz tu mejor esfuerzo por amar a Dios y al prójimo, y vivirás*. Y, por supuesto, está el viejo y popular recurso: *Sé más amoroso que la mayoría de la gente que conoces, y vivirás*.

Todas estas evasivas pretenciosas niegan la idea central de la ley, que proclama que, si no hemos estado amando ya y siempre a Dios con todo nuestro ser, y a los demás seres humanos como a nosotros mismos, ya estamos muertos en nuestros delitos. Los muertos no pueden hacer nada; ¡están fuera del juego! Esa es la maldición de la ley (Gá 3:10). Escuchar, finalmente, a Dios pronunciar esta escalofriante verdad coloca al pecador bajo la ira de Dios y en una coyuntura crítica. El pecador se enfurecerá o se quebrantará. Su corazón dirá: «*Al diablo con la ley*» y huirá de Dios hacia mayores niveles de rebelión carentes de amor, o bien Dios hará que el individuo tome el aplastante camino del arrepentimiento. Dios, aquí, le daría un rostro humilde y honesto para encontrarse con el Dios misericordioso que salva. Es un rostro que reconoce su necesidad de justicia, amor y aceptación incondicional. Y Dios satisface estas necesidades en el evangelio, vistiendo nuestra condición estéril y pecaminosa con la justicia de Cristo y recreando nuestro rostro y todo nuestro ser espiritual a la semejanza de su Hijo. A través de la fe en Cristo, ahora tenemos un rostro apto no solo para encontrarnos con nuestro Dios, sino también para pertenecerle perpetuamente en amor como su esposa.

La química de la ley y el evangelio

La mayoría de quienes hemos estudiado química elemental en el liceo o la universidad podemos recordar que existe una polaridad interesante en las sustancias químicas. Algunas son ácidas en diversos grados y otras son de naturaleza alcalina. El agua es neutra. Quizá también recordemos lo que ocurre si mezclamos ácido con una solución alcalina o *viceversa*. Cada una tiene el efecto de debilitar la fuerza de la otra y, si se añade una cantidad suficiente, acabará neutralizando toda la fuerza de la solución. Y el agua, como sabemos, es el solvente universal. Diluye la fuerza de ambas. No soy químico, pero tal vez podríamos decir que, si necesitamos ácido en toda su fuerza, es *peligroso* mezclarlo con soluciones alcalinas. Lo contaminarán produciendo un efecto neutralizante, y lo mismo ocurrirá a la inversa. Además, si necesitamos, por ejemplo, tanto soluciones ácidas como alcalinas en toda su fuerza, el agua podría considerarse un *contaminante* ya que tendría el efecto de diluir la fuerza de ambas.

Aquí hay algunos puntos de contacto útiles para comprender la naturaleza y el ministerio de la ley y el evangelio de Dios. No sé quién fue el químico responsable de descubrir la dualidad y la polaridad de las sustancias en términos de bases y ácidos y sus efectos mutuos. Pero fue especialmente la perspicacia de Lutero la que refrescó el pensamiento cristiano occidental al redescubrir que la Palabra de Dios se entiende y maneja correctamente al distinguir entre dos palabras o ministerios diferentes de Dios: la ley y el evangelio. Esta es la llave central que abre el verdadero significado de las Escrituras y nos permite escuchar correctamente la voz de Dios a través de ellas.

Desde Génesis hasta Apocalipsis, en algunos lugares Dios se dirige a nosotros con una palabra que es ley, y en otros lugares, con el evangelio. Y al igual que las soluciones ácidas y básicas, cada una tiene sus propiedades y características únicas que permiten a Dios cumplir sus propósitos en nosotros a través de ellas; no obstante, cada una tiene también el poder de contaminar y neutralizar a la otra si se mezclan. Sin embargo, si se las mantiene separadas y en toda su fuerza, son instrumentos poderosos y potentes que, correctamente aplicados, llevan a cabo todo lo que Dios quiere realizar en nuestras vidas para nuestra salvación final[4].

Sabemos, por experiencia propia y a la luz de la historia, que las palabras adecuadas, dichas en el momento oportuno a las personas adecuadas, pueden tener efectos sorprendentes y poderosos para bien o para mal. Como dice el sabio proverbio, *la pluma es más poderosa que la espada*. Por la palabra adecuada en las condiciones adecuadas, naciones y pueblos enteros se han visto impulsados a realizar lo que se creía imposible. Pensemos en las famosas palabras de John Paul Jones, durante la Guerra de Independencia de los Estados Unidos: *Aún no he comenzado a luchar*, o en las inspiradoras palabras de Winston Churchill, durante la Batalla de Inglaterra: *Nunca tantos debieron tanto a tan pocos*. Piensa en las sencillas palabras *Te amo*, pronunciadas mágicamente en el momento y en el lugar adecuados, que transforman la vida de un ser amado indiferente,

---

4. C. F. W. Walther captó sucintamente estos puntos en lo siguiente: *En segundo lugar, la Palabra de Dios no se interpreta correctamente cuando la ley no se predica en toda su severidad, ni el evangelio en toda su dulzura; cuando, por el contrario, los elementos del evangelio se mezclan con la ley y los elementos de la ley con el evangelio* (Tesis VI); *The Proper Distinction between Law and Gospel* (St. Louis: Concordia Publishing House, 1928), p. 79.

creando una relación amorosa que todos, incluido el amado, creían imposible. El amado confiesa tímidamente y con mucha pesadumbre: *No sé qué ha ocurrido, pero me he enamorado*.

Conocemos el poder de las meras palabras humanas. Imagina, en comparación, el increíble poder que debe de poseer la Palabra de Dios. ¡El universo entero fue creado por ella! El Señor nos dice que ella nunca vuelve a él vacía, sino que siempre cumple los propósitos con los cuales él la envía (Is 55:11). Él nos ha confiado su poderosa Palabra de ley y evangelio. Nosotros seremos sus brazos, piernas y boca para proclamar su Palabra de ley y evangelio a través de la cual él se encuentra cara a cara con los pecadores para salvarlos (Mt 28:20; Jn 15:27). Lo crucial, sin embargo, es que estas palabras deben ser entregadas sin mezclarlas y en toda su fuerza, de lo contrario su potencia disminuirá, su poder se neutralizará, y el verdadero rostro de Dios, tal como él se nos revelaría, se evaporará.

Examinemos esto más de cerca comenzando por la ley: la reunión y el ministerio preparatorios de Dios para el encuentro salvífico a través del evangelio. La ley es siempre preliminar y preparatoria. La fuerza plena y pura de la ley es su exigencia incondicional de amar primero a Dios con todo nuestro corazón, mente y alma. Esta exigencia, como reconoció Lutero, significa que *debemos temer, amar y confiar en Dios por encima de todo*[5]. En segundo lugar, la ley exige que, cuando otros entran en nuestro círculo de cercanía, los amemos como a nosotros mismos. Esta ley en toda su fuerza debe ser vertida en los corazones y las mentes de los pecadores autocomplacientes a fin de que tomen conciencia de su bancarrota moral y espiritual —el jaque mate del *debo* unido al *no hago* y *no puedo*—. Recuerda que, aquí, el propósito de Dios es revelar su justa ira y juicio y, en la desesperación de nuestra justicia propia, dar forma al rostro honesto de un corazón arrepentido. La ley expone y condena nuestros dioses falsos, nuestros planes de bienestar concebidos por nosotros mismos y el trato egoísta y falto de amor que le damos a Dios y a nuestro prójimo.

Pero ¿qué ocurre si la ley no actúa en toda su fuerza? ¿O si es contaminada por elementos del evangelio, o simplemente aguada? ¿O si la palabra que transmitimos es un *debes*, pero unida al mensaje de que Dios es bondadoso y misericordioso, sugiriendo que un esfuerzo sincero y honesto sería satisfactorio? El esfuerzo sincero y honesto puede lograrse

---

5. El sentido que Lutero da al primer mandamiento. Véase su *Catecismo menor. Small Catechism* (St. Louis: Concordia, 1943), p. 5.

mediante el esfuerzo y el compromiso con el deber. Esto neutraliza un verdadero encuentro con el Dios santo y justo, y no produce arrepentimiento. Aquí, el rostro de Dios es un rostro falso: no revela al Dios que condena ni al Dios que salva por medio de Cristo.

O consideremos el error más común de reducir las exigencias de la ley a una simple lista de obligaciones morales; un plan sobre cómo debemos comportarnos día a día. ¿Qué sucede si solo presentamos la ley en términos de las dimensiones externas de los diez mandamientos? ¿Juramos, mentimos, engañamos o robamos? ¿Hay alguien que tenga una hoja de vida limpia? Sin embargo, no cabe duda de que hemos diluido la ley del amor, la ley del Espíritu de vida. La hemos reducido a su factibilidad exterior, y su poder ha desaparecido.

Como principio moral, la ley puede revelar inmoralidad de nuestra parte, pero no puede revelar nuestra verdadera condición de bancarrota moral y muerte espiritual. Puede confrontarnos con ocasionales o frecuentes «no hago», haciéndonos sentir la responsabilidad de disculparnos —como solemos hacerlo, unos con otros—, pero el mero principio moral nunca llevará a nadie al jaque mate —el callejón sin salida— del «no soy capaz». En el plano legal, a la hora de negociar, los meros principios morales del deber proporcionan un margen de maniobra. Sabemos de antemano que una disculpa sincera debe ser aceptada, y siempre podemos renovar nuestro compromiso y la esperanza de hacerlo mejor en el futuro.

Moralizar nunca revelará al Dios que condena, ni producirá jamás un verdadero arrepentimiento. Por las cosas hechas pedimos perdón, pero el arrepentimiento corresponde al tipo de persona que hemos sido. Solo la ley en toda su fuerza destruye la esperanza de la justicia propia y deja al descubierto la verdadera profundidad de nuestra pobreza espiritual. El filo de la ley se encuentra en el primer mandamiento, la exigencia de reordenar todos nuestros amores e intereses en torno al temor, el amor y la confianza en Dios[6]. Es el jaque mate de Dios lo que produce el arrepentimiento y el rostro honesto que reconoce la necesidad de un Dios misericordioso. Cualquier cosa inferior convierte la Buena Nueva en una noticia ordinaria o en algo que ni siquiera es noticia.

Centrémonos ahora en el ministerio del evangelio. Pregunta: ¿Cuál es la diferencia entre recibir el diamante más grande y valioso del mundo como

---

6. El problema creado por el pecado no es que ya no podamos amar. El problema es que el pecado ha desordenado irremediablemente nuestros amores. No podemos organizar todos nuestros amores en torno al temor y el amor a Dios. Para un buen análisis de este problema, véase Gilbert Meilaender, *Faith and Faithfulness: Basic Themes in Christian Ethics* (Notre Dame: Notre Dame Press, 1991), pp. 69-71.

un regalo, y obtenerlo por un centavo? Si lo miramos superficialmente, la diferencia no es mucha; solo un centavo. Pero miremos más de cerca. En el primer caso tenemos un regalo, y se trata de uno grande. Sin embargo, ¿qué tenemos en el segundo caso? ¿No se trata de una ganga increíble? ¿Notas la gran diferencia? Los grandes regalos son expresiones y signos de un gran amor, si realmente se trata de regalos verdaderos. Hacer regalos es la forma en que las personas, tanto humanas como divinas, expresan amor las unas por las otras. Pero las gangas increíbles son una cuestión diferente. Suelen ser expresiones de engaño, estupidez o astucia comercial. A menudo recibimos por correo cosas que anuncian gangas increíbles y, frecuentemente, llevan la palabra *¡GRATIS!* en letras grandes. El comprador, no obstante, debe tener cuidado. Normalmente obtenemos lo que pagamos, ¿verdad? ¿No sabemos por experiencia que hay un mundo de diferencia entre una ganga —por grande que parezca— y un verdadero regalo? Los auténticos regalos son expresiones de amor; las gangas, no.

Una de las palabras más utilizadas para expresar el evangelio en el Nuevo Testamento es la palabra *gracia*. Significa regalo. El evangelio, en toda su fuerza, proclama la Buena Nueva de un regalo inestimable que el Dios misericordioso que nos ama ha hecho suyo y nos concede por la obra salvadora de la muerte y la resurrección de su Hijo. Es el don de la justicia, el perdón y la reconciliación. Es el don de la aceptación incondicional segura, ahora y para siempre. Es el don de la libertad, la nueva vida y la adopción en la familia de Dios. Es el don del bienestar, ahora y para siempre. El evangelio puro nos pone cara a cara con el Dios amoroso que, a través de su Hijo y con esta gracia, nos lleva de regreso a la más hermosa relación de amor y hace madurar nuestra fe y nuestro amor a la plena estatura de su Hijo.

Pero ¿qué ocurre con este precioso regalo si el evangelio se mezcla con la ley o se lo diluye? ¿Qué pasa si al don le añadimos la exigencia de contribuir con algo a Dios o a nuestro prójimo —aunque solo sea *un poquito*—? ¡No sería mucho pedir por un tesoro tan inestimable como la vida eterna! ¿Ves lo que sucede? El regalo se evapora, y lo que ahora tenemos es una ganga. Quizás incluso es buena, pero ya no es un regalo. Además, hemos convertido el rostro de nuestro bondadoso y amoroso Dios en el de un hombre de negocios cósmico o el de un mercachifle que vende sus mercancías espirituales a cambio de un poco de virtud o afecto. Observa, asimismo, que no importa si debes dar tu granito de arena antes, para asegurar el trato, o después, para mantenerlo. Tu poquito es ley, y cualquier cantidad —antes, durante o después— neutralizará la gracia de Dios y reducirá el poder de Dios para la salvación. ¿Puede alguien regatear por el amor *tuyo*? El amor y los dones de Dios tampoco se pueden obtener regateando.

Veámoslo también desde nuestro propio punto de vista. En nuestro ejemplo, la ganga de la felicidad perpetua solo requiere que contribuyas un poquito. ¿Podremos alguna vez estar seguros de que seremos felices para siempre? ¿Cuánto es un *poquito* desde la perspectiva de Dios? ¿Hemos aportado ya lo suficiente, o se requiere más? ¿Cómo podemos saberlo antes de que sea, por supuesto, demasiado tarde? ¿Y qué hay de la calidad de nuestra contribución? ¿Qué tan buena tiene que ser? ¿Es la nuestra lo suficientemente buena? ¿Quién lo sabe? Aun un poco de ley puede robarnos toda nuestra seguridad y confianza en que las bendiciones de Dios realmente nos pertenecen. Y si lo que está en juego es nuestra felicidad para siempre, lo que para nosotros es todo acaba dependiendo de soluciones ineficaces. Desde nuestra perspectiva, obtener gangas de parte de Dios no nos ofrece seguridad ni paz donde más las necesitamos: en lo que toca a nuestro bienestar presente y futuro.

La aplicación de la ley y el evangelio

Nuestro Señor hace todo esto mediante el Espíritu Santo a través de su ministerio de la ley y el evangelio en la Palabra y los sacramentos. Mediante la ley en toda su fuerza, él expone los planes que nosotros mismos hacemos para ser aceptables y asegurar nuestro bienestar personal, y los condena como idolátricos e impracticables. Aquí, el problema no es que simplemente estén equivocados. Es, más bien, que no funcionan ni pueden funcionar, y quienes dependen y confían en tales planes no están solamente equivocados; ¡están muertos! ¡Esa es la ley en toda su fuerza!

La ley más penetrante es la que se dirige no a nuestro comportamiento, sino al centro del yo carnal, en la mente y el corazón, donde nuestras estrategias y metas egoístas se alojan, formulan y energizan para la acción. Es en la creencia, la esperanza y la confianza carnales que la ley se debe aplicar. Una mera aplicación conductual puede a menudo terminar como moralizante, y el yo pecaminoso puede fácilmente adaptarse a un cierto mínimo de vida moral agradable. ¡En los cristianos esto sucede con frecuencia!

Tenemos que tener claros los objetivos de Dios en esta lucha contra la carne. El ministerio de la ley de Dios en la vida del cristiano no busca reformar el yo carnal. Su objetivo es matarlo. Pablo nos exhorta a mortificar y crucificar la carne. ¡Mátala! *Recuerda que el corazón y la mente del yo carnal se organizan en torno a una respuesta y una estrategia rebeldes para resolver el problema de la existencia misma —el bienestar personal—*. ¿Qué debemos hacer para convertirnos en seres humanos seguros y aceptables, y qué podemos hacer para tener un impacto significativo en la vida? La forma en que nuestro yo carnal individual enmarca las respuestas a estas estrategias es el punto cero hacia el cual debe dirigirse —y sobre el cual debe aplicarse— toda la fuerza de la ley, una y otra vez.

¿Qué hace el ministerio de la ley, cuando es eficaz, por la nueva creación en Cristo? Nada de manera directa, pero sí crea una poderosa hambre y sed del pan de vida de nuestro Señor y del agua viva del evangelio. La ley en sí misma no imparte nutrición espiritual ni poder para la vida cristiana, ni siquiera cuando sus exhortaciones se suavizan y van acompañadas de palabras de aliento inspirador. Más bien tiene el propósito de ser el principal constructor de apetito de Dios que nos hace correr hacia la Palabra de vida. Solo a través del ministerio del evangelio el Señor alimenta la nueva creación para sostener y hacer madurar nuestra fe y nuestra vida en él. A menudo, el evangelio en toda su fuerza puede ser el simple evangelio: *Estás perdonado; Dios te ama y te acepta tal como eres por amor a Cristo*. Puede incluso ser tan simple como: *Cristo me ama, me ama a mí, su Palabra dice así*. En lo que toca a nuestros pequeños en Cristo, debemos cuidar de alimentarlos continuamente con la leche pura del evangelio. Y a menudo lo que necesitamos es el simple evangelio: las palabras sencillas —pero en toda su fuerza— que absuelven: *Te perdono todos tus pecados*. Sin embargo, también es cierto que el evangelio *no* es simple. Tiene más implicaciones y aplicaciones de las que podemos llegar a comprender en toda una vida.

A medida que crecemos y maduramos en Cristo, el Señor también quiere que nos alimentemos de toda la dieta básica, es decir, la comida completa del evangelio, y no solo de leche y papilla. El Espíritu obra a través de la Palabra y los Sacramentos para renovar nuestras mentes y corazones a la medida total de la mente del propio Cristo. Necesitamos una comprensión y una fe maduras para desenvolvernos en las primeras líneas de la guerra de Cristo con los poderes de las tinieblas en nuestras vidas y en el mundo —madurez para combatir y servir en los duros puestos de avanzada de la vida—. Por sí solas, la leche y la papilla del evangelio no proporcionarán ese tipo de crecimiento y equipamiento. Con un evangelio completo, la nueva creación es progresivamente edificada para que, a través de nosotros, el amor y el ministerio de Cristo fluyan de manera más completa y profunda hacia aquellos a quienes él nos da la oportunidad de servir.

Es importante entender de qué manera necesitamos la ley y el evangelio de Dios para que tengan un impacto ventajoso en nuestro camino de fe. No necesitamos la ley cuando sea y como sea... o el evangelio cuando sea y como sea. Los necesitamos equilibrados y correctamente ordenados. Fue C. F. W. Walther quien observó que cada Palabra debe dirigirse a pecadores en estados de ánimo y actitudes diferentes respecto de su propia condición pecaminosa. La ley debe dirigirse a pecadores autocomplacientes, rebeldes o despreocupados por su pecado. El evangelio debe dirigirse a pecadores desesperados y arrepentidos por su estado pecaminoso[7]. En la vida del cristiano, volverse autocomplaciente o rebelde con respecto al pecado propio es algo que, reiteradamente, ocurre de manera natural debido al yo carnal. La ley es la forma que Dios tiene de moldear un corazón arrepentido para que tenga hambre y sed de la gozosa Palabra liberadora del perdón de Cristo en el evangelio. Lutero expresó esta relación de la siguiente manera: «Quien jamás ha probado lo amargo, no recordará lo dulce; el hambre es la mejor cocinera. Tal como la tierra seca tiene sed de lluvia, la ley hace que el corazón atribulado tenga sed de Cristo. Para esos corazones, Cristo tiene el sabor más dulce; para ellos, él es gozo, consuelo y vida. Solo entonces Cristo y su obra se entienden de manera correcta [...]. Es decir, él reconforta y salva a los que han sido vejados y atribulados por la ley»[8].

Cuando Dios hace con nosotros las cosas a su manera, la ley siempre va antes, y el evangelio después. Pero el que actúa es el diablo cuando la Palabra de Dios se distorsiona convirtiéndose en ley/ley, evangelio/ley, o incluso evangelio/evangelio. Una incesante dieta espiritual de ley —aunque sea una ley aguada y alcanzable— produce pecadores espiritualmente desnutridos y desanimados que se ven tentados a desesperar respecto del favor de Dios o a autoengañarse creyendo que pueden alcanzar la justicia por sí mismos. Cuando el refrigerio continuo del evangelio está ausente, Dios se convierte simplemente en un capataz espiritual, y nosotros en trabajadores agotados. Además, el diablo usará la ley para tentarnos a creer que, debido a todos nuestros defectos, no somos aceptables ante Dios, o, por el contrario, que *somos* aceptables a pesar de ellos. Sin el evangelio, la ley conduce a la desesperación o a confiar en la justicia propia.

---

7. Véase el análisis de Walther sobre la Tesis VIII: *En cuarto lugar, la Palabra de Dios no se interpreta correctamente cuando se predica la ley a quienes ya están aterrorizados por sus pecados o el evangelio a quienes viven seguros en sus pecados.* C. Walther, *Proper Distinction between Law and Gospel*, pp. 101-127.
8. *AE* 21, p. 329.

A la inversa, el evangelio sin la ley puede producir una ingratitud que al principio se manifiesta como aburrimiento y después como irritación. Cuando el evangelio empieza a sonar como *lo mismo de siempre*, el valor de la gracia se pasa por alto y la vida de fe es infectada por un espíritu ingrato. En realidad, esta es una forma insidiosa de duda que puede afligir la fe[9]. Tu estimación del valor de la gracia está ligada a tu conciencia y estimación de la magnitud de tu pecado. Cuando el pecado se convierte en un asunto pequeño, lo mismo sucede con el perdón. Si olvidas o pasas por alto el hecho de que, sin Cristo, estarías muerto en el pecado, tu capacidad de apreciar la gracia disminuirá. De hecho, el valor que le das a la gracia no puede superar tu nivel de conciencia y alarma por la enormidad de tu pecado.

De la cruz a la gloria (Llegar a la gloria dando bordadas)

La ley y el evangelio son los medios por los que progresamos en nuestra vida de cruz; un progreso que algún día nos llevará a la gloria. ¿Qué tipo de imágenes podríamos emplear para describir este progreso? ¿Qué metáforas útiles podrían ilustrar la naturaleza del viaje, los medios de transporte y lo que significa progresar? A menudo, el pueblo de Dios en la Iglesia militante ha sido representado como viajeros que atraviesan este mundo camino a la gloria. Agustín describió a los cristianos como ciudadanos del Reino de Dios; residentes temporales que solo pasan por las tierras de este mundo en dirección a su hogar celestial. Otros han empleado la metáfora de cruzar las aguas hasta el otro lado de un río, o en el caso de la poesía de Henry Wadsworth Longfellow, cruzarlas en dirección a una orilla lejana. En «The Celestial Pilot», de *Voices of the Night* (1839), Longfellow presenta la imagen de Dante de las alas de un ángel del Señor que conduce al creyente hacia la lejana orilla de la dicha celestial.

En nuestro anterior análisis de las características de la Teología de la cruz según Lutero, observamos que la vida bautismal del cristiano implica dirigirse a la gloria en un viaje de por vida que tiene lugar enteramente en la cruz de Cristo. No puedes falsificar la gloria en esta vida. Solo se llega a ella en el Día Mejor que se aproxima —ni un día antes—. Hemos observado que la cruz no es simplemente el final del viaje en nuestra búsqueda de la justicia, ni tampoco es simplemente el destino de una vida feliz con Dios para nosotros, pecadores muertos; es también el medio por

---

9. Esta y otras variedades de duda que pueden afligir nuestra vida de fe se tratarán en un capítulo posterior.

el cual se realiza el viaje, y es la experiencia del viaje mismo. En otras palabras, la única manera de llegar a la gloria es realizando un viaje que, paradójicamente, jamás abandona la cruz de Cristo. Y puesto que, en todas sus fases, este viaje es moldeado por tu bautismo, las imágenes que implican agua ¡funcionan!

En las aguas del bautismo nos unimos al Cristo crucificado, muriendo al pecado y emergiendo con una vida nueva vivida en su justicia. Sin embargo, como hemos subrayado, el bautismo cristiano no es un acto que se concluye de una sola vez para luego avanzar a otra cosa. La vida de cruz del cristiano implica un bautismo en tiempo presente que continuamente moldea la vida de fe. Morir al pecado y resucitar en Cristo pretende ser un régimen diario que produce la muerte del viejo yo pecador y la renovación de la Nueva Creación. Por esta razón, Lutero observó que el progreso hacia la gloria implica un viaje acuático en la cruz que siempre requiere volver a empezar. La vida bautismal del cristiano —muerte y resurrección; arrepentimiento y fe— debe cumplirse cada día siendo matados por la ley y resucitados a la nueva vida por el evangelio.

Entendido así, podríamos imaginar nuestro viaje bautismal a la gloria como la realización de un viaje a una orilla distante en un velero. Seríamos pasajeros de un velero con destino a la gloria y pilotado por nuestro Señor Jesús. Sin embargo, para muchos que no están familiarizados con la navegación divina, el curso que toma puede ser muy desconcertante. Considerando las visiones que las Escrituras nos proporcionan de la lejana orilla de la gloria, podría decirse que, desde la cubierta de la nave, es visible. Sin embargo, lo que puede resultar confuso para algunos es que la proa del barco jamás parece dirigirse hacia nuestro destino previsto. Vemos la gloria justo al frente, pero Jesús está decidido a navegar de un lado a otro, hacia la izquierda y hacia a la derecha, como si estuviera siempre cambiando de opinión sobre adónde quiere que vayamos. En jerga marinera, insiste en dar bordadas, virando hacia un lado y hacia otro, de babor a estribor. Dar bordadas o bordejear es una maniobra de navegación mediante la cual un velero (que navega relativamente en contra del viento) hace virar su proa frente al viento esquivando la zona de avance imposible, de modo que la dirección desde la cual el viento sopla cambia de un lado a otro. Navegar directamente contra el viento es una invitación a volcarse, a morir en el agua. Por esta razón, Jesús, que es un marinero experto, jamás apunta la proa de la nave directamente a la orilla lejana. Para algunos de los cristianos ignorantes que se hallan a bordo, esto es confuso, y dudan de que este tipo de navegación esté haciendo algún avance.

Ampliando esta imagen, podemos visualizar al Señor conduciéndonos a través de las aguas de nuestro bautismo, dando bordadas de un lado a otro, enviándonos a la ley y luego al evangelio. Primero nos envía a la ley en toda su fuerza, crucificándonos y produciendo una muerte contrita al pecado. Pero luego, virando hacia el otro lado, se nos resucita a una nueva vida en Cristo y en su justicia por medio del evangelio. De babor a estribor, del arrepentimiento a la fe, de la muerte a la resurrección, de ida y de vuelta, siempre volviendo a comenzar: Jesús, nuestro piloto, nos conduce por las aguas de nuestro bautismo dando bordadas hacia la gloria.

Sin embargo, el viaje no está exento de peligros. El diablo es un polizón que busca continuamente crear un motín persuadiendo a quien sea posible. Un enfoque devastador ha consistido en incitar a los cristianos a dejar atrás las aguas de su bautismo y viajar hacia la felicidad de la gloria por tierra, prometiéndoles que, si toman la ruta correcta, podrán obtener trocitos de satisfacción a medida que avancen. Sin embargo, si insistes en navegar, el diablo intentará convencerte de que nadie llegará jamás a la gloria virando de un lado a otro. Cuando se navega hacia las oscuras aguas de la ley, él quiere que los cristianos sensibles se nieguen a virar a fin de estrellarlos contra las rocas de la Isla de la Desesperación. O, cuando navegamos por las refrescantes aguas del evangelio, al diablo le encanta incitarnos (especialmente a los luteranos) a no virar de vuelta a la ley —¡no nos pongamos negativos!—. Simplemente sigamos navegando hasta morir en el agua, atrapados en el marasmo de la autocomplacencia y la ingratitud. De cualquier modo, la gloria se convierte en un cuento, y nadie llega jamás allí.

Dejemos, pues, que la historia de la gloria y nuestra visión de esa orilla lejana renueven nuestra confianza en que estamos en camino; con el Señor al timón, ¡llegaremos allí! Llegaremos a ese puerto celestial mientras confiemos en nuestro bautismo, que el Señor usa para llevarnos continuamente de la ley al evangelio. Pecado y gracia, arrepentimiento y fe, muerte y resurrección, y otra vez todo. Aquí, en el continuo tiempo presente de nuestro bautismo, nuestra vida en Cristo progresa de verdad, porque nuestro Piloto sabe cómo llevarnos a donde tenemos que ir... *dando bordadas hacia la gloria.*

La última palabra de Dios

Fue en la última tesis de *The Proper Distinction between Law and Gospel* que C. F. W. Walther declaró que el evangelio debe predominar en la predicación y la enseñanza de los Siervos de la Palabra[10]. Quiso decir que

---

10. C. Walther, *Proper Distinction between Law and Gospel*, pp. 403-413.

el evangelio debe predominar en lugar de que lo haga la ley. ¿Cómo se vería y sonaría eso? Bueno, como suele decirse, depende. Cuando los siervos *enseñan* la Palabra de Dios, podríamos esperar que se dedicara más tiempo o espacio a enseñar artículos de fe del evangelio que a enseñar elementos de la ley divina. Por ejemplo, en el *Catecismo mayor* de Lutero, la mayoría de las partes principales están dedicadas a *enseñar* aspectos del evangelio. Solo la primera parte principal (los diez mandamientos) enseña las exigencias de la ley que revelan el pecado y describen las buenas obras. No obstante, sería un error concluir que, al *predicar* la Palabra de Dios, debe dedicarse más tiempo al evangelio que a la ley. Aunque el contenido es el mismo, hay una diferencia importante entre *predicar* y *enseñar* el evangelio.

El evangelio es transmitido por dos tipos diferentes de discurso. El primero es un tipo *didáctico* o informativo que informa sobre la obra salvadora de Cristo, y que, por causa de él, Dios perdona a los pecadores. En este caso, recibimos *enseñanza sobre* el evangelio, normalmente utilizando un lenguaje de *él/tú*. En segundo lugar, hay un *modo profético* o una alocución personal de Dios que proclama y otorga los dones salvíficos de Cristo. Esta voz suele emplear el lenguaje de *yo-tú*. Como información revelada, el evangelio enseña e informa sobre el perdón de los pecadores por parte de Dios. Con un lenguaje profético, Dios se dirige personalmente al pecador: «Te perdono todos tus pecados». ¡Y lo que oyes es lo que obtienes![11] Cuando el evangelio es predicado, su predominio no tiene que ver con la cantidad de tiempo que se le dedica. El evangelio predomina cuando los oyentes reciben los dones salvíficos de Cristo como la *palabra final* de Dios para ellos.

Todos sabemos cuándo hemos recibido *la palabra final*. Después de ella, hay silencio. Los dones salvíficos del evangelio deben ser entregados a los pecadores como la última palabra de Dios. También podríamos pensar en la última palabra como *lo fundamental*. Cuando se llega a lo fundamental, se ha llegado a lo más importante, aquello que proporciona la perspectiva correcta de todo lo que ha venido antes. En la proclamación de la Palabra de Dios, lo que domina es lo fundamental o la última palabra porque es, precisamente, *la última palabra*. Por tanto, lo que debe venir primero —lo que debe ser preliminar, transitorio y preparatorio— es lo que Dios comunica sobre la ley. La ley está al servicio del evangelio, nunca al revés. La finalidad de la ley es preparar el corazón de los pecadores para recibir los dones salvíficos y liberadores del evangelio.

---

11. En el capítulo 4 se presentará más información sobre estos dos modos de discurso.

¿Qué pasa si el predicador dedica más tiempo a la ley? No hay ningún problema en dedicar más tiempo a la ley a fin de aclarar e instar a la vida de fe y obras, además de convencer del pecado. A veces es necesario hablar más de la ley. Sin embargo, los pecadores acusados obtienen lo fundamental de Dios a continuación, en la Palabra misericordiosa de perdón del Señor. Cuando es proclamada, la Palabra de Dios que produce la muerte al pecado (ley) siempre debe ir seguida de la Palabra Salvadora (evangelio) que restaura y otorga vida con Dios.

Solo cuando el evangelio concluye con un Amén y un delicioso silencio, su libertad vivificante puede impactar plenamente en el corazón del pecador. Así es como el evangelio predomina cuando se lo predica, y esto es tremendamente importante. ¿Qué pasa si el Siervo de la Palabra no guarda silencio después de entregar el perdón del Señor a los pecadores? ¿Qué pasa si vuelve a la ley por un celo equivocado de promover más o mejores buenas obras (ley/evangelio/ley)? ¿Y si su conclusión presenta a Dios demandando buenas obras como su Palabra final? Cuando los dones salvíficos del evangelio no se presentan como la última palabra de Dios, las buenas obras se interpretan falsamente como lo esencial del trato de Dios con los pecadores. El perdón del evangelio puede fácilmente malinterpretarse como oportunidades adicionales de limpiar tu vida espiritual para seguir haciendo buenas obras. El objetivo del evangelio es el pecador, no lo que el pecador puede hacer por Dios. Juan 3:16 dice: «De tal manera amó Dios al mundo [compuesto por pecadores como cada uno de nosotros], que dio a Su Hijo unigénito». Para Dios, lo importante eres tú, no lo que tú puedas hacer por él. Así que entiende, escucha y agradece a Dios por los Siervos de la Palabra que dejan que el evangelio predomine: ellos te entregan el regalo salvador del evangelio como la *Última Palabra de Dios*, porque lo es.

Teniendo una dieta espiritual que equilibre la ley en toda su fuerza y el evangelio en toda su dulzura, se mantiene un sano equilibrio entre muerte y resurrección, confesión y absolución, y arrepentimiento y fe. *Sin embargo, el sano equilibrio se mantiene únicamente cuando el evangelio sigue siendo la Palabra final esencial y los creyentes recuerdan estar siempre dando bordadas.* Esto, a su vez, dinamiza el andar y el ejercicio de la fe cuando nos reunimos en torno a las cosas sagradas y nos dispersamos para realizar nuestras tareas vocacionales en los lugares donde vivimos, trabajamos y jugamos. *La vida de cruz del cristiano es paradójica, pero también lo es el propio cristiano.* Por la doble alocución de Dios, el cristiano se convierte en alguien descrito por Lutero como simultáneamente pecador y santo. El análisis de esta identidad paradójica del cristiano será el tema del próximo capítulo.

CAPÍTULO 4

La justificación

Salvarse sin hacer nada

¿Hay en la vida cristiana algo más allá de las experiencias normales de la vida de un cristiano? Comprender la vida cristiana en la cruz de Cristo nos ayudará a desarrollar una visión clara de lo que significa *ser* cristiano. La Teología de la cruz de Lutero seguirá ayudándonos a esbozar una comprensión del yo cristiano: *quién* y *qué* es el *yo* que Dios ha reclamado en Cristo. Cada uno de nosotros es una persona única creada a la imagen de Dios pero corrompida por el pecado heredado de la caída de Adán. Preguntarse por la identidad propia del cristiano es explorar esa realidad en conjunto con la herencia que tenemos en el bautismo a través del Cristo crucificado.

La paradoja de la identidad cristiana

Hay dos preguntas básicas que cualquiera puede hacerse sobre la identidad propia: *¿Quién soy?* y *¿Qué soy? ¿Quién soy?* es una pregunta sobre la posición o el estatus de una persona en la comunidad. *¿Qué soy?* es una pregunta sobre la naturaleza de una persona. Nuestra relación con el Antiguo Adán y el Segundo Adán proporciona el marco de referencia que permite comprender el estatus y la naturaleza del cristiano. En otras palabras, el cristiano puede ser visto desde dos perspectivas diferentes: el cristiano como Dios lo ve en Cristo, y el cristiano en sí mismo, aparte de Cristo. Cada perspectiva revela elementos importantes que, juntos, crean una imagen paradójica de la forma en que el cristiano percibe su propia identidad.

Desde estas dos perspectivas, Lutero respondió a las dos preguntas anteriores sobre la identidad y describió al cristiano de la siguiente manera: *Así, un cristiano es al mismo tiempo justo y pecador, santo y profano, enemigo de Dios e hijo de Dios*[1]. Por lo tanto, el cristiano puede ser entendido como pecador y santo a la vez. Esto no significa que el creyente sea parcialmente pecador y parcialmente santo. Más bien, debe entenderse que es al mismo tiempo completamente pecador y completamente justo. Exploremos el rico significado de esta paradoja y lo que revela sobre nuestra identidad como hijos de Dios que viven en la cruz de Cristo.

Quién soy aborda la cuestión del estatus de una persona. Es una pregunta sobre nuestro lugar en la comunidad y el tipo de posición que ocupamos. ¿Soy una persona que importa? ¿Tengo prestigio? ¿Son seguros mi lugar y mi aceptabilidad —y, si no es así, qué se necesita para que lo sean—? Y más concretamente: ¿Cuál es mi posición ante Dios? Nuestro Dios es un Dios multipersonal que, en sí mismo, existe en una comunidad de relaciones personales. Nos creó como un reflejo de sí mismo; como seres personales diseñados para vivir en una relación y en una comunidad significativa con él y con otros seres creados similares. Puesto que Dios es una comunidad de amor —Padre, Hijo y Espíritu Santo—, nos creó para que nos sintiéramos gozosamente realizados por la comunidad en relaciones de amor, dependientes y cimentados en su amor infinito. Los seres humanos somos criaturas fundamentalmente relacionales que reflejamos al Dios relacional que nos creó para sí.

Las cuestiones relativas a nuestro estatus —nuestra posición en la comunidad— abordan nuestra necesidad de pertenecer de forma significativa y segura a relaciones en las que podamos ser aceptados y tener un impacto personal significativo. Como portadores de imagen caídos y en rebelión contra nuestro Creador, nos empeñamos en encontrar o alcanzar un estatus aceptable en todos los ámbitos, menos en aquel donde lo podemos encontrar. Nadie busca a Dios, aquel para cuya posesión, en última instancia, fuimos creados. Y en cierto sentido, ¡no es de extrañar! Él es un Dios santo y justo, y nosotros somos pecadores corruptos que no podemos mantenernos bajo las exigencias de su ley. Además, nuestro yo pecaminoso no quiere saber nada de una comunidad dependiente de su señorío. Sin embargo, de manera sorprendente, Cristo nos ha buscado y nos ha hecho suyos. Por su justicia hemos recibido un estatus favorable ante Dios.

Entonces, ¿quién soy como cristiano? Lutero observó que todos tenemos el estatus de santos. Esta palabra implica literalmente *santidad* o *justicia*. Todos cuantos han sido llevados por el Espíritu a una relación de fe

---

1. *AE* 26, p. 232.

salvadora con Cristo tienen una posición justa e irreprochable delante de Dios. Cubiertos con la justicia de Cristo, los cristianos se han convertido en ciudadanos de su Reino e hijos adoptivos de Dios. Dios nos ha dado una posición completa en su comunidad de redención. Tenemos el estatus seguro y favorecido de santos ante Dios porque hemos recibido la plena y completa justificación de Dios a través de la fe en Cristo. Somos justificados porque Cristo ha pagado totalmente la culpa de nuestro pecado en la cruz. Aunque nuestra situación era la de un pecador culpable, Cristo canceló nuestra deuda; por lo tanto, Dios nos ha declarado santos, inocentes y justos gracias a su pago de nuestra culpa. Nuestra justificación consistió en adquirir un estatus de inocencia ante Dios por causa de Cristo.

Además, aunque podamos decir *Soy un hijo de Dios justificado*, ¿no debemos admitir que a menudo no pensamos, actuamos ni nos sentimos de esa manera? Por tanto, nos aferramos a nuestra condición de santos mediante la fe, y confiamos en la promesa de Dios de que será así para siempre. Mientras tanto, somos dignos súbditos que cada día oran: *Señor, creo; ayúdame en mi incredulidad*. En esta vida, reclamamos nuestra justificación por la fe, no por la vista, y a menudo es una fe frágil que se encuentra en la categoría de *Necesita mejorar*. Para nuestra propia consternación y vergüenza, los cristianos debemos admitir que a menudo no nos sentimos muy seguros de la justicia de Cristo. La pobreza de nuestra fe y nuestro amor sirve bien para recordarnos que, aunque nuestro estatus en Cristo es santo y justo, nuestra naturaleza no lo es. Separados de Cristo, seguimos vendidos como esclavos al pecado (Ro 7:14). Y esto nos lleva a la otra mitad de la paradoja de la identidad cristiana expresada por Lutero. *¿Qué soy?* Soy un pecador. La naturaleza que heredé de Adán sigue corrompida por el pecado. Junto al resto de la creación, gemimos esperando ser finalmente liberados de todos los efectos devastadores del mal, tanto en el mundo como en nuestras propias vidas (Ro 8:26).

La palabra *pecado* es un término técnico que las Escrituras utilizan para describir el problema del mal. Literalmente, la palabra significa errar el blanco. Ser pecador es *errar el blanco* del propósito y el diseño creativo de Dios. Tanto los creyentes como los no creyentes son muy conscientes de cómo el problema del mal aflige al cuerpo con enfermedades, degeneración y, finalmente, la muerte. La medicina moderna ha hecho mucho por posponer una parte de ello, pero es incapaz de superarlo. Nuestra esperanza como cristianos reside en la plenitud de la salvación y la resurrección del cuerpo, una herencia segura que vemos y celebramos en la resurrección de Cristo. Pero ¿qué hay de los efectos del pecado en las dimensiones espirituales o personales de la naturaleza humana? ¿Cómo han afectado a nuestras capacidades personales que reflejan a nuestro Dios Creador? Tal vez podamos obtener una visión útil repasando el carácter progresivo de la caída de Eva en el huerto, en Génesis 3.

Eva inició su encuentro con Satanás con una inexplicable creencia errónea sobre la voluntad de Dios para su vida. Creía que, además de impedirle comer el fruto prohibido, Dios le prohibía tocarlo (Gn 3:3). Sin embargo, Dios no le prohibió tocarlo (Gn 2:17), sino participar del fruto. Inexplicablemente, Eva aumentó el mandato quedando con una comprensión legalista de la voluntad de Dios para su vida. Estando su mente ya corrompida, Satanás quiso ver si ese pensamiento defectuoso podía convertirse en una rebelión abierta. Siguiendo la sugerencia del diablo, Eva optó por creer que podía llegar a ser como Dios; una persona totalmente independiente que controlaría su propia vida y destino. Creyó que eso estaba a su alcance y que, comiendo el fruto prohibido, podría conseguirlo. Por esto, el fruto prohibido pareció bueno como alimento y capaz de proporcionarle la sabiduría que la elevaría a la estatura de Dios (Gn 3:5-6a). No confiando ya en la advertencia de Dios sobre comer el fruto prohibido, creyó que no moriría. Sus deseos se depravaron al anhelar autogobernarse como Dios. Motivada por su objetivo rebelde y pervertido, comió del fruto prohibido. Cuando Adán participa con ella, ambos experimentan por primera vez sentimientos de culpa y vergüenza.

Observa cómo la caída en el pecado y la pérdida de la imagen de Dios no comenzaron con el comportamiento externo. Comenzaron en la mente y se trasladaron al corazón. Luego, las creencias, actitudes y motivos corrompidos en la naturaleza interior llevaron al comportamiento externo pecaminoso. El pecado de Eva fue la rebelión contra Dios. Fluyó de una falta de confianza en la mente y el corazón y luego se manifestó como un comportamiento externo. Al unirse a la rebelión de Eva, Adán actuó guiado por su propia desconfianza e idolatría. Podía estar con Dios o con su esposa, pero no con ambos. Adán se negó a confiar en Dios, y en rebelión eligió hacer de su esposa su principal interés.

Jesús observó que ahora es igual con todos los hijos de Adán (Mt 15:19). Lutero observó que la raíz de todo pecado es una rebelión contra el primer mandamiento. En esencia, el pecado es un rechazo a amar y confiar en el Dios Creador para el bienestar. Desde la caída de Adán y Eva, la humanidad ha llegado al mundo con una actitud de rebeldía compulsiva en contra de Dios. En lo que se refiere a nuestro bienestar, podríamos amar y confiar en cualquier persona o cosa de la vida menos en él.

Es bien sabido que Lutero defendió la justificación como la doctrina sobre la cual la Iglesia se sostiene o cae. Si se pierde la confianza en la gratuita gracia de la justicia de Cristo solo, se pierde la santidad de la Iglesia y todo lo que hay en ella. Menos sabido, quizás, es que Lutero solo llegó a redescubrir la suficiencia de la justicia de Cristo cuando se dio cuenta de la magnitud del problema del pecado. La depravación humana ha hecho que aun el ciudadano más virtuoso del mundo —o, en este caso, del claustro— esté no solo necesitado de ayuda, sino muerto en sus delitos y, por tanto, sin ayuda posible.

La lucha de Lutero por encontrar un Dios misericordioso estuvo, en parte, motivada por la declaración del apóstol Pablo de que, por el pecado de un solo hombre (Adán), la muerte espiritual pasó a todas las generaciones futuras, incluyéndolo a él (Ro 5:17). La continua reflexión sobre su propia vida y sus obras contradecía directamente lo que le habían enseñado sobre el pecado original. Como se explicó en el capítulo 1, la teología dominante en la época de Lutero enseñaba que el pecado original nos había dejado a todos espiritualmente enfermos, pero no muertos. Se enseñaba que, aunque espiritualmente seamos incapaces de hacer prácticamente nada que Dios considere agradable, siempre hay algo que los pecadores pueden hacer, y por lo tanto, es su obligación hacerlo. Para ser digno de la misericordia de Dios, cada cual debe hacer por su salvación lo que esté en él. La gracia que Dios infunde provee sanidad y poder para hacer aun más obras agradables a Dios, las cuales tienden progresivamente un puente entre nuestra condición enferma de pecado y la sanidad final en justicia que necesitamos para ser aceptables ante Dios.

Para Lutero, el programa no funcionó, y tampoco funcionará para ti. Tenemos que recordar que la obra salvadora y los dones de Cristo en el evangelio son la solución a todo el problema del pecado y del mal. Si el problema del pecado se diluye o se malinterpreta, la solución de la obra salvadora de Dios en Cristo se corromperá y se pasará por alto. Los enfermos espirituales necesitan curación y los espiritualmente débiles necesitan ayuda. Pero como Lutero llegó a comprender, debido a que estamos muertos en nuestros delitos, no hay ayuda posible, y toda asistencia espiritual, aun de Dios, no es de ningún beneficio. Como solución, la justificación —la completa justicia imputada de Cristo— solo tiene sentido para los pecadores que entienden que, como descendientes de Adán, están muertos en sus delitos; son completamente injustos, no semirrectos ni en la categoría de quienes necesitan mejorar. Con la caída de nuestros primeros padres en el pecado, el propósito de Dios para la corona de su creación se hizo añicos. Su maldición de la tierra nos ha convertido a todos en cenizas y polvo. Los muertos no necesitan ayuda para obrar con éxito; necesitan vida para ser. No necesitamos la ayuda de Dios *para* hacer lo que es justo; necesitamos un Salvador para *ser* justos.

Las consecuencias del pecado nos han alejado de nuestra condición segura de pueblo de Dios. Nos han separado del centro y la fuente de todo lo que necesitamos: nuestro Dios Creador. El pecado nos ha traído una muerte caracterizada por la alienación, la soledad, la bancarrota moral y espiritual, la pérdida de identidad y una existencia sin sentido. Nos ha aprisionado esclavizándonos a un amor a nosotros mismos que nos consume enteramente como nuestro mayor interés y objeto de confianza. Nuestra condición pecaminosa no significa que no podamos amar a los demás o hacer algo bien. Más bien significa que somos incapaces de ordenar nuestra vida y nuestros amores en torno a un temor, un amor y una confianza omnicomprensivos en Dios. Nuestros amores se han desordenado y ahora fluyen del orgullo humano egoísta que coloca al yo en el centro de la realidad. Tal como Eva deseó ser como Dios, también nosotros queremos ser como Dios, aunque sabemos que no lo somos. El amor distorsionado y el orgullo pecaminoso nos han aprisionado en esta especie de *muerte espiritual*.

Sin embargo, como se lamentaba el apóstol Pablo, ¡*Miserable de mí! ¿Quién me libertará de este cuerpo de muerte?* (Ro 7:24). Y luego se regocijó: «Gracias a Dios, por Jesucristo Señor nuestro. [...] Por tanto, ahora no hay condenación para los que están en Cristo Jesús» (Ro 7:25a; 8:1). Observa cómo el apóstol se lamenta y al mismo tiempo se alegra como pecador y como santo. Nosotros también podemos lamentar nuestro carácter pecaminoso, pero podemos confiar en que también vivimos con Dios en Cristo Jesús como santos sin condenación alguna —ni ahora ni nunca—.

Y así, mientras continuamos nuestra vida de fe, se nos recuerda nuestra fragilidad fundamental, el problema de la muerte que nos reduce a todos a cenizas. La conciencia y la consideración de estas realidades conforman el camino de rectitud que emprendemos hacia la cruz de Cristo. Como dijo Lutero, la cruz es nuestra teología. Viajamos hacia ella, morimos en ella, vivimos en ella, y recibimos a nuestro Salvador y la justicia por causa de ella. Así que ahora debemos ir a esa cruz donde, en Cristo, Dios justifica a los pecadores en una expiación realizada de una vez por todas.

La justificación universal en la cruz de Cristo

Lutero consideró la justificación como el artículo central de la fe cristiana. Es importante señalar, sin embargo, que Lutero y sus compañeros reformadores de Wittenberg solían utilizar el término *justificación* como abreviatura para referirse a varios aspectos de la obra salvífica y los dones de Cristo. Algunos otros términos bíblicos que Lutero y los padres luteranos utilizaron como sinónimos virtuales incluyen *el perdón de los pecados, la justicia de Dios* (también *justicia de Cristo* y *justicia de la fe*), *el favor de Dios*, y la *reconciliación*[2]. Todos estos términos expresan la

---

2. Solo para observarlos brevemente, véase Ap IV, 86; y SA III, XIII.

importancia salvífica de la expiación vicaria plena y completa de Cristo en la cruz. Su muerte sacrificial satisfizo plenamente la justa ira de Dios en relación con la culpa de todos los pecadores rebeldes. Por la muerte expiatoria de Cristo, nuestros pecados son perdonados, somos plenamente justificados y gozamos del favor de Dios.

Estos dones se revelan en una visión de la cruz *relacionada con Dios*. La visión *relacionada con Dios* nos muestra de qué manera Jesús se ofrece al Padre como pago por la culpa de nuestros pecados. La visión de la cruz *relacionada con Satanás*, sin embargo, describe lo que Cristo hizo para derrotar a los poderes del pecado, la muerte y el diablo[3]. Esta última obra revela a Cristo como nuestro Defensor, que logró para nosotros la victoria decisiva sobre los poderes del mal. La visión *relacionada con Dios* corresponde a nuestro problema de pecado como pecadores rebeldes distanciados de Dios. La visión relacionada con Satanás refleja el problema del pecado que nos tiene esclavizados a *potestades y principados malignos* que son superiores a nosotros (Ef 6:12). En la primera somos los perpetradores del pecado, y en la segunda somos sus víctimas.

Aquí, nuestro análisis se interesa particularmente en explorar la visión de la cruz *relacionada con Dios*; los dones salvíficos que fluyen de la expiación universal que nuestro Señor ha hecho por todos los pecadores. Más concretamente, queremos aclarar aspectos importantes de la justificación: la reconciliación mediante la cual los pecadores recuperan el favor de Dios. La justificación del pecador puede explicarse mejor examinando la respuesta bíblica a tres preguntas: ¿Cómo se llevó a cabo esta obra salvadora y de qué manera Dios se apropió de sus dones? ¿Dónde se revelan y se otorgan estos dones a los pecadores? ¿Cómo el pecador los recibe y vive con ellos? La respuesta bíblica a estas tres preguntas aclara tres facetas de la sola justificación del pecador.

La cruz de Cristo: La justificación adquirida

En primer lugar, hay un aspecto universal y consumado de la justificación que es el más importante. Sin la perspectiva de cómo la justificación se halla anclada en la expiación universal de Cristo, todas las demás facetas se distorsionan, como ha ocurrido a menudo en la historia de la Iglesia. La Escritura presenta la justificación desde la perspectiva de cómo Dios

---

3. Obsérvese especialmente el excelente tratamiento de la distinción entre estas dos perspectivas de la cruz de Cristo en la terminología de las Epístolas de Pablo en la obra de James Kallas *The Satanward View: A Study in Pauline Theology* (Philadelphia: Westminster, 1966), 152 pp.

se apropió de ella en la cruz de Cristo en la eternidad. En la expiación vicaria de Cristo, Dios reconcilió consigo a todo el mundo de pecadores, «no tomando en cuenta a los hombres sus transgresiones» (2 Co 5:19; véase también Ro 5:6-18; Col 2:13-14). Ha declarado que todos los pecadores son inocentes y justos, perdonados gracias a la omnisuficiente muerte de Cristo por la pena del pecado.

En la cruz, Cristo ocupa nuestro lugar y sufre la muerte como un distanciamiento de Dios, la justa pena por los pecados de todo el mundo. Esta expiación es un sacrificio que él hace en nuestro lugar. Cristo toma nuestro lugar quedando alejado del Padre, como se refleja en sus palabras agonizantes: «Dios mío, Dios mío, ¿por qué me has abandonado?» (Mt 27:46). Es importante comprender que esta expiación universal plenamente realizada fue más allá de simplemente disponer favorablemente a Dios para perdonar nuestros pecados bajo ciertos prerrequisitos. Más bien, tal como nuestro Señor declaró desde la cruz *¡Consumado es!* ¡Así fue! Gracias a su expiación totalmente suficiente, el Padre se ha reconciliado con todos los pecadores y ya no toma en cuenta nuestras ofensas contra nosotros.

Dios ha adquirido para todo el mundo el estatus de santidad, justicia perfecta y aceptabilidad en la muerte y resurrección salvadoras de Cristo. En 2 Corintios 5:19, Pablo describe esta declaración de perdón y reconciliación como algo que existe en el presente gracias a la obra salvadora de Dios en Cristo en el pasado. El perdón de los pecados significa lo mismo que la declaración de justicia o inocencia. Dios ya se ha reconciliado con un mundo de pecadores, y esta reconciliación existe como una realidad objetiva universal en Cristo. Todos y cada uno, independientemente de lo miserables que puedan pensar que son, pueden mirar a la cruz de Cristo y saber que, ahora y para siempre, tienen el pleno perdón de sus pecados y el completo favor de Dios.

Es imposible decir con suficiente énfasis que las Escrituras revelan una expiación acabada y una justicia de Cristo que es universal y suficiente para *todos los pecadores*. La obra salvadora y los dones de Dios en Cristo existen para todo el mundo. Él amó tanto al *mundo* que dio a su Hijo unigénito (Jn 3:16). Pablo enseña que Dios reconcilió consigo mismo a todo el *mundo* de pecadores «no tomando en cuenta a los hombres sus transgresiones» (2 Co 5:19). Esta es una completa expiación, justificación y reconciliación para todos los pecadores en Cristo.

Cualquier concepto de una expiación limitada —según la cual Jesús solamente murió por algunos pecadores— hace que el mensaje del evangelio sea incierto para todos. Una visión limitada de la expiación de Cristo elimina la confianza en el perdón de los pecados no solo para algunos, sino para cada individuo pecador. Tal punto de vista declara que solo algunos son justificados y convierte cada Palabra de evangelio en un mensaje provisional: Dios *puede* haber perdonado tus pecados porque *puede* haber enviado a Jesús a morir por tus pecados, porque *puede* haberte elegido como uno de sus escogidos.

Cualquier concepto del evangelio que proclame una expiación limitada convierte la obra salvadora y los dones de Cristo en una incertidumbre para cualquier pecador en particular. El perdón existe solamente para algunos que solo Dios conoce en la esfera oculta de la eternidad. No hay una Palabra objetiva de Dios que identifique a un pecador dado diciéndole que Cristo murió por él. La seguridad de los pecadores está ligada a la noción de que Dios ilumina los corazones de sus elegidos para salvación cuando los lleva a una fe salvadora divinamente creada. Por su experiencia subjetiva de fe, deben concluir que Jesús murió por sus pecados y que han sido elegidos para salvación. Sin embargo, una experiencia subjetiva de la fe de uno no es ninguna seguridad para pecadores aterrorizados que se preguntan si tienen una verdadera fe divina o solo un pensamiento ilusorio. En el capítulo 7 hablaremos más sobre lo que constituye la seguridad en la obra salvadora de Cristo según el testimonio apostólico.

Los que insisten en una expiación limitada señalan que hay una diferencia entre una fe divinamente creada en los pecadores —inquebrantable y que fluye de Dios— y una mera fe humana que es temporal (p. ej., como la representada en la parábola del Sembrador y la Semilla por aquellos que creen durante un tiempo pero luego se apartan; Mt 13:20-21). El problema es que tales distinciones entre la fe divina y una fe humana temporal no se pueden distinguir por ninguna Palabra objetiva de Dios a un pecador aterrorizado. La ira de Dios permanece sobre todos los falsos creyentes, porque él no los escogió en la eternidad ni envió a su Hijo a morir por ellos. La ira de Dios en el infierno se convierte en el destino divinamente escogido para estos pecadores, dándoles lo que merecen.

Observa esta otra diferencia clave entre una perspectiva de expiación universal y una de expiación limitada. Con la expiación universal, la misericordia de Dios fluye de su justicia. La justicia de Dios en la cruz significa que todos reciben lo que no merecen. Con la expiación limitada, *la misericordia y la justicia* se entienden como opuestas. Los elegidos que Dios ha escogido salvar reciben la misericordia y el perdón de Dios; todos los demás reciben su justicia que los condena al infierno. En un capítulo posterior hablaremos más sobre la relación entre la misericordia y la justicia de Dios en lo que se refiere al cielo y al infierno.

El evangelio: La justificación revelada y otorgada

La segunda faceta de la justificación de Dios se refiere a cómo se revela y otorga a los pecadores a través del evangelio proclamado y los sacramentos administrados. La obra salvadora de la cruz tuvo lugar hace más de dos mil años, y nosotros no estábamos allí. Además, el acontecimiento expiatorio por el cual el Padre abandonó al Hijo —la ruptura de la comunión como paga del pecado— tuvo lugar en las esferas ocultas de la eternidad. Si hubiéramos presenciado personalmente todos los acontecimientos temporales de la crucifixión de Cristo, solo habríamos presenciado la vergüenza y la agonía de alguien que estaba muriendo como un horrible criminal, aparentemente abandonado por Dios. Para los poderes de la razón y la percepción, la cruz luce como otra imagen patética del silencio y el abandono de Dios. El gran intercambio (en el que Jesús llevó nuestro pecado y nosotros somos considerados justos) tuvo lugar al otro lado de la interfaz con la eternidad. Para que sepamos algo de este acontecimiento como el suceso salvador que nos rescata de la muerte y la destrucción, Dios debe irrumpir en nuestra existencia temporal con tal revelación. Y en el evangelio, lo ha hecho y lo hace.

Dios utiliza dos modos diferentes de discurso para revelar y otorgar su don de la justificación. El primero es un modo *didáctico* o informativo que informa sobre la obra salvadora de Cristo y el hecho de que Dios perdona a los pecadores por su causa. En segundo lugar, hay una voz *profética* o personal que pronuncia el perdón de los pecados como una alocución personal de Dios. Esta voz emplea el lenguaje de *yo-tú*. Como en la Santa Absolución, Dios se dirige personalmente al pecador con su declaración de justicia. Él *te* otorga personalmente el perdón de los pecados.

Como alocución personal, el evangelio otorga lo que revela como una realidad objetiva existente. Si tales dones salvíficos no existieran, el evangelio no podría otorgarlos. La buena nueva del evangelio no es que Dios *perdonará* tus pecados (en algún momento futuro) con la condición de que primero hagas algún compromiso con él. Esto convertiría falsamente al evangelio en el anuncio de una oferta condicional, no de un don otorgado. En cambio, la Palabra profética de Dios sobre la justificación es esta proclamación: *Yo te declaro justo por la plena expiación del Cristo crucificado*. Como información revelada, el evangelio enseña e informa sobre el perdón de Dios a los pecadores. Con lenguaje profético, Dios se dirige personalmente al pecador: *Te perdono todos tus pecados*. ¡Y lo que oyes es lo que recibes!

La justificación del pecador por parte de Dios es un otorgamiento de la justicia de Cristo. Los pecadores tienen el favor de Dios gracias a lo que Lutero llamó una justicia *ajena*. En la salvación del pecador por parte de Dios, él repudió cualquier tipo de reforma moral. La justificación del pecador por parte de Dios no *hace* que su carácter pecaminoso sea progresivamente más justo. La justicia de Cristo que trae el favor de Dios al pecador cubre a este con la justicia de Cristo de manera tan completa como en la metáfora del manto de justicia. Contrariamente a lo enseñado por Roma, no es una infusión y una posterior reforma del alma humana.

Lutero defendió la idea del apóstol Pablo sobre una justificación forense: Dios declara que el pecador es justo por causa de Cristo, como un veredicto judicial en un tribunal. Esta interpretación repudiaba el modelo moral de Agustín, que veía la gracia como un poder divino que cura progresivamente el alma enferma de pecado hasta alcanzar la salud espiritual justa. El modelo moral agustiniano de la gracia ha dominado la interpretación romana de la justificación e, irónicamente, John Wesley se apropió de él para convertirlo en la interpretación estándar del protestantismo respecto de una segunda obra de gracia llamada santificación. En ambos casos, la gracia de Cristo se entiende como un poder reformador que hace que el carácter del pecador sea progresivamente más justo al combinarse con los esfuerzos y las obras del creyente.

La gracia que salva siempre encuentra en el evangelio los dones salvíficos del perdón, la justicia y la reconciliación que brotan de la cruz del Cristo crucificado. Ciertamente, la Palabra de perdón del evangelio es poderosa. Nos redime del pecado, de la muerte y del diablo; crea la fe, como también nos recrea a la perfecta imagen de Cristo. Sin embargo, no reforma nada ni a nadie. La Nueva Creación es una perfecta esclava de Dios y de la justicia (Ro 6) que madura gradualmente hasta alcanzar la plena estatura de Cristo (Ef 4:15, 24) y no necesita reforma; sin embargo, el viejo yo pecador es esclavo del pecado, incapaz de ser reformado (Ro 7:14ss.). Retomaremos el tema de la santificación en el próximo capítulo.

El evangelio es poder de Dios para salvación (Ro 1:16) porque otorga dones salvíficos que obran fe, no porque proporcione información útil o motive a tomar buenas decisiones. Por medio de la Palabra salvadora, Dios declara que los pecadores son perdonados, santos, amados y aceptados tal como son, a causa de la expiación de Cristo. Esta declaración del evangelio es una revelación en nuestro tiempo y espacio de aquello que es verdad en la eternidad, y simultáneamente otorga a los pecadores lo que revela. Hace lo que dice y da lo que garantiza. El evangelio nos lleva a la cruz de Cristo en el tiempo y en la eternidad. Allí oímos personalmente la voz de Dios decirnos: *Pecador, te declaro perdonado, santo, inocente y justo por el sacrificio perfecto de mi Hijo. Te amo y te acepto tal como eres. Me perteneces a mí y a mi familia como hijo mío para siempre.*

El evangelio es el anuncio de Dios de que *ya ha* aceptado y perdonado al pecador. Es un asunto concluido: firmado, sellado y entregado. En el evangelio, la justificación no se presenta como una posibilidad futura o como una ganga que puede ser nuestra si cumplimos ciertas condiciones. No es mera información sobre alguna oferta emocionante que Dios tiene para nosotros, como si pudiéramos aprovecharla actuando rápido y haciendo algo para convertirla en realidad. En la cruz de Cristo no hay ninguna letra pequeña que, en relación con el perdón de Dios, contenga una *trampa* donde se detallen todas las condiciones que debemos cumplir. Es su pronunciamiento de aceptación y justicia incondicional, basado en la expiación de Cristo, dirigido a individuos pecadores en cada época y lugar.

Es una distorsión del evangelio transmitir a los pecadores que Dios simplemente está dispuesto a perdonarles sus pecados en algún momento futuro si se cumplen algunas condiciones adecuadas. El evangelio no presenta el perdón misericordioso de Dios como una oferta sobre una posibilidad futura. El evangelio no es una mera información diseñada para motivar a los pecadores a tomar una buena decisión que les asegure ser felices para siempre. Es la Palabra que salva a los pecadores declarándolos ya perdonados en la expiación consumada del Cristo crucificado. Es un evangelio falso expresar que Dios simplemente *desea* perdonar, y que esto podría suceder si el pecador toma la decisión correcta. El evangelio declara el perdón existente de Cristo, una revelación en nuestro tiempo y espacio de lo que es verdad en la eternidad. Y lo que se oye es lo que se recibe. La declaración hace lo que dice y da lo que garantiza porque este don salvador ya existe. No es una posibilidad futura.

Así pues, en sentido estricto, el evangelio no presenta una *oferta* o posibilidad de perdón; lo proclama incondicionalmente como una realidad que ya ha sido dada, y lo otorga al pecador. Dios dice: ¡*Estás perdonado*, y punto! No hay un *sí*, un y o un *pero* que requieran que hagamos algo para lograr que así sea. No tenemos que hacer un compromiso, elevar una oración sincera, dar nuestro corazón a Jesús, o limpiar nuestras vidas. ¡Nada! Algunos preguntarán: *Pero ¿no es esta una gracia barata?* No, no es una gracia *barata*; ¡es absoluta e incondicionalmente gratuita! En segundo lugar, la gracia no consiste en recibir una advertencia en lugar de una multa por tus infracciones. La gracia no consiste en que Dios dice: «¡*No hay problema! Hazlo mejor la próxima vez*». La gracia no se trata de que Dios te dé un respiro y más oportunidades y tiempo para ordenar tu actuar. Y en tercer lugar, la gracia no se trata de que Dios aumente tu saldo en tu libro de cuentas celestial para compensar tus malas acciones y dejar, por el momento, tu saldo en cero. Como ha dicho Capon tan elocuentemente, la gracia anuncia que Dios ha roto los libros y se ha retirado permanentemente del negocio de la contabilidad.

¡Ah! Podemos pensar. Ahora lo entendemos. Recibimos el perdón y la aceptación de Dios sin condiciones, pero ahora que los tenemos, debemos limpiar nuestras vidas y hacer buenas obras para mantener aquello. ¿Es eso? ¡No! El evangelio presenta el perdón de Dios como una promesa incondicional de que él será misericordioso con nosotros ahora y para siempre por causa de Cristo. Él jamás tomará en cuenta nuestras ofensas contra nosotros, y nos aceptará incondicionalmente como sus hijos justos e inocentes para siempre. Promete no acordarse más de nuestros pecados (Heb 8:12; 10:12-17). El evangelio nos anuncia y aplica la justicia de Cristo por la eternidad. Su perdón y aceptación no están sujetos a condiciones, ni ahora ni nunca. El evangelio es el fin de todas las obras de la ley y de todo pensamiento condicional sobre Dios.

La fe: La justificación recibida y vivida

Además, por medio del evangelio, los pecadores son salvados por Dios *mediante* una fe divinamente obrada, no *en vista de* ella. Somos justificados *para* la fe por el poder de la Palabra de Cristo (Ro 10:17)[4] y así entramos en una relación reconciliada y salvada con Dios. La fe recibe un perdón de pecados y una justicia de Cristo objetivos y existentes, por los cuales el ajuste de cuentas de Dios se convierte en un ajuste de cuentas *recibido* por la confianza del pecador. Por el poder del evangelio, el Dios reconciliado reconcilia a los pecadores consigo mismo, creando así una relación salvada. Observa que la gracia salvadora de la justicia declarada no se ofrece como una *realidad potencial*; se otorga como una *realidad existente*. La fe recibe los dones salvíficos; no los crea ni los causa. Somos justificados por gracia a través de la fe, no a causa de la fe ni en vista de la fe.

---

4. La justificación de los pecadores por parte de Dios es lógicamente anterior a la fe. La declaración de justicia o perdón por causa de Cristo es la *palabra salvadora de Cristo* (Ro 10:17) que crea la fe, no al revés. Esto es lo que significa ser justificado *para* la fe.

Una comprensión bíblica de la fe salvadora y su formación elimina dos conceptos erróneos. En primer lugar, la fe no es una acción que realizamos; más bien, es la condición de simple confianza que Dios crea en el corazón humano al crear un Nuevo Yo, nacido del Segundo Adán (Cristo). En segundo lugar, la fe salvadora es el resultado de la elección y el compromiso de Dios con nosotros, no de nuestra elección y compromiso con él. La gracia de Cristo se trata de ser salvo sin hacer nada. Para entender correctamente esto, el lenguaje sencillo y las distinciones gramaticales son importantes.

A veces oímos la gracia de Cristo expresada como una oferta de perdón que nos pide que reflexionemos y, ojalá, decidamos aceptarla. Sin embargo, la palabra gracia significa *don*; no significa *oferta*. Somos salvados por gracia, y —estrictamente hablando— no por una *oferta*. Los dones deben ser existentes, y quien los posea decide y es responsable de transmitirlos a otros. En cambio, las ofertas describen posibilidades futuras. Como suele decirse, se ponen sobre la mesa. Lo que se ofrece es adquirido al tomar la *decisión* de cumplir las condiciones especificadas. Las ofertas deben *tomarse*, mientras que los dones solo *se reciben*. Uno no puede apoderarse de un regalo ni recibir lo que solo es presentado como una oferta. Esta importante lección gramatical se ilustra bellamente en el diálogo de la gran película del oeste, *Open Range*.

Kevin Costner interpreta a un pistolero que está a punto de dirigirse a la ciudad con su compañero, interpretado por Robert Duval, para el tiroteo final con los malos. Está enamorado de la hermana del médico del pueblo, interpretada por Annette Bening. Cuando llama a su puerta, le confiesa que está enamorado de ella, pero que es posible que no vuelva. Ella se excusa un momento y regresa con un medallón. Lo pone en la mano de él y, haciendo que cierre sus dedos, le dice que quiere que lo tenga. Perteneció a su madre y siempre le trajo buena suerte. Costner abre la mano, mira fijamente el medallón y responde: *Oh, señora, no puedo llevarme su medallón*. A lo que ella responde secamente: *Cuando se trata de un regalo, no es decisión suya*. ¡Correcto!

Uno no puede atribuirse los regalos ni tomar decisiones para adquirirlos. Es un error explicar que ser salvo es cuestión de aceptar una oferta de gracia de parte de Dios tomando la decisión de aceptarla y aceptar a Jesús como Salvador. Da la falsa impresión de que tú tienes el control y de que tu elección determina si Dios te perdonará o no. Es como si el evangelio enseñara una teología de decisión en la que Jesús dice: *Este es el trato. Yo estoy dispuesto a perdonar tus pecados; tú debes aportar fe y hacer un compromiso conmigo. Ahora, ¡da tú el primer paso!*

El evangelio no es una información *potencialmente* salvadora sobre una oferta que Dios pone a disposición de los pecadores para que decidan. No tienes que tomar una decisión en favor de Cristo o hacer una oración sincera para que él entre en tu corazón y sea tu Salvador. Por el contrario, los dones se reciben pasivamente de manos del dador que decide otorgarlos[5]. El receptor de un regalo no elige. La justificación por la gracia a través de la fe responde a la pregunta: ¿De qué manera los individuos reciben y viven con la justificación de Dios? Por la fe recibimos el don del perdón otorgado por Dios cuando la fe es creada y preservada por el Espíritu Santo a través del evangelio (Ro 10:17; 1 Co 12:3).

Por la fe nos aferramos personalmente a nuestra condición de inocencia y perdón, y vivimos en ella. La fe no crea esta condición, sino que la recibe. La fe no debería presentarse como una obra o una virtud que Dios exige para que los pecadores sean perdonados, como si Dios dijera: *Tengo algo de perdón para quienes puedan hacer acopio de bondad creyendo en mí. ¿Tienes lo necesario?* El evangelio proclama la declaración de Dios de que el pecador es justo por causa de Cristo. A continuación, el evangelio llama a la fe, pero no como una condición para ser perdonado. Más bien enseñamos que la fe salvadora también es un don de Dios, por el cual él nos capacita para vivir con su justicia y reconciliarnos con él. Él crea la confianza en tu corazón, que ahora vive con Dios solo por el don de su gracia y su perdón. Sobre este don de la gracia, Capon resume bien dónde necesitamos estar: «Confía en él. Y cuando lo hayas hecho, estarás viviendo la vida de la gracia. No importa lo que ocurra contigo en el transcurso de ese confiar —no importa cuántas veces vaciles, ni cuánta pesadez y tristeza puedan causarte tus fallas, vicios, indisposiciones y lloriqueos de mocoso—; simplemente cree que Otro, por su muerte y resurrección, lo ha arreglado todo, y sencillamente agradece y cállate»[6].

La paradoja de la fe

A menudo los cristianos se sienten confundidos respecto de lo que las Escrituras enseñan sobre la fe salvadora y la manera en que se recibe. El registro bíblico confronta al lector con una paradoja. Por un lado, las Escrituras tratan el tema de la fe desde el punto de vista de que es necesaria,

---

5. Nótese que tanto las ofertas como los regalos pueden rechazarse, pero hay una gran diferencia en la forma de hacerlo. Las ofertas se rechazan sin hacer nada; los regalos se rechazan activamente.
6. Robert Farrar Capon, *Between Noon and Three: Romance, Law and the Outrage of Grace* (Grand Rapids: William B. Eerdmans, 1997).

y la presentan como un mandato. En respuesta a su pregunta: «¿Qué debo hacer para ser salvo?», Pablo responde al carcelero de Filipos: «Cree en el Señor Jesús, y serás salvo» (Hch 16:30-31). La fe se ordena *como si fuera algo obligatorio* que pudiéramos producir. Sin embargo, no es así como las Escrituras explican la creación de la fe. Cuando se plantea la cuestión de cómo creen los que creen, Pablo explica en Efesios 2:8-9 que *por gracia ustedes han sido salvados por medio de la fe, y esto* [la gracia y la fe] *no procede de ustedes, sino que es don de Dios; no por obras.* ¿De qué manera el mandato bíblico de creer se concilia con el carácter de don que la fe tiene como bendición de Dios?

Algunos cristianos concluyen erróneamente que, puesto que Dios nos ordena creer, está implicando con ello que tenemos una cierta capacidad para responder en consecuencia. Tal razonamiento no concuerda con el testimonio bíblico. En Génesis leemos que Dios creó a los seres humanos por su Palabra y mandamiento. Esto no implica que, de alguna manera, el polvo inerte de la tierra tuviera la capacidad de convertirse en un hijo humano de Dios. Dios no le preguntó a un trozo de tierra si le gustaría convertirse en un ser humano, ni le habló a la arcilla sin vida para presentarle las emocionantes posibilidades de la vida como un ser personal y luego invitarla a comprometerse o decidir concretar esa posibilidad. Simplemente dijo: *Hagamos al hombre...* y así fue (Gn 1:26). Como sucedió con la antigua creación, así también ocurrió con la nueva vida en Cristo. El pecador sin vida espiritual no tiene más capacidad para transformarse en una nueva creación en Cristo que la que tenía el polvo para convertirse en un ser humano. Ambas instancias proveen ejemplos del asombroso poder creativo de la Palabra de Dios cuando es enviada para cumplir sus propósitos vivificantes.

Dios dirige al pecador su misericordiosa palabra de perdón y aceptación y nos exhorta a creer. De hecho, *lo ordena*, como si dijera: ¡Sea la fe! Y a través de su Palabra y mandato, Dios crea lo que ordena —cuando, donde y como él quiere—. El Espíritu Santo engendra la fe mediante el poder de su Palabra de perdón. Las declaraciones salvíficas de Dios en el evangelio, junto con la exhortación a creer, crean la confianza —la fe por la cual recibimos y vivimos con estas proclamaciones—. *La fe viene de oír el mensaje, y el mensaje se oye a través de la palabra de Cristo* (Ro 10:17).

El evangelio incluye explícita o implícitamente el mandato de creer. Sin embargo, no incluye preguntas como *¿Te gustaría creerlo?* Dios nunca viene a nosotros buscando humildemente lo que desea. Como dijo elocuentemente Lutero en su Tesis 28 de Heidelberg, *El amor de Dios no busca lo que le agrada, sino que lo crea.* Esta comprensión de Dios y su Palabra incluye las siguientes verdades: Lo que Dios manda, Dios lo crea.

Lo que Dios exige (como en su ley), Dios lo da (en su evangelio). Puedes ver, como se indicó anteriormente, que la Palabra obligatoria de Dios siempre implica incapacidad.

De la misma manera, él alimenta y edifica continuamente nuestra fe mediante el evangelio, en la Palabra y los sacramentos, a medida que nos alimentamos de ellos. Como sucede con la antigua creación de Dios, así sucede con la nueva vida en Cristo. Dios crea y conserva a través de su Palabra. Esa Palabra es a la vez el Hijo eterno de Dios y su mandato creador: ¡*Hágase*...! O ¡*Créase*...! Como todos los dones de Dios, fluyen de su voluntad y su obra, no de las nuestras. Lo que Dios ordena, él lo crea; y lo que Dios demanda, él lo da. Él demanda justicia perfecta para ser su hijo, y nos da gratuitamente ese estatus en su evangelio. Dios ordena la fe en esta promesa, y luego la crea por medio de su palabra salvadora.

Quizá podamos enfocar la paradoja de la fe de otra manera. El evangelio puede concebirse como el mensaje del agonizante amor y la aceptación por parte de Dios en la cruz de Cristo. A través de su palabra salvadora, él corteja a los pecadores rebeldes que están alejados de él y de su amor. Es algo parecido a la vieja historia de Juan y Marisa. Juan ama a Marisa y está decidido a tenerla como esposa. Sin embargo, ella piensa que él es un *nerd* absoluto y no quiere saber nada de él. Juan no se inmuta en absoluto y sigue colmándola de palabras y acciones cariñosas. Y entonces, como suele ocurrir en la vida real, ocurre algo misterioso en la historia: ella *se enamora* de él. No lo había planeado. Y además, no lo había decidido conscientemente. De hecho, descubrir que está enamorada de Juan es una sorpresa increíble para ella. ¡Está totalmente estupefacta ante este giro de los acontecimientos! Pero nosotros no.

Nosotros, por supuesto, sabemos lo que le ocurrió a Marisa. Lo que la transformó fue el poder del amor en acción. Sucede todos los días. En la magia de las relaciones interpersonales, el amor tiene el poder de engendrar amor. No hubo coerción ni obligación, pero desde luego tampoco hubo decisión. El amor de Marisa fue alimentado y engendrado por Juan. Es más, no fue una sorpresa para él; él quiso que esto sucediera desde el principio. Del mismo modo, nuestro Dios Creador, el misericordioso amante de los pecadores, se acerca a los seres humanos rebeldes por medio del evangelio y los corteja con su obra salvadora y sus palabras de agonizante amor y perdón. Por el misterioso poder de su Espíritu a través de su amorosa Palabra, nace en los pecadores un sentimiento de confianza en su Creador/Redentor. Una fe confiada florece entonces como un amor que corresponde al de Dios. En la historia, Marisa se convirtió en la esposa de Juan, y nosotros, pecadores rebeldes en quienes ha brotado fe en el Dios misericordioso, nos hemos convertido en la esposa de Cristo. Y, tal como Juan, nuestro Dios amoroso quiso todo eso desde el principio —y *aun antes del principio. Antes de la fundación del mundo, nos eligió para que fuéramos irreprensibles a sus ojos* y, por su amor predestinador, nos adoptó para ser sus hijos en Cristo (Ef 1:4-5).

La tensión entre la fe y la experiencia

Todos conocemos la defensa que hace Lutero de la justificación por la fe sin todas las obras de la ley. Esta es la feliz *sola fide* (fe sola). Pero la Teología de la cruz abarca también otra distinción con *sola fide* que a menudo no es tan feliz. Somos justificados por gracia a través de la fe sola *separada de nuestra experiencia*. La fe debe anclarse completamente en la Palabra externa de la promesa, no en nada que podamos experimentar en nuestra vida en Cristo. Nuestra experiencia en esta vida continúa salpicada por la desdicha pecaminosa tanto interior como exteriormente. Exteriormente, la prueba y la tribulación pueden visitarnos a partir de lo que Dios hace en este mundo caído. Asimismo, él nos golpea con su ley de manera interna, pues llevamos la ley inscrita en nuestros corazones. *Esta es la vida de cruz del pecador justificado mientras vive en la cruz de Cristo esperando el día mejor de la gloria.* Confiamos en la cruz de Cristo solo por fe y llevamos nuestras propias cruces solo por experiencia. La justificación otorga una ciudadanía divina que trae todos los dones salvíficos de Dios y las bendiciones de la salvación *en, con* y *bajo* nuestra ciudadanía temporal —con todo lo que su carácter caído pueda traernos—. Lo que fluye de nuestra ciudadanía temporal en el patio de recreo del diablo se da a nuestros sentidos plenamente y se experimenta abiertamente, pero lo que fluye de nuestra ciudadanía divina se da y se aprehende solo por la fe.

La tensión entre la experiencia mundanal, con todas sus pruebas y tribulaciones, y los dones salvíficos concedidos a la fe, debe enfrentarse en la vida diaria del creyente yendo y viniendo entre ellos. Ni las bendiciones divinas ni las pruebas y tribulaciones temporales se anulan o cuestionan mutuamente. *Además, la tensión entre lo que experimentamos y lo que se concede a la fe se intensificará a medida que crezcamos y maduremos en Cristo, y no llegará a su fin antes del día de la gloria.* A los dones salvíficos no se les añadirá nada más de lo que ya hemos recibido en nuestro bautismo y lo que recibimos diariamente en la absolución y en la cena. Pero en la gloria, la fe ya no existirá, y gozaremos de todos los dones y las bendiciones salvíficas mediante una rica y exuberante experiencia (Ap 7:13-17). Todas las falsas teologías de gloria, aunque hoy sean muy atractivas, prometen complementar la fe con algunas experiencias de gloria a cambio de solo cumplir a la perfección algunos principios orientados por la ley y basados en la Biblia. Con Lutero, defendemos una justificación solo por la fe, separada de toda experiencia en esta vida, confesando una vida de cruz ahora, y gloria solamente en el día mejor que llegará cuando Cristo venga para reunir a su Novia.

Así, reconocemos una sola justificación de un mundo de pecadores, con tres facetas: la cruz de Cristo, que adquirió nuestra justicia ante Dios; el evangelio, en que Dios revela y otorga su justicia a individuos pecadores; y una fe forjada por el Espíritu, que nos permite recibirla personalmente y vivir con ella. Es con esta última faceta que somos salvados —por la fe nos reconciliamos con Dios y vivimos con él en una relación justificada y perdonada—. Y toda esta obra salvífica —apropiación, revelación, otorgamiento y recepción— es completamente *monergística*. Todo es la voluntad y la obra de Dios.

La paradoja de la justicia de Cristo

El evangelio revela y proclama que la justicia de Cristo y el perdón de los pecados son totales y completos. Sin embargo, esta comprensión de la justificación y el perdón de los pecados también incluye la paradoja de que, aunque el cristiano bautizado los ha recibido y vive con ellos como realidades totales y completas, dichos dones se otorgan también continuamente a través de la absolución y la Cena que el pecador necesita y recibe a diario. En otras palabras, *lo tenemos todo, pero siempre necesitamos más*.

Es la misma paradoja de la amada que tiene el amor completo de su amante. Lo tiene todo, pero siempre necesita más. Siempre necesita su amor, y no solo recordatorios. Por eso, cuando él le dice continuamente *Te amo*, le da más. Estas palabras no son meros recordatorios. Lo que oye es lo que recibe… más de lo que ya tiene. Lo mismo sucede con el evangelio de nuestro Señor Jesucristo. El evangelio revela y proclama una ya existente justificación completa del pecador gracias a la expiación de Cristo en la cruz. Ser justificado significa ser declarado justo en el perdón que es nuestro en el Cristo crucificado. Es un asunto concluido, y por la fe lo tenemos todo. Sin embargo, aunque vivimos con este perdón y esta justicia de Cristo como realidades totales y completas, siempre necesitamos más.

Para muchos cristianos, la justificación se entiende como un pronunciamiento hecho por Dios una sola vez cuando *fuiste salvado* y comenzaste tu vida en Cristo. Puesto que el perdón de Cristo es un asunto concluido, el enfoque dominante de la vida del cristiano debe centrarse ahora en cómo canalizar tu gratitud y el poder del Espíritu para lograr una mayor vida de obediencia. Jesús hizo su parte, ahora te toca a ti. La asombrosa realidad de que Cristo perdona a los miserables pecadores se desvanece en el trasfondo de la preocupación cristiana diaria, mientras la atención se centra en absorber los principios de vida cotidiana orientados a la ley y obtener una mayor victoria sobre los hábitos pecaminosos. La justificación y el perdón se convierten en un recuerdo lejano de algo que Dios hizo una vez porque lo necesitabas, cuando llegaste a ser salvo. Para muchos, esta comprensión y programa producen un agotamiento espiritual y dudas cuando se siente el peso de pecados alarmantes. Algunos incluso se han preguntado si todavía están perdonados y han imaginado que tal vez necesitan volver a *ser salvos*.

Los creyentes necesitan que se les enseñe de otra manera cómo Dios justifica a los pecadores y cómo su continuo otorgamiento de perdón alimenta y edifica nuestra vida en Cristo. No basta con que nos recuerden que Dios nos perdonó hace doce años, tres meses y cinco días, cuando recién fuimos salvos. Necesitamos algo más que recuerdos lejanos de un Dios que, alguna vez, fue misericordioso con nosotros. Y los recordatorios no son suficientes. Los cristianos siguen siendo pecadores que continuamente pecan. Puesto que continuamente pecan mucho, necesitan continuamente ser perdonados mucho. Los cristianos son pecadores salvados que necesitan volver a oír por primera vez la Palabra de gracia que otorga el perdón de Dios. Sí, lo tienes todo, ¡pero siempre necesitas más! Observa cómo Lutero expresó esto en su *Catecismo mayor*: «Hacia el perdón se dirige todo lo que se ha de predicar acerca de los sacramentos y, en suma, todo el evangelio y todos los deberes del cristianismo. El perdón es necesario constantemente, porque aunque la gracia de Dios ha sido ganada por Cristo, y la santidad ha sido obrada por el Espíritu Santo a través de la Palabra de Dios en la unidad de la Iglesia cristiana, sin embargo, al hallarnos estorbados por nuestra carne, nunca estamos libres de pecado» (Tappert, Catecismo Mayor, Credo, 54). Por esta razón, aunque somos completamente justificados en nuestro bautismo, necesitamos continuamente recibir la justificación de Dios para que nuestra fe y nuestra vida en Cristo no mueran, sino que crezcan y maduren. En efecto, es la Palabra salvífica de la justificación la que santifica continuamente al cristiano como una obra renovadora que dura toda la vida.

Tal como el amor continuo del que ama sostiene y construye la confianza y el amor del ser amado, así también la Palabra de perdón de Dios hace algo más que recordarnos que fuimos perdonados en Cristo un día. Ella crea, sostiene y hace madurar la fe y la vida en Cristo, y potencia todas nuestras obras de amor que sirven a Cristo a través de nuestro prójimo. Recibimos todo el consuelo de nuestro Señor a través de estos misterios que han sido confiados a su Iglesia. El evangelio de la justicia incondicional otorgada por Dios es su forma de decir *Te amo* a pecadores miserables como tú y como yo. Lo tenemos todo, ¡pero siempre necesitamos más!

Por un lado, debe rechazarse la idea de que el perdón de los pecados se entienda como algo parcial o fragmentario, como enseña Roma sobre el bautismo y la penitencia. Las Escrituras enseñan que el perdón de los pecados es total, y que la justicia de Cristo es una realidad atemporal. Cuando recibimos los dones salvíficos de Cristo, los recibimos todos. Sin embargo, puesto que la vieja creación y el pecado aún están con nosotros, siempre necesitamos los dones del evangelio en la vida de fe del cristiano, no como recordatorios, sino como realidades continuamente necesarias y otorgadas.

La visión de la cruz *relacionada con Dios* es la respuesta a todo lo que vemos y sentimos cuando nos examinamos a nosotros mismos o a otros sin la Palabra externa de Cristo. Cada vez que miremos dentro de nosotros mismos para evaluar nuestra propia medida espiritual, jamás veremos quiénes somos en la visión de la cruz relacionada con Dios. Mirando hacia adentro, nunca nos veremos envueltos en la justicia de Cristo. Mirando hacia adentro, solo vemos por la lente de la ley, que ha sido escrita en el corazón humano. Esta lente siempre ofrece una visión del yo sin la expiación de Cristo por nuestro pecado, nuestra justificación y la completa reconciliación con Dios. La ley en toda su fuerza nos mostrará como pecadores perdidos que merecen la ira de Dios. Estos tesoros salvíficos para nosotros solo pueden verse en la Palabra externa del evangelio, que revela la cruz de Cristo y la vida que vivimos en ella.

Los cristianos han recibido salvación y bienestar en la justicia de Cristo dada a la fe. En la fe se mantiene la condición de santos seguros como hijos adoptivos de Dios y de su Reino. Cerca y dentro de nosotros aún está la corrupción del viejo orden pecaminoso caído del paraíso perdido. Somos santos por pronunciamiento y como un don —una posición santa que será nuestra por la eternidad—. Pero por ahora, todavía somos pecadores en todos los aspectos de nuestras dimensiones físicas y personales del ser. Toda esta corrupción es plenamente evidente para todos nuestros sentidos y nuestro razonamiento. ¡Simultáneamente pecadores y santos! Sostenemos la realidad de ambos en tensión hasta la transformación final en la vida resucitada cuando nuestro Señor regrese en la plenitud de su gloria.

CAPÍTULO 5

La santificación

El poderoso perdón

En nuestra cultura orientada al éxito existe un dicho. *Vístete para triunfar: eres lo que llevas puesto.* En otras palabras, la ropa hace a la persona. Imagina lo que esto podría significar si fuera literalmente cierto. Tomas a un hombre sin educación ni experiencia, lo vistes con un buen traje, una bonita camisa blanca, una corbata fabulosa, y ¡listo! Está vestido para triunfar. Ahora dile que acaba de convertirse en un ejecutivo cualificado; más exactamente, en el vicepresidente de la empresa. Y luego, al ir cada día a trabajar vestido así, se convierte en un ejecutivo competente y exitoso. ¿Tontería pura?

Independientemente de lo que podamos pensar de este dicho en el mundo de los negocios o en general, mucho de esto puede compararse con nuestra vida en Cristo. Nosotros, pecadores incompetentes e inútiles, somos revestidos con la justicia de Cristo, una vestidura que usamos constantemente y que nos da la condición de santos y vida como hijos de Dios. Con su justicia, se nos equipa —se nos hace totalmente aptos— para la santidad y la ciudadanía en su Reino. Y luego, milagrosamente, el manto de justicia también crea y nos desarrolla interiormente como una imagen madura del justo Hijo del Hombre.

Mediante el evangelio, Dios viste al pecador con la justicia de Cristo, la cual se lleva y vive mediante la fe. La justificación nos trajo lo que Lutero llamó una *justicia ajena*[1]. Vestirse de la justicia de Cristo es revestirse de Cristo. Esta vestidura santa tiene un poderoso efecto renovador en nosotros.

---

1. *Un hombre es absuelto como si no tuviera pecado, por amor de Cristo.* AE 34, p. 153.

Somos regenerados como un reflejo justo de lo que vestimos por la fe en nuestro bautismo. A medida que la fe crece y madura, la justicia de Cristo desarrolla la nueva creación como una semejanza madura de su naturaleza humana. Tal como Jesús, en su naturaleza humana, creció en sabiduría y estatura, así también lo hace la nueva creación que ha surgido en el bautismo. Cuanto más crecemos en Cristo, más la vida diaria puede reflejar su justicia, y el fruto de la fidelidad acentúa cada vez más nuestra vida. Esto es lo que se llama *santificación*. Es un permanente proceso de crecimiento y maduración de la nueva vida en Cristo creada por el bautismo.

¿Poder o perdón?

Para entender correctamente la obra de santificación de Dios, es necesario considerar varias cuestiones importantes a fin de tener claridad sobre nuestra vida en Cristo. Entre ellas están las siguientes: ¿Cómo se relaciona la obra santificadora de Dios con la justificación? ¿Son dos obras divinas separadas, o son simplemente dos aspectos de la misma obra? Si la gracia de Dios está implicada en la santificación (¡y lo está!), ¿es la misma gracia por la que somos justificados, o es de un tipo diferente? ¿Santifica Dios por algún poder adicional a su perdón en la Palabra justificadora del evangelio, o el poder que produce la santificación proviene simplemente del impacto de la Palabra de perdón? ¿Cómo encajan los esfuerzos del cristiano y las buenas obras en la vida santificada? ¿Contribuyen algo a la obra de la santificación?

Al debatir estas cuestiones, haríamos bien en tomarnos a pecho la advertencia de Gerhard Forde: *Hablar de santificación puede ser peligroso*. Si separamos la santificación de la justificación, podemos acabar concibiendo la santificación como un proyecto mediante el cual contribuimos al plan de Dios para salvarnos[2]. Su observación es acertada. Ha ocurrido frecuentemente en la Iglesia a lo largo de los siglos.

Gran parte del pensamiento cristiano occidental, desde la época posapostólica hasta Lutero, estuvo absorbido por la búsqueda de la santidad personal. Este fue ciertamente el caso de san Agustín. Aunque Agustín defendió la salvación por gracia sin obras, entendió la gracia de Dios principalmente como un poder divino que transforma progresivamente al pecador[3]. En otras palabras, Dios exige una vida santa y justa, y por gracia

---

2. Gerhard Forde, «The Lutheran View», en *Christian Spirituality*, ed. Donald L. Alexander (Downers Grove, IL: InterVarsity, 1988), pp. 15-16.
3. Véase el excelente análisis que hace Gilbert Meilaender de las opiniones de Agustín sobre la gracia y la santificación en *Faith and Faithfulness*, pp. 76-78.

produce gradualmente lo que exige. Infunde la gracia divina en el cristiano bautizado, lo cual gradualmente reforma el carácter pecaminoso del creyente, haciéndolo finalmente justo y apto para el Reino venidero. Agustín trabajó con *un modelo moral* de pecado y gracia. El elemento dominante de la obra de Dios que salva al pecador se entendió como una gracia infusa que reforma progresivamente el carácter del pecador y produce una vida cada vez más virtuosa.

El modelo moral de Agustín, que veía la gracia como un poder reformador infundido dominó el pensamiento de la Iglesia occidental durante los siguientes 1200 años. Sin embargo, se produjeron cambios significativos. Poco a poco, se entendió que el esfuerzo moral y las obras meritorias del creyente contribuían a hacerlo apto para el Reino eterno. La gracia capacitante de Dios hace posibles las virtudes y las obras del creyente. Y las obras del creyente, a su vez, se consideraron merecedoras de una gracia infusa adicional. La gracia entendida como el poder transformador de Dios prácticamente eclipsó a la gracia como el perdón de Cristo. Jesús, nuestro Salvador del pecado, se convirtió en nuestro modelo de cómo debemos comportarnos. La reforma del carácter se tragó el perdón de los pecados, y las obras meritorias se convirtieron en un requisito para ser aceptado en el Reino de Dios.

Desde que Lutero redescubrió el evangelio del perdón gratuito de Cristo, muchos pensadores del mundo protestante (e incluso algunos que llevan el nombre de luteranos) han vuelto a la noción agustiniana de la gracia, pero ahora bajo la bandera de la santificación. Han descrito la santificación como un programa que reforma gradualmente el carácter interior del pecador; una obra de gracia adicional que sigue a la justificación. Esta segunda gracia implica una obra especial del Espíritu Santo que permite al cristiano experimentar una victoria progresiva sobre los hábitos pecaminosos y alcanzar una santidad creciente en la vida y en las obras. Jesús salva al pecador en la conversión otorgándole su perdón gratuito. Luego, el Espíritu y el cristiano comprometido unen sus fuerzas para desechar la vida pecaminosa y dar lugar a una vida de obediencia cada vez más semejante a la de Cristo. La primera obra se entiende como justificación, y la segunda como santificación. Esto implica dos obras de gracia diferentes. Somos justificados por la gracia del perdón de Cristo, y luego santificados por la gracia del poder del Espíritu que reforma progresivamente el carácter pecaminoso del cristiano, y vigoriza una santa obediencia a los preceptos de la ley. El centro de la justificación es la conversión, y el centro de la santificación es la vida cristiana que la sigue. Como se observa en la versión wesleyana del viejo himno avivamentista *Roca de la eternidad*, «Sé del pecado la doble curación, sálvame de la ira y hazme puro». El Hijo nos salva de la ira de Dios en la conversión (justificación), y luego el Espíritu nos purifica progresivamente (santificación).

Así entendida, la justificación se convierte en un mero preludio del objetivo dominante de la vida cristiana, la santificación. La búsqueda de santidad y obediencia en la vida diaria pasa a ser el centro de atención tras la conversión. La asombrosa realidad de que Cristo perdona a pecadores miserables como yo se desvanece en el trasfondo de la preocupación cristiana diaria. La atención se centra ahora en una mayor obediencia a la ley y en adquirir los recursos del Espíritu Santo para dinamizar la tarea. El Salvador del pecado y de la muerte desaparece, y el Espíritu Santo toma el relevo para ayudarnos a servir en santidad mediante las obras de Moisés.

Cuando se cree que la obra santificadora del Espíritu progresa adecuadamente, según este modelo, se produce una victoria significativa sobre el comportamiento pecaminoso. Además, se alcanzan mayores niveles de obediencia a la ley, y las bendiciones de Dios aumentan en la vida de uno. Si estos resultados no se desarrollan con éxito, se entiende que el problema reside en el creyente. De alguna manera, el cristiano no está cumpliendo con su parte. El problema puede ser una falta de confianza en el Espíritu Santo, una falta de sometimiento al Espíritu, un arrepentimiento poco sincero, o un débil compromiso con una vida de obediencia —una de aquellas cosas, o todas—. En cualquier caso, el cristiano no ha hecho su parte. Aquí, la santificación se describe como un asunto cooperativo donde el papel del creyente es clave para el éxito. A menudo se le dice al creyente que, para tener una verdadera fe que honre a Dios, debe desempeñar su propio papel, no sea que se vuelva indolente y caiga en una peligrosa actitud de *abaratar la gracia.*

¿Debería sorprendernos que muchos no creyentes tengan la convicción (¡errónea!) de que el cristianismo es cosa de tipos raros que, de algún modo, están desmesuradamente preocupados por convertirse en personas moralmente superiores? Además, no entienden por qué los cristianos parecen convencidos de que creer en Dios e ir a la iglesia es, de alguna manera, fundamental para el éxito del proyecto. Esta no es la locura del evangelio (1 Co 1:23) con la que tropiezan algunos de nuestros prójimos incrédulos, ¿o sí? De manera trágica, lo que falta es la perspectiva del apóstol Pablo, que se consideraba *el primero de los pecadores* y no quería saber nada entre los corintios «excepto a Jesucristo, y este crucificado» (1 Ti 1:15; 1 Co 2:2).

Hablar de la santificación se vuelve peligroso cuando no entendemos correctamente su *naturaleza* y su *causa* y las distinguimos de las *consecuencias* de la santificación en la vida del creyente. Lo que a menudo se confunde es el tema de las buenas obras y la forma en que encajan en la discusión. Cuando las obras se interponen en nuestro pensamiento sobre *el modo en que se produce la santificación*, terminamos erróneamente con un papel de contribución a nuestra propia salvación y se anula el don incondicional de la gracia de Dios. El Nuevo Testamento siempre habla de las buenas obras como consecuencia de la actividad salvadora de Dios. Así lo subraya Pablo en Filipenses 2:13: *Porque Dios es quien obra en ustedes tanto el querer como el hacer, para Su buena intención.* El plan que Dios tuvo de recrearnos a la imagen del Segundo Adán para las buenas obras de la fe formó parte de su intención salvadora desde el principio, como explica Pablo en Efesios 2:10: *Porque somos hechura Suya, creados en Cristo Jesús para hacer buenas obras, las cuales Dios preparó de antemano para que anduviéramos en ellas.* Queremos aclarar brevemente la naturaleza y la causa de la santificación relacionándolas con la justificación pues ambas están enraizadas en el bautismo. Así estaremos en una mejor posición para adentrarnos más adelante en el tema de los patrones de vida transformados y las buenas obras.

El bautismo le da vida a un moribundo

Santificar significa hacer santo. Nosotros, miserables pecadores impíos, somos asidos por Cristo y creados nuevamente a la imagen de Dios en nuestro bautismo. El agua y la Palabra en las cuales somos salpicados con la gracia es el comienzo de la obra de santificación de Dios. Podemos pensar en el bautismo como un portal a través del cual Dios logra con nosotros lo que él desea, rehaciéndonos y arrastrándonos a su Reino. Es donde Dios entra en nuestro tiempo y espacio, se hunde en el lodo de este mundo caído, y hace lo que él desea que seamos. El bautismo es donde Dios primero nos clavó y nos dio muerte en la cruz de Cristo y luego nos resucitó en la fe como una nueva creación. Podemos pensar en el bautismo como la puerta a Dios, en la cual él desciende a nosotros; donde trata con nosotros según le agrada; y donde el Salvador manifiesta su persona y sus dones salvíficos. Debemos tomarle la palabra a Dios en Romanos 6:3-4. Él viene a matarnos y llevarnos a una muerte espiritual, ahogándonos en una tumba líquida unida a la Palabra. De tal baño acuoso se nos saca como una Nueva Creación moldeada a la imagen de Dios (Ef 4:24).

Fíjate en la paradoja de nuestro bautismo: Dios mata para dar vida; de la muerte hemos pasado a la vida (Ro 6:3-11). *Los cristianos son aquellos que han caído en las manos del Médico Celestial y están muriendo para vivir.* De hecho, sin muerte al pecado, no hay vida en Cristo. El poderoso Dios Creador viene a nosotros a través de la sencilla puerta terrenal del lenguaje humano ordinario y del agua. Se enmascara escondiéndose dentro de estos opuestos terrenales. Logra con nosotros lo que él desea según sus designios salvíficos, a fin de que muramos al pecado y vivamos en Cristo. A través de los lugares temporales, comunes y terrenales elegidos, el Dios extraordinario y sobrenatural se manifiesta, y bajo la paradoja de los opuestos, apunta mortalmente hacia nosotros, para que vivamos. Nos rescata del pecado, la muerte y el Diablo, y crea en nosotros una nueva vida eterna.

El bautismo marca la forma en que Dios lleva al cristiano desde el comienzo de la vida en Cristo hasta la plenitud de la salvación. Los cristianos pueden realmente decir: *Fui bautizado, soy bautizado y seré bautizado*. El bautismo es simultáneamente una obra de muerte y resurrección que se realiza al principio (como puerta de entrada a Dios); es una obra que Dios lleva continuamente a cabo en la vida del cristiano; y es lo que promete cumplir al final. El cristiano vive y crece mediante un morir al pecado, y mediante un vivir y un crecer en Cristo que lo llevan de vuelta a su bautismo una y otra vez. Observa la diferencia radical aquí. Esto no involucra una elección y un compromiso humanos para obtener más bienes espirituales de Dios (como si el cristianismo nos proporcionara una ventaja para una mejor vida espiritual —¡*La vida va mejor con Dios!*—). Más bien, Dios es el espectáculo completo. Cristo nos toma detenidos. Nos invade, nos crucifica para que muramos al pecado con él, y luego nos da su justicia y la vida misma.

Progresamos en la vida cristiana volviendo a comenzar por la obra bautismal de Dios. Siempre estamos comenzando de nuevo —muriendo al pecado y siendo vivificados por su Palabra salvadora—. Morir para vivir es la firma del bautismo en todo el carácter de la vida cristiana. Dios mata y hace vivir una y otra vez. No se detiene en la pila bautismal, sino que su pacto bautismal se renueva continuamente en nosotros a través de su ministerio de la ley y el evangelio. *Morir al pecado por la ley y resucitar por el evangelio constituyen el tiempo presente del bautismo para todos los hijos de Dios*. Estas palabras matan y dan vida, haciéndonos pecadores y santos al mismo tiempo.

Dios crea lo que desea

Como bien dijo Lutero en su Disputa de Heidelberg, Tesis 28, hablando del modo en que Dios lleva a cabo su obra redentora, *El amor de Dios no busca, sino que crea lo que le agrada*[4]. La forma en que Dios consigue

---

4. *AE* 31, p. 41.

el tipo de personas que desea es sorprendentemente diferente de la manera en que nosotros tratamos de obtener las cualidades deseadas en los demás. Nosotros tenemos que empezar con un número selecto de personas ya promisorias —personas que ya estén por encima de la media—. Luego debemos someterlas a un régimen comprobado que haya resultado eficaz para desarrollar el buen carácter que ya tienen. Un buen ejemplo sería el *Cuerpo de Marines de los Estados Unidos*[5]. En su promoción de reclutamiento, el Cuerpo indica que está buscando *unos cuantos hombres buenos*. Unos cuantos hombres buenos son la materia prima necesaria para convertirlos en *los pocos, los orgullosos, los Marines*.

El mensaje es claramente el siguiente: si eres bueno, el Cuerpo de *Marines*, a través de su campo de entrenamiento y sus programas de formación, te hará ser aun mejor. Aunque esta estrategia —empezar con los buenos y hacerlos mejores— tiene mucho mérito en asuntos militares y quizás también en otros, no es la forma en que Dios trabaja para repoblar su Paraíso recuperado. Hay dos buenas razones para ello. En primer lugar, si Dios tuviera que *encontrar* primero a unos cuantos hombres buenos, su plan de salvación jamás habría despegado. Dios ya miró desde el cielo en busca de unos cuantos hombres buenos, y su inspección no encontró ninguno. *Todos se han desviado, a una se han corrompido; no hay quien haga el bien, no hay ni siquiera uno* (Sal 53:3).

En segundo lugar, como observó Lutero, esa simplemente no es su manera de hacer las cosas. Su forma de hacer las cosas es tal que, sea lo que sea que él ame, desee o prefiera... no anda por ahí buscándolo. Él jamás llega tímidamente esperando que le demos lo que quiere. No recluta con argumentos atractivos o incentivos motivacionales; simplemente crea lo que su propio corazón desea con cualquier atributo agradable que él quiera. Descubrimos los atributos humanos que él considera agradables observando su santa ley. Desea hombres y mujeres justos que ordenen sus vidas en torno al temor, el amor y la confianza en él; donde el espíritu humano sea un reflejo de su persona. En este sentido, se puede decir que él aún tiene una preferencia por los seres humanos semejantes a los que hizo originalmente a partir de la tierra y el aliento divino (Gn 2:7).

Ahora, para nosotros que estamos muertos en nuestros delitos, estas son buenas noticias. Significa que, a medida que Dios haga lo que desea con nosotros, hará todo lo necesario para que lleguemos a ser exactamente como él quiere. A lo largo de su ministerio, nuestro Señor dio pistas de

---

5. Debo reconocer a mi antiguo colega, el Rvdo. Robert W. Schaibley, por esta maravillosa ilustración contrastada del Cuerpo de Marines de los Estados Unidos.

cómo trabaja para reclutar a los miembros de su Reino. En el banquete de bodas de Caná, produjo un vino agradable para él y para todos simplemente ordenando a los siervos que llenaran algunas tinajas con agua y le llevaran algunas al mayordomo. Sirvió un banquete a miles de personas en el desierto distribuyendo unos pocos panes y un par de peces. Y en el aposento alto, tuvo el agrado de distribuir sus propios cuerpo y sangre a sus discípulos simplemente deseándolo y diciéndolo. Hizo apóstol de los gentiles a un judío perseguidor de cristianos. No necesitó la ayuda de nadie. Nosotros somos ejemplos de la misma obra de nuestro Dios misericordioso. A través de nuestro bautismo, él nos hace agradables para sí mismo en la obra salvadora y los dones del Cristo crucificado.

Si tuviéramos que hacer un resumen promocional de lo que él está buscando en cada uno de nosotros, tal vez podríamos decir que está buscando unos cuantos hombres y mujeres realmente malos, espiritualmente muertos. Todo lo que él necesita de nosotros es que seamos algo así como Lázaro: un cadáver espiritual dispuesto a permanecer muerto. Nosotros contribuimos con nuestra muerte, y él hace el resto. Tal como Dios, en la creación, trabajó con arcilla sin vida y creó lo que le era agradable por medio de su Palabra, así también en la redención encontramos al Cristo crucificado en su Palabra salvadora. Él toma nuestra arcilla espiritualmente inerte y crea para sí mismo hijos e hijas de su familia; ciudadanos, cada uno de nosotros, de su Reino. Al pie de la cruz del Cristo crucificado podemos esperar encontrarnos con este tipo de Dios-con-nosotros. Asimismo, esto también implica ciertas cosas que podemos esperar no encontrar —ni en la cruz ni en ningún lugar del evangelio en que encontremos al Dios misericordioso—. No encontraremos exhortaciones, seminarios motivacionales ni tentadoras ofertas promocionales de reclutamiento para inscribirnos en un programa que nos convierta en soldados de la cruz.

Más bien, en su evangelio encontraremos a nuestro Defensor, que en su cruz vence a todos los poderes de las tinieblas y luego nos eleva consigo mismo, haciéndonos tan agradables para el Padre como su Hijo unigénito. Dios está buscando más que *unos cuantos* hombres y mujeres, niños y niñas buenos. Y por el poder de su propia redención y re-creación en el bautismo, nos ha hecho lo que somos en Cristo Jesús, ciudadanos inscritos del Reino venidero... *los pocos, los justos, los hijos de Dios.*

El poder del perdón

Pablo informó a los cristianos de Roma que no se avergonzaba del evangelio, porque *es el poder de Dios para la salvación de todo el que cree*

(Ro 1:16). Además, les enseñó que la fe viene por oír el mensaje, y que el mensaje se oye a través de la Palabra de Cristo (Ro 10:17). Por gracia somos salvos mediante la fe, y no por obra nuestra, les dijo a los efesios. Es un don de Dios, no de las obras (Ef 2:8-9). La perspectiva del apóstol es que Dios salva a los pecadores mediante el evangelio de la gracia de Cristo por medio de la fe ¡completamente! El poder de Dios es la Palabra de Cristo, la Palabra del perdón misericordioso de Dios. La justicia de Cristo que justifica también santifica —el perdón que otorga la justicia de Cristo también crea y da poder para una nueva vida en Cristo—. El bautismo otorga los dones del perdón y del Espíritu Santo (Hch 2:38) y nos une a la muerte del Cristo crucificado, dando lugar a una nueva creación que es esclava de Dios y de la justicia (Ro 6:10-22). Y no nos equivoquemos. Llegamos a ser lo que somos en el bautismo por la voluntad y la obra de Dios, no por hacer una buena elección o cooperar con su plan.

No tenemos que buscar en otra parte un segundo plan o palabra de Dios. El perdón de la justicia de Cristo *es el poder* que nos renueva y nos hace madurar hasta alcanzar la estatura de Cristo. La santificación ocurre cuando la gracia incondicional del perdón de Dios en Cristo vuelve siempre a aferrarnos. Sucede cuando somos transformados por la realidad de que vivir bajo la gracia pone fin a todo esfuerzo por cumplir lo que él exige en su ley. La verdadera santificación es el secreto de Dios que ocurre continuamente cuando la gratuita gracia de Cristo nos toma cautivos una y otra vez. Gerhard Forde lo expresó sucintamente: *La santificación es una cuestión de acostumbrarnos a nuestra justificación*[6].

Esto no implica que la santificación no sea un asunto del Espíritu Santo o el resultado de su poder en nuestras vidas. Esto, sin duda, es cierto e importante. Sin embargo, surge un problema cuando vemos la obra del Espíritu en la santificación separada del poder del evangelio, que otorga la justicia de Cristo. Aquí es donde Dios ha elegido hacer todo para nuestra salvación. Cuando buscamos el poder del Espíritu separado de la Palabra salvadora de Cristo, o lo vemos condicionado por cualquier cosa que debamos hacer o dejar de hacer, hemos vaciado tanto la obra del Espíritu como el poder del evangelio para la salvación. La santificación no está relacionada con un poder suplementario de Dios, primero separado pero luego añadido a la gracia perdonadora por la cual somos justificados. Más bien, la santificación es resultado del poderoso impacto que el perdón justificador de Dios tiene en nuestra fe y en nuestra vida en

6. G. Forde, *Christian Spirituality*, p. 23.

Cristo. *A partir de nuestra nueva vida en el bautismo, el perdón del evangelio nos hace madurar como una nueva creación, nos libera de la esclavitud del pecado y nos capacita para andar en el Espíritu. Fortalece y desarrolla la fe.* El poder del Espíritu Santo en la santificación y el poder del evangelio que salva a los pecadores (justificación y santificación) ¡es el mismo poder!

El evangelio es esencialmente la revelación y el otorgamiento de la justicia de Cristo. Lutero y los reformadores no conocían ninguna obra de santificación separada de la obra salvífica de la justificación. Como ha observado Oswald Bayer en su estudio sobre Lutero: «Para él, la justificación solo por la fe significaba que todo estaba dicho y hecho; vivir por la fe es ya una vida nueva. Sin embargo, cuando Lutero habla de "santificación", se refiere simplemente a la justificación. Para él, la justificación y la santificación no son dos actos separados que podamos distinguir, como si la santificación viniera después de la justificación, y tuviera que hacerlo»[7]. La Palabra de la justificación es el poderoso perdón a través del cual el Espíritu Santo obra para efectuar todas las bendiciones de la vida en Cristo. A medida que el Espíritu obra la fe en el corazón, recibimos y vivimos en una relación justa y perdonada con Dios. Eso es la justificación. Y a medida que el Espíritu obra a través de este mismo mensaje del evangelio, el poderoso perdón de la justicia de Cristo crea una nueva vida en Cristo, hace madurar esa vida y capacita la vida fiel. Eso es la santificación. No es una obra de Dios separada de la justificación. Más bien, ambas son simplemente aspectos de la obra salvadora de Dios por medio de la misma justicia de Cristo (¡gracia!) que es nuestra a través de la fe.

En diversos lugares las Escrituras se centran en nuestra condición delante de Dios y nuestra pertenencia a su Reino (*quiénes* somos en Cristo). Aquí nuestra atención se dirige a la importancia justificadora de la gracia del perdón de Cristo. La gracia salvadora otorga una relación de perdón y reconciliación con Dios por medio de la fe. Así escribe Pablo en Romanos 5:1-2: «Por tanto, habiendo sido justificados por la fe, tenemos paz para con Dios por medio de nuestro Señor Jesucristo, por medio de quien también hemos obtenido entrada por la fe a esta gracia en la cual estamos firmes [ante Dios]». Asimismo, en otros lugares, la Palabra de Dios nos dice cómo el impacto de la justicia de Cristo nos transforma en una nueva creación (*lo que* somos en Cristo) y produce cambios en nuestra vida diaria (fidelidad en la vida y en las obras). Como Pablo, nuevamente,

---

7. Oswald Bayer, *Living by Faith: Justification and Sanctification*, trad. Geoffrey W. Bromiley (Grand Rapids: Wm. B. Eerdmans, 2003), pp. 58-59.

escribió en 2 Corintios 5:17-18, 21: «De modo que si alguno está en Cristo, nueva criatura es; las cosas viejas pasaron, ahora han sido hechas nuevas. Y todo esto procede de Dios, quien nos reconcilió con Él mismo por medio de Cristo [...]. Al que no conoció pecado, lo hizo pecado por nosotros, para que fuéramos hechos justicia de Dios en Él». Aquí Pablo está simplemente describiendo el poder santificador del mismo don. Como hijos de Dios y ciudadanos de su Reino, ¡somos lo que vestimos! Vestidos, por la fe, con el manto de Cristo, somos considerados justos por Dios (justificación) y hemos llegado a ser una nueva creación en Cristo, moldeados a su imagen, que crece y madura para ser una imagen de la plena estatura de Cristo (santificación).

¿Existe un pecado imperdonable?

¿Te has preguntado alguna vez si has pecado a tal punto, o de tal modo que el perdón de Dios en Cristo Jesús ya no es aplicable a ti? Si lo has hecho, ¿a qué has recurrido en busca de respuestas seguras? No es raro que los cristianos que han estado luchando contra pecados persistentes que les causan problemas se pregunten si la misericordia y el perdón de Dios podrían estar acabándose para ellos. ¿Tiene fin el perdón de Dios? ¿Puede un cristiano pecar tan persistentemente que Dios pierda su paciencia y niegue su perdón? ¿Podemos llegar a un punto en el que nuestro pecado sea imperdonable? De hecho, ¿existe el pecado imperdonable? Los pecadores ansiosos, que ven pecados alarmantes adheridos a sus vidas, desean desesperadamente conocer las respuestas a estas preguntas. ¿Conoces a alguien así? ¿Eres tú uno de ellos?

Reflexionemos sobre lo que nos dicen las Escrituras acerca del perdón de Dios en Cristo Jesús y aferrémonos a lo que nos dicen, a pesar de lo que a veces podamos sentir. Observa con qué amplitud describe Pablo la obra salvadora de Cristo en 2 Corintios 5:19: «Dios estaba en Cristo reconciliando al mundo con Él mismo, no tomando en cuenta a los hombres sus transgresiones». Observa cómo Pablo describe *quiénes* y *qué* están incluidos en la obra salvadora de Cristo. *Quiénes* es el mundo entero de pecadores, y el *qué* se describe simplemente como sus transgresiones. Las palabras de Pablo son categóricas y no prevén excepciones. Cristo perdona todas las transgresiones de todo el mundo de pecadores. No dice que a *algunos* se les perdonan las transgresiones, ni indica que solo se perdonan *algunas* transgresiones. Es tan simple como eso: todos los pecados de todos son perdonados a través del sacrificio expiatorio de Cristo Jesús. En Romanos 5, el apóstol expresa el mismo punto de otra manera, y este lenguaje puede ser aun más útil para los cristianos que pueden tener dudas acerca de la magnitud de su pecaminosidad. Pablo afirma: «Donde el pecado abundó, sobreabundó la gracia» (Ro 5:20). Los cristianos alarmados por sus pecados pueden consolarse con estas palabras del apóstol. Si ves que tus pecados abundan cada vez más debido al dedo acusador de la ley, ten la seguridad, por la Palabra de Dios, que la gracia abunda mucho más (Ro 5:20): pecados grandes, pecados pequeños, pecados infrecuentes, pecados habituales, todos los pecados; punto. Las riquezas de la gracia de Dios siempre sobrepasarán la magnitud de tus pecados.

Llevemos el asunto más lejos. Algunos cristianos sensibles pueden alarmarse ante la pregunta: *Sí, Jesús perdona todos mis pecados, pero ¿me he separado de su perdón por la forma en que estoy viviendo mi vida?* Quizás algunos recuerden al famoso actor George C. Scott, que ganó el Oscar al mejor actor por su interpretación del general George S. Patton en la película *Patton*, de 1970. Quizás sea menos recordado el hecho de que Scott rechazó el Oscar. Objetivamente, el Oscar existe y es suyo, pero Scott eligió vivir separado de él. Trágicamente, aunque todos son perdonados en Cristo Jesús, muchos no viven con ello a través de la fe. Los pecadores reciben y viven con el perdón de Cristo a través de una fe que es creada y sostenida por el poder del Espíritu Santo mediante el poder del evangelio (Ro 1:16; 10:17). ¿Puede la pecaminosidad de tu vida poner en riesgo tu fe en Cristo? Tal vez. Jesús advierte que la blasfemia contra el Espíritu Santo es imperdonable (Mt 12:31).

Formando y manteniendo un corazón arrepentido por la obra acusadora de su ley, Dios hace que nuestros corazones pecaminosos estén hambrientos y listos para recibir su perdón, así como para fortalecer nuestra fe una y otra vez a través del evangelio. Es por eso que necesitamos el ministerio de su ley así como el evangelio continuamente en nuestro caminar cristiano de fe. Hace que un corazón blando tenga hambre de su perdón sanador y restaurador.

Satanás, sin embargo, siempre trata de convertir el perdón de Cristo en una licencia para pecar, en lugar de en un remedio para el pecado (ver Ro 6:1-11). Cuando nuestros pecados no nos preocupan; cuando los pecados habituales ya no nos molestan; cuando ya no luchamos contra ellos; entonces, la ley de Dios pierde su filo, nuestros corazones se endurecen, y perdemos el apetito para alimentarnos del evangelio. Al no alimentarnos de la Palabra de perdón de Dios, la fe se debilita, el Espíritu Santo se entristece y corremos el riesgo de que nuestra confianza en el perdón de Cristo se apague por la indiferencia impenitente. En este sentido la Iglesia ha hablado del *pecado imperdonable*. Jesús nombra la «blasfemia contra el Espíritu Santo» como el pecado imperdonable (Mt 12:31-32). ¿En qué sentido es imperdonable este pecado contra el Espíritu Santo? El Espíritu Santo ha sido enviado para convencernos de pecado y de justicia (mediante la ley y el evangelio; Jn 16:8). Por la Palabra de Cristo, él obra la fe y la confesión de Cristo en los corazones de los pecadores (1 Co 12:3; Ro 10:17). Solo esa fe es salvadora en el sentido de que confía y abraza la reconciliación consumada de Dios y el perdón que Jesús llevó a cabo de una vez por todas en la cruz del Calvario. Blasfemar contra el Espíritu Santo es rechazar esta gracia y la obra de fe del Espíritu. Es *caer*, volver a la ausencia de fe. La incredulidad es el rechazo del sacrificio perfecto, crucificando a Cristo de nuevo, por así decirlo, *para perjuicio propio*, y *despreciándolo* (véase Heb 6:5-6; Mt 13:20-21).

Pero tú preguntas: *¿Estoy cometiendo el pecado imperdonable?* Es importante entender que el pecado imperdonable no es la ausencia de perdón, sino más bien, como George C. Scott y su Oscar, es el *rechazo* del perdón. No es imperdonable porque Cristo no murió por tal pecado; es imperdonable porque, por su incredulidad, el yo se separa de su perdón. Tal es la condición de todos los que han muerto sin fe en el perdón de Cristo y ahora están en el infierno. No es que fueran pecadores más grandes o más despreciables, es que se negaron a vivir con el perdón de Cristo por medio de la fe.

Pero quieres ir más allá, ¿verdad? Quieres saber si tus pecados persistentes, habituales y desagradables están destruyendo tu fe y, en última instancia, trabajando para contristar al Espíritu Santo y separarte del perdón de Cristo. En esta cuestión tan importante, puedes medirte de la siguiente manera. Si este tema te aburre, si no te importa el asunto de tus pecados y el perdón de Dios, si piensas que gozas de un excelente arreglo, pues amas mucho el pecado y Dios ama mucho perdonar... entonces, la respuesta es ¡sí! Probablemente estás en peligro de cometer el pecado imperdonable. Debes arrepentirte de tu indiferencia, de burlarte de Dios, y de tu petulancia; y luego necesitas alimentarte de su perdón, no simplemente darlo por hecho. Sin embargo, si estás alarmado por tus pecados y la amenaza de que ahoguen tu fe y tu apetito por el perdón de Cristo, no tienes por qué estarlo. Si anhelas tener y vivir con la gracia de nuestro Señor, ten la seguridad de que la tienes. Si deseas la misericordia de Dios mientras tus pecados te molestan —independientemente de la presencia continua de pecados persistentes—, ten la seguridad de que tu vida de fe es saludable, y tú, como san Pablo, puedes considerarte gloriosamente el primero de los pecadores. Si tus actitudes y preocupaciones están moldeadas por estas cosas, ten por seguro que no estás cometiendo el pecado imperdonable.

Vivimos por gracia, no por deshacernos de nuestros pecados. Aunque estamos llamados a aplastar, golpear y destrozar la vieja naturaleza pecaminosa que todos llevamos dentro, no nos libraremos de ese Viejo Adán hasta que entremos en la gloria. Lo que nos separa de la gracia de Dios en Cristo Jesús no es la presencia del pecado persistente, sino la ausencia de fe. *El perdón de Cristo salva porque cubre nuestros pecados, no porque los elimina.* Y permíteme animarte a aferrarte a la Palabra objetiva de perdón de Dios, como la recibes mediante la Santa Absolución, como te es presentada objetivamente en sermones y lecciones, y mediante el cuerpo y la sangre de Jesús en su santa Cena.

CAPÍTULO 6

La seguridad de la salvación

Bendita seguridad, Jesús es mío;
¡Oh, qué anticipo de la gloria divina!

Así han cantado animadamente los cristianos protestantes sobre su salvación desde que el himno fue escrito por Fanny Crosby y apareció en *Palmer's Guide to Holiness and Revival Miscellany* en 1873[1]. *Sí, pero ¿cómo sabes que Jesús es tuyo?*, pregunta el escéptico maleducado. No obstante, la cuestión de la seguridad de ser salvo no ha sido planteada únicamente por dichos escépticos. Cristianos de todas las tradiciones han planteado la cuestión y a menudo con angustia existencial: *¿Qué es eso de la bendita seguridad? ¿Cómo puedo saber que Jesús es mío?* Y quizás una pregunta aun más importante en lo que se refiere a la seguridad de tu salvación: *¿Cómo puedo saber que yo soy suyo?* ¿En qué deben apoyarse los cristianos para tener la certeza de que realmente pertenecen a Cristo y de que, a través de él, son herederos de una gloria final que es real? Cristianos de todas las comuniones han buscado consejo sobre estas preguntas especialmente cuando se encuentran en medio de algunas tribulaciones desafiantes o pruebas de guerra espiritual.

Es importante comprender que, según el evangelio apostólico, la seguridad de la salvación no se basa en nada que puedas experimentar o realizar en el ámbito subjetivo de tu corazón. La seguridad de la salvación se basa en la verdad objetiva de la Buena Nueva y no en un solo elemento. El evangelio tiene múltiples facetas y, desde el punto de vista fundacional, no hay seguridad de la salvación a menos que todas ellas sean verdaderas. No hay esperanza en el pensamiento religioso ilusorio,

---

1. En español, este himno se conoce como «En Jesucristo» (N. del T.).

ni en las experiencias espirituales prescritas que solo conmueven o estimulan el corazón, pero no cumplen el requisito de la verdad sólida. Reflejando esta distinción, el apóstol Pedro declaró: *Cuando les dimos a conocer el poder y la venida de nuestro Señor Jesucristo, no seguimos fábulas ingeniosamente inventadas, sino que fuimos testigos oculares de Su majestad* (2P 1:16). El testimonio apostólico ancla nuestra seguridad en un Dios misericordioso sobre la base de que todas las promesas del evangelio están ancladas en la verdad objetiva, una verdad sólida.

Seguridad basada en la verdad sólida

Hace poco apareció un dibujo humorístico genial en el *Wall Street Journal*. Un hombre es representado en el infierno, frente a un diablo sonriente, y pensando desconcertado: *¿Cómo es posible que me encuentre aquí? Yo no creía nada de esto*. La gran sorpresa para este hombre que aún no logra convencerse es que *la verdad es sólida*. Lo real y verdadero no se ve afectado en absoluto por lo que podamos creer o dejar de creer. La representación humorística sobre la dureza de la verdad en aquel dibujo no es particularmente un mensaje sobre quién va a ir al infierno. Más bien se burla del sentimiento predominante hoy en día de que nuestras propias inclinaciones personales sobre lo que es verdadero o bueno son válidas y viables simplemente porque las creemos. Oímos decir: *Estas cosas son ciertas para mí, así que tienes que respetarlas simplemente porque yo las creo*. Podríamos llamar a esto *verdad blanda*: creer que las cosas son verdaderas simplemente porque creemos en ellas.

Abrazar la vida con interpretaciones blandas de la verdad no se ha limitado simplemente a quienes no creen en el infierno y el diablo. Los cristianos han sido a veces susceptibles de pensar que las verdades del evangelio no se fundamentan más que en la presencia y la fuerza de su fe en ellas. Tal vez hayas oído expresiones que reflejan esta noción: *Sé que Jesús ha resucitado de entre los muertos porque confío en que lo estoy experimentando aquí en mi corazón*. En los círculos religiosos, una comprensión de la verdad como algo blando se denomina a veces *fideísmo*: tener fe en la fe. Hace algunos años, fue John Montgomery quien advirtió a los cristianos contra el fideísmo, afirmando que la fe no valida ni el cristianismo ni las afirmaciones del ateísmo[2]. Una fe bíblica está en tensión con la condición caída del mundo, pero no está en tensión con la verdad

---

2. Véase el análisis de John Montgomery en «Is Man His Own God», en *The Suicide of Christian Theology* (Minneapolis: Bethany Fellowship, 1970), pp. 99, 260-263.

dura. La verdad dura es la verdad objetiva. Es la verdad que no depende en ningún sentido de que alguien la crea. Los apóstoles y evangelistas del Nuevo Testamento exhortaron a confiar en la obra salvadora de Cristo porque se basa en la verdad sólida. Exhortaron a la fe en el perdón de Dios no simplemente porque los pecadores lo necesitan, sino porque está anclado en la verdad objetiva de la obra salvadora de Cristo. Consideremos algunos aspectos importantes del evangelio que apoyan lo que afirmaron.

Jesús ministró a Juan el Bautista (o quizá a sus discípulos) con la verdad sólida sobre su propia identidad como el Cristo cuando sus discípulos le hicieron la pregunta: *¿Eres Tú el que ha de venir, o esperaremos a otro?* (Mt 11:3). Esta es la pregunta central de la fe cristiana. ¿Quién es Jesús de Nazaret? Observa lo que Jesús *no* respondió. No dio instrucciones a los discípulos para que le dijeran a Juan que orara por el asunto y le pidiera al Espíritu Santo seguridad sobre su identidad mesiánica. Volviéndose a los discípulos, les dijo: *Vayan y cuenten a Juan lo que oyen y ven: los ciegos reciben la vista y los cojos andan, los leprosos quedan limpios, los sordos oyen, los muertos son resucitados y a los pobres se les anuncia el evangelio* (Mt 11:4-5). Jesús utilizó lo que hacía durante un día de ministerio para evidenciar la verdad sólida sobre su verdadera identidad mesiánica y apuntalar los compromisos de fe vacilantes; los de ellos, los de Juan o los nuestros.

La base de la predicación apostólica de Jesús fue este testimonio: *De esto somos testigos* (Hch 2:32; 2 P 1:16). La fe y lo que se decía de Dios en el ministerio de Cristo y sus apóstoles se basaban en pruebas objetivas referidas a la verdad sólida. Cuando reflexionamos sobre la auténtica fe cristiana, el corazón confía en la verdad sólida de lo que la mente ha llegado a conocer. Como Edward John Carnell describió una comprensión bíblica: *La fe es el elemento subjetivo en la creencia con base* donde el corazón *descansa en la suficiencia de las evidencias*[3].

Juan construyó su evangelio en torno a siete milagros de Jesús, coronándolos con su aparición resucitada al escéptico Tomás. A continuación, expuso su propósito al lector: *Y muchas otras señales hizo también Jesús en presencia de Sus discípulos, que no están escritas en este libro; pero estas se han escrito para que ustedes crean que Jesús es el Cristo, el Hijo de Dios; y para que al creer, tengan vida en Su nombre* (Jn 20:30-31).

La Iglesia apostólica proclamó los poderosos actos de Dios a través de Jesús como una verdad sólida que fundamenta nuestra confianza en que Dios es misericordioso con nosotros a través de su obra salvadora. De

---

3. Edward John Carnell, *The Case for Orthodox Theology* (Philadelphia: Westminster, 1959), p. 31.

hecho, Juan ofreció el testimonio del contacto multisensorial con las obras de Jesús para asegurarnos la verdad sólida de que él es la Palabra de vida en la que tenemos vida. *Lo que existía desde el principio, lo que hemos oído, lo que hemos visto con nuestros propios ojos, lo que hemos contemplado y lo que han tocado nuestras manos, esto escribimos acerca del Verbo de vida. Y la vida se manifestó. Nosotros la hemos visto, y damos testimonio y les anunciamos a ustedes la vida eterna que estaba con el Padre y se manifestó a nosotros. Lo que hemos visto y oído les proclamamos también a ustedes* (1 Jn 1:1-3).

Sobre la verdad sólida, funciona en ambos sentidos. Como declaró el apóstol Pablo: *Y si Cristo no ha resucitado, la fe de ustedes es falsa; todavía están en sus pecados* (1 Co 15:17). Si esto no es una verdad sólida, significa que nosotros tampoco resucitaremos de entre los muertos. De ser así, el consejo de Pablo para los creyentes era «comamos y bebamos, que mañana moriremos» (v. 32). Sin embargo, este no es el caso. Nuestra fe y nuestro hablar de Dios se basan en el testimonio multisensorial y corroborado de las mujeres, los apóstoles y más de quinientos testigos. Su testimonio proporciona una evidencia abrumadora de la verdad sólida de que Jesús *resucitó* de entre los muertos, y por lo tanto nosotros también lo haremos (1 Co 15:3-8, 20-22).

La otra verdad sólida es que existe el infierno, las almas en prisión y el diablo. Sin embargo, habiendo pruebas convincentes de que Jesús venció al pecado, a la muerte y al diablo con su muerte expiatoria y su gloriosa resurrección, podemos confiar en que, con su victoria, no tendremos que acabar como el desventurado personaje del dibujo humorístico. Después de derrotar a todos los poderes de las tinieblas, Jesús dio una vuelta olímpica en el infierno (1 P 3:19), y nosotros, antiguos ciudadanos de esa región inferior, nos hemos convertido en ciudadanos permanentes del Reino de Dios. El diablo no está en estos detalles. Se basan en la verdad salvadora, que es sólida.

Seguridad basada en la cruz

Cuando todo el trabajo está hecho, cuando se logra lo que debe lograrse, cuando todo está terminado, es el momento de descansar. Cuando Jesús pronunció su «sexta palabra» en la cruz, *Consumado es,* ¡así fue! Por lo tanto, pronunció su última palabra: «Padre, en tus manos encomiendo mi espíritu» (Lc 23:46). La lógica de estas palabras juntas es que, cuando todas las cosas para la expiación de nuestro pecado fueron cumplidas, fue tiempo de descansar. Ese es el significado de las últimas palabras de nuestro Señor en la cruz. Habiendo completado su obra de redención, hace lo mismo que hizo en la creación (Gn 2:3; Jn 1:3); se toma un descanso.

Debemos recordar que Jesús fue a la cruz como el *Siervo sufriente* dispuesto y humilde (Fil 2:2-8). Cuando fue arrestado en el huerto, les dijo a sus discípulos que los ángeles se retirarían (Mt 26:53). A partir de aquí seguiría solo. Solemos pensar que, cuantos más seamos —especialmente cuando nos enfrentamos a una oposición desalentadora—, más posibilidades tendremos de mantenernos firmes y resistir. Pensamos que, si nuestro bando termina con un solo hombre en pie, nuestra causa está perdida. Y si ese último muere, todo se convertirá en un amargo recuerdo de grandes intenciones, pero de esperanzas frustradas. No fue así con la pasión de nuestro Señor. A donde fue, fue solo. Sin embargo, a donde fue, no fue solamente como el *Siervo sufriente*, sino también como nuestro Defensor.

Como *Segundo Adán*, Jesús se enfrentó a los poderes del pecado, la muerte y el *Espíritu Profano*. En la cruz los derrotó a todos sin más armas que los clavos y la sangre. Cuando se trata de paladines bíblicos, a menudo pensamos en el enfrentamiento de David con Goliat y otros similares. Después de hablar, llega el momento del conflicto. Y siempre pensamos que si, nuestro hombre muere, perdemos. No fue así con nuestro Señor Jesús. No ganamos cuando estuvo de pie, sino en su muerte. Los poderes de las tinieblas fueron derrotados por su muerte, y por *esa* muerte, obtuvimos la vida. Con las últimas palabras de nuestro Señor en la cruz, todo estaba hecho, y era hora de un descanso sabático.

Padre, en tus manos encomiendo mi Espíritu. Y así como el Hijo encomendó su espíritu al Padre, encomienda también el nuestro. Descansamos. El cadáver de nuestro Señor fue bajado de la cruz y depositado en el sepulcro donado por José de Arimatea (Mt 27: 57-60). ¡Qué apropiado! El día de reposo sabático estaba a punto de comenzar (Lc 23:54) y el cuerpo de Jesús fue depositado en la tierra y puesto a descansar. La tierra es el lugar designado para descansar de la muerte por el pecado (Gn 3:19). Con su cuerpo, el cuerpo de nuestros pecados también fue puesto a descansar en esa tumba oscura y fría. Como nos ha enseñado el apóstol, nuestro viejo Adán fue crucificado y sepultado con él en nuestro bautismo y, por tanto, podemos considerarnos muertos al pecado de forma permanente (Ro 6:3-4, 11). Él murió de una vez para siempre. Así que con esta verdad sólida puedes descansar, totalmente libre de la pena de tus pecados para siempre.

El Viernes Santo, nuestro yo pecaminoso y todos nuestros pecados descansaron con Jesús en su tumba. Nuestras transgresiones fueron completamente expiadas. Nuestra esclavitud a la ley ha sido superada. Dios se ha reconciliado completamente con nosotros, tal como somos. Descansamos en estas asombrosas realidades pues, a través de nuestro bautismo, hemos sido unidos a Jesús crucificado, muerto y sepultado. Debemos entender que para Jesús, sin embargo, esta solo fue una breve siesta. No estaría mucho tiempo en esa tumba. Muy poco después, proclamó todo esto al diablo y a todas las almas en prisión (1 P 3:18-19). Pero nuestro viejo yo pecaminoso y nuestros pecados permanecerán enterrados en su tumba para siempre. Están acabados, y podemos estar seguros de ello.

Seguridad basada en la tumba vacía

Job no fue ajeno a la vida de cruz. Por una apuesta, Dios permitió que Satanás hiciera lo que quisiera con Job. Podía hacerle cualquier cosa menos matarlo. Así que actuó. Satanás convirtió su riqueza en pobreza, su buen nombre en escarnio, acabó con la vida de sus hijos y le infligió todo tipo de enfermedades y sufrimientos físicos. La mujer de Job le dijo que maldijera a Dios y muriera. Sus amigos intentaron persuadirlo de que sus aflicciones eran el resultado del castigo de Dios por sus pecados. Job no lo aceptó. Aunque nunca se le habló de la apuesta, ancló su esperanza en Dios, su Redentor. Se obstinó en creer que un día, tal vez incluso después de haber partido de esta vida, resucitaría en carne y lo contemplaría cara a cara. Su sufrimiento e incluso su muerte no tendrían la última palabra. Job sabía que su Redentor vive (Job 19:25).

Cientos de años más tarde, contemplamos otro espectáculo de alguien que fue entregado a Satanás para una vida de cruz, pero también para una muerte de cruz. Dios hizo con Satanás otra apuesta que estaba decidido a ganar.

Sin embargo, esta vez no habría restricciones. Jesús podía ser asesinado, y lo fue. Se trataba de que fuera el Salvador y ocupara nuestro lugar. Estamos enfermos de pecado, muertos en nuestros delitos. Lo que necesitamos no es control, sino vida. Y eso es precisamente lo que los aspirantes a salvadores deben proporcionar, siempre que primero la obtengan para sí mismos. Job llevó su cruz y finalmente murió. Jesús llevó su cruz y también murió. ¿Se acaba allí el paralelo con Job?

Entre la esperanza de Job y la cruz de nuestro Señor, nuestra felicidad perpetua pende de un hilo. Se lo llamó Jesús porque nos salvaría de nuestros pecados[4]. Su muerte en la cruz sería el pago por nuestros pecados.

---

4. El nombre Jesús significa *el Señor es salvación*.

Pero ¿cómo podemos estar seguros de que esto es verdad? Él dijo *Consumado es*, pero ¿fue realmente así? ¿Cómo podemos saber que la fe de Job no fue simplemente el deseo piadoso de una pobre alma equivocada y sufriente? Necesitamos más que una fe piadosa en la fe. Necesitamos más que una esperanza ciega. Necesitamos la seguridad que viene de la verdad sólida. Esta es la conclusión sobre nuestra redención del pecado, la muerte y los poderes del mal. Si la tumba de Jesús no está vacía, entonces las promesas de la cruz lo están. Si la resurrección de Jesús no es un hecho, entonces nuestra «felicidad para siempre» es una ficción.

Ha sido costumbre de la Iglesia reunirse en la mañana de Pascua y correr con Pedro y Juan hasta el sepulcro de Jesús al oír a las mujeres informar que el sepulcro está vacío. Y aunque la proclamación de la Iglesia siempre se hace alegramente eco de este informe de las mujeres, reflexionemos sobre su total exactitud. ¿Debemos considerar que la tumba de Jesús está completamente vacía, o solo *algo* vacía? Podría parecer que tal pregunta cercena el gran mensaje pascual de la gloriosa resurrección de nuestro Señor, pero no es así. Simplemente estamos sugiriendo reflexionar con más detenimiento sobre la tumba de Jesús.

A nivel sensorial, el testimonio apostólico indica que, aunque el cuerpo de Jesús ya no estaba en el sepulcro, los lienzos de la sepultura y el sudario que le cubría la cabeza estaban bien doblados (Jn 20:5-7). Permanecieron en la tumba. Lo importante fue que el cuerpo de Jesús ya no estaba envuelto en ellos. La verdad sólida de la Pascua es que, cuando vas a la tumba de Jesús, tienes la bendita seguridad de que aquello que no ves es lo que recibes. Este es el único lugar donde la ausencia real del verdadero cuerpo de Cristo se afirma gozosamente como una Gran Noticia. *Consumado es*, en la cruz, queda demostrado por Aquel que ya no está. Es el espacio negativo que captura la bendita seguridad y la gran alegría de la Pascua.

Pero ¡no tan rápido con la tumba completamente vacía! Tenemos que considerar lo que el apóstol Pablo declara sobre nuestra unión bautismal con el Cristo crucificado. En segundo lugar, debemos recordar que, cuando consideramos la tumba de Jesús después de su partida, la victoria pascual proclama dimensiones del *ahora* y el *todavía-no* que deben tenerse en cuenta.

Es cierto que este no es nuestro enfoque central cuando cantamos «*Jesucristo ha resucitado hoy*», pero es importante para entender cómo y cuándo recibimos los dones salvíficos de la muerte y la resurrección de nuestro Señor. En Romanos 6, Pablo nos informa que, por el agua y por la Palabra, el bautismo une a los pecadores al Cristo crucificado. Allí, en su muerte, él toma todos nuestros pecados y nos da toda su justicia mientras se nos sepulta con él.

> ¿O no saben ustedes que todos los que hemos sido bautizados en Cristo Jesús, hemos sido bautizados en Su muerte? Por tanto, *hemos sido sepultados con Él* por medio del bautismo para muerte [...]. Porque si hemos sido unidos a Cristo en la semejanza de Su muerte, ciertamente lo seremos también en la semejanza de Su resurrección (Ro 6:3-5; énfasis mío).

Reflexiona sobre lo que esto significa. Todos los pecadores bautizados a través de los siglos están unidos al Cristo crucificado, y muertos al pecado, ¡pero aún se encuentran dentro de su tumba! Es un lugar muy concurrido, ¿verdad? Por tanto, la pregunta existencial sobre la Pascua es la siguiente: ¿Es válida la promesa final del apóstol a los cristianos bautizados? ¿Llegamos, los bautizados —crucificados, sepultados con él y muertos al pecado—, a vivir también? (Ro 6:5) La pregunta no es si podemos morir al pecado con Jesús y descansar en su tumba. La pregunta es: ¿Podemos salir?

La cultura actual quiere proponer la estúpida idea de que el ciclo natural de la muerte a la nueva vida nos da una buena noticia respecto de *nuestro* problema de la muerte. ¡Qué tontería! Cuando Adán y Eva fueron expulsados del huerto, la tierra no descansó; fue maldecida. Tal como el cuerpo de Adán provino de la tierra que pisaba, luego volvió a ella. La paga del pecado es la muerte, no el reciclaje. Lo muerto permanece muerto. Las mujeres vinieron a la tumba de Jesús para ungir un cuerpo muerto por respeto al Jesús difunto, no para preparar algún ciclo de retorno. Vinieron buscando a un Jesús muerto. No hay una primavera cíclica para los humanos pecadores bajo maldición. Aun el agricultor menos religioso de hoy conoce la diferencia entre un campo que se deja descansar y un cementerio. El maíz tiene ciclos, los humanos no. A causa del pecado, hay muerte. Y a causa de la muerte, hay cementerios. Y puesto que hay cementerios, hay seres queridos que los visitan para presentar sus respetos y llorar a los que están muertos y enterrados.

Esto nos remite a las tumbas. Como bautizados, recibimos y apostamos por nuestra felicidad perpetua basados en la victoria pascual, por la fe. De nuevo, haciéndonos eco de las palabras de Pablo: *Pero ahora Cristo ha resucitado de entre los muertos, primicias de los que durmieron* (1 Co 15:20). Este elemento de espacio negativo de la tumba de Jesús hace toda la diferencia en lo que concierne a los cementerios y a quienes están enterrados allí. Según Romanos 6:5, «Porque si hemos sido unidos a Cristo en la semejanza de Su muerte, ciertamente lo seremos también en la semejanza de Su resurrección». La resurrección de Cristo garantiza la nuestra. ¡Podemos salir! Con respecto a esta promesa, las únicas opciones son vivir por fe en este todavía-no, o vivir con un jamás. Por ahora, la victoria sobre la tumba es para Jesús; para los bautizados que ahora viven en su tumba, aún no lo es, y para el resto, no lo es en absoluto. No se recicla a nadie.

Habiendo muerto al pecado y sido sepultados con Cristo, por ahora permanecemos en su tumba. *¡Jesucristo ha resucitado hoy!* Pero como viejos santos pecadores, seguimos acurrucados en el espacio oscuro. A la luz de lo que nosotros y nuestro prójimo vemos mientras estamos allí —nuestras debilidades, nuestros hábitos pecaminosos, nuestras fragilidades y todas nuestras imperfecciones—, todavía vivimos sepultados en la tumba con su justicia —donde su victoria sobre el sepulcro anticipa la nuestra—. Sobre todo esto, nosotros, la Iglesia de Cristo, podemos apostar. Podemos hacerlo de manera muy segura; porque he aquí la tumba algo vacía de Jesús.

Sí, al igual que Jesús en su camino a la cruz, no somos gran cosa. Podemos mirarnos en el espejo y decirnos a nosotros mismos: *¡No hay mucha gloria que contemplar aquí!* Pero en el Cristo crucificado y resucitado tenemos la seguridad de que *hemos* recibido su gloria. Ya somos santos justos, nuevamente creados a la imagen de Cristo. Sin embargo, nadie puede ver todavía nuestras aureolas. Estamos perdonados y envueltos en el manto de la justicia, pero nos mostramos a los demás (y a nosotros mismos, en el espejo de la ley de Dios) con todos nuestros defectos, imperfecciones y debilidades; y muchos de ellos son evidentes. Sí, vestimos las ropas del Rey, pero ¡son tan transparentes! A veces nos preguntamos: *Dios mío, ¿es real este manto de justicia?* Nuestra pobreza y nuestra desnudez pecaminosa pueden poner a prueba nuestra fe, y a veces podemos tener dudas. Tenemos la promesa de que llegará el Día Mejor, cuando todas nuestras imperfecciones pasarán. Pero la pregunta es: ¿Logras verlo desde aquí?

Nos gustaría tener tan solo un atisbo de la *Historia de la gloria*. Queremos estar seguros, basados en la verdad sólida, de que esto no es simplemente un castillo en el aire. Cuando necesites seguridad, ve y contempla detenidamente el espacio vacío de la tumba de Jesús. Escucha el desfile de testigos y apariciones del Cristo resucitado. Tal como él pasó de la muerte a la vida, aquí tienes el anticipo y la garantía de que tú también resucitarás a una vida nueva. La vida de cruz fue transitoria para Jesús, y es transitoria para nosotros. Cuando mueres al pecado, resucitas a Dios, resucitas a la justicia, y resucitas a una esperanza segura en el Nuevo

Día venidero en que todo pecado y sufrimiento llegarán a su fin. Cristo ha tenido a bien resucitar, y por lo tanto, tú también lo harás. Todos los otros salvadores están muertos, pero Jesús vive.

Dios Padre apostó por Job y ganó. La alegría de la tumba vacía es que él también apostó por Jesús, y todos hemos ganado. ¡Nosotros también sabemos que nuestro Redentor vive! Esa es nuestra seguridad. Su resurrección es el *avance cinematográfico* que ya se ha proyectado en la gran pantalla de la historia humana; nuestra resurrección es la *película principal* que se avecina. Ataviados con el manto de la justicia, somos la santa, inocente e inmaculada esposa de Cristo que espera que él regrese para llevarnos a casa. Cuando la Iglesia de Cristo tenga su Pascua, todos saldremos y gritaremos: ¡*Hemos resucitado!* Y nuestro Señor nos responderá, gritando con una gran sonrisa: ¡*En verdad ustedes han resucitado!*

Seguridad sin duda alguna

Las narraciones del evangelio que relatan la gloriosa resurrección de nuestro Señor están acentuadas con varias instancias de un escepticismo creíble. Ni por un momento alguien anticipó un rebuscado milagro de último minuto. Las mujeres fueron al sepulcro para ungir el cadáver de un amigo querido. Al descubrir que el sepulcro estaba vacío, María Magdalena informó confiadamente a Pedro y a los demás discípulos que alguien había robado el cuerpo. De regreso en el sepulcro, repitió con lágrimas en los ojos su razonable conclusión a un par de ángeles sentados en el interior. Luego, pensando que Cristo resucitado era el jardinero y el posible culpable, le suplicó que devolviera el cuerpo (Jn 20:1-2, 11-15). No debemos considerar insólitas las reacciones y conclusiones de María. Aun antes de la era de la ciencia moderna, los judíos del siglo I estaban seguros de que los muertos permanecían muertos. Cuando Jesús se apareció a sus discípulos en el aposento alto, pensaron que estaban viendo un fantasma. Lucas relata que, aun después de mostrarles las huellas de los clavos en sus manos y pies, «no lo creían a causa de la alegría» (Lc 24:40-41).

El relato que Juan hace de esta aparición de Jesús a sus discípulos señala que Tomás no estaba con ellos y que, tras oír lo que testificaban, seguía sin estar convencido. Para muchas generaciones de cristianos, Tomás ha sido conocido como un escéptico de la resurrección. Al invitarlo a ver y tocar las huellas de los clavos y la lanza en su segunda aparición a sus discípulos en el aposento alto, Jesús lo exhorta: *No seas incrédulo, sino creyente* (Jn 20:27). De ahí que se lo haya conocido popularmente como «Tomás el dudoso». Para muchos en nuestro tiempo, esto implica que, en ese momento, Tomás pensaba que la resurrección podía haber o no haber sucedido. No estaba seguro.

Sin embargo, como se señala en el capítulo 6, Tomás fue sin duda un escéptico, y un escéptico que no tenía dudas. No albergaba simplemente reservas sobre los informes de la resurrección; se negaba rotundamente a creer que Jesús hubiera resucitado de la tumba, a pesar del testimonio ocular corroborado por diez de sus mejores amigos. Traducciones como *deja de dudar y cree* (Jn 20:27 PDT) son defectuosas. Una versión más exacta de las palabras de Jesús en griego sería «no reniegues, sino cree». Tomás pasó de la incredulidad a la fe a través de su encuentro con el Cristo resucitado. En ambos casos —antes y después de examinar a Cristo resucitado— no tuvo ninguna duda.

Jesús dijo a Tomás: «¿Porque me has visto has creído? Dichosos los que no vieron, y sin embargo creyeron» (Jn 20:29). Algunos cristianos han interpretado sus palabras como un menosprecio a Tomás por insistir en alguna prueba objetiva para fundamentar su fe, ensalzando a los que creen sin ninguna prueba. Se trata de una interpretación errónea que ignora el énfasis del Nuevo Testamento en la importancia del testimonio de los testigos oculares. Tomás debe ser entendido como un escéptico, sin duda alguna. Tenía la ventaja de la abrumadora evidencia de que Cristo había resucitado de entre los muertos, basada en el testimonio ocular corroborado de sus amigos más cercanos (Jn 20:25). Pese a esta sólida evidencia, no quería creer. Las palabras que nuestro Señor le dirigió deben interpretarse en el sentido de que la bendita seguridad llega a quienes basan su compromiso de fe en la suficiencia del testimonio de los testigos oculares[5].

Mientras los hechos no estén justificados por pruebas suficientes, siempre hay lugar para un sano escepticismo. Pero un escéptico de la resurrección como Tomás no reniega basándose en el peso de las pruebas, sino a pesar de ellas. En su primer encuentro en el aposento alto, Jesús dijo a sus discípulos (que pronto serían apóstoles) que su aparición personal era para capacitarlos para ser sus testigos (Lc 24:46-48). Su aparición a Tomás fue por la misma razón. El testimonio apostólico de primera mano permite que nuestra certeza de Cristo resucitado descanse sobre pruebas muy suficientes. Los apóstoles comprendieron la importancia del carácter ocular de su testimonio para la proclamación de Cristo. En Pentecostés, Pedro declaró: *A este Jesús resucitó Dios, de lo cual todos nosotros somos testigos* (Hch 2:32).

---

5. Para una mayor explicación y discusión de este texto y la importancia del testimonio de los testigos oculares apostólicos para fundamentar la facticidad de la resurrección de Cristo, véase mi *You Can Give an Answer: A Study in Christian Apologetics* (Irvine, CA: 1517 Publishing, 2018), pp. 12ss.

Los escritores del Nuevo Testamento nos proporcionan un sólido fundamento objetivo para anclar nuestro conocimiento y confianza en el Señor resucitado. Por lo tanto, también nosotros podemos decir con seguridad que ha resucitado *¡sin ninguna duda!*

Seguridad basada en la inclusión

Quizás en tus momentos más oscuros, en los que no te sientes muy justo o cercano a Dios, has albergado algunas dudas sobre tu inclusión en el plan de salvación de Dios. ¿Estoy realmente incluido en el testimonio de Juan de que Dios amó tanto al *mundo* que dio a su Hijo unigénito? (Jn 3:16). ¿Estoy realmente incluido en la declaración del apóstol Pablo de que «Dios estaba en Cristo reconciliando al mundo con Él mismo, no tomando en cuenta a los hombres sus transgresiones?» (2 Co 5:19). ¿Podría haber algo en mí, o en Dios, que me excluyera de la obra salvadora de Cristo en la cruz?

Algunos cristianos han pensado que podría ser así. No creen que Jesús expió los pecados de todos. Por lo tanto, es teóricamente posible que Jesús no haya muerto por mí, o por ti. Esta posibilidad se basa en una interpretación de que la palabra *mundo*, en los dos pasajes del Nuevo Testamento arriba mencionados, debe entenderse como el número completo de aquellos que Dios ha escogido salvar[6]. En otras palabras, Jesús no sufrió ni murió por aquellos que finalmente se pierden. Esta conclusión se basa, en parte, en el pensamiento de que sería indigno de Dios haber enviado a su Hijo para expiar los pecados de aquellos que acabarían en el infierno. Por lo tanto, Jesús solo expió los pecados de algunos pecadores; aquellos que Dios eligió salvar. A la luz de esta comprensión, la pregunta *¿Estoy realmente incluido?* puede ser muy preocupante.

Como observamos en nuestra discusión anterior sobre la expiación en el capítulo 4, si Jesús murió solamente por algunos pecadores, el evangelio se convierte en un mensaje incierto para todos. Convierte cada palabra del evangelio en un mensaje provisional: Dios *puede* haber perdonado tus pecados, porque *puede* haber enviado a Jesús a morir por tus pecados, porque *puede* haber elegido salvarte. Esta visión limitada de la expiación de Cristo elimina la confianza en el perdón de los pecados no solo para algunos, sino para cada individuo pecador. Hace que la pregunta sobre la expiación y el perdón de Cristo —*¿Estoy realmente incluido?*— sea una pregunta relevante para todos los pecadores.

---

6. Para una presentación bastante completa del punto de vista reformado, véase Wayne Gruden, *Systematic Theology* (Grand Rapids: Zondervan, 2000), pp. 594-600.

Si Jesús solo murió por los pecados de aquellos que Dios eligió salvar, quizá eso te incluya a ti; pero también puede que no. Dada esta interpretación calvinista clásica de la cruz de Cristo, en los primeros tiempos de la historia reformada norteamericana era popular anclar una búsqueda existencial de la seguridad bienaventurada en la convicción de que Dios cuida de sus elegidos en esta vida. Les concede bendiciones eternas y temporales que, en palabras de Crosby, pueden ser tomadas por el pecador como *un anticipo de la gloria divina*. Así, lo que Max Weber acuñó como la *ética laboral protestante* motivó a muchos dentro de esta tradición a llevar una vida de trabajo duro, disciplina y frugalidad a fin de obrar su salvación con temor y temblor y con el deseo de adquirir la bendita seguridad de un futuro de gloria divina. Sin embargo, algunos son muy pobres, y otros han sufrido trágicos acontecimientos en su vida. ¿Cuál es tu caso?

Si permitimos que Dios interprete su propia Palabra, ¿cómo debemos entender el *mundo* en Juan 3:16 y 2 Corintios 5:19?[7] ¿Puedo saber si estoy realmente incluido? ¿Significa el término *mundo* que solo algunos tienen sus pecados perdonados, o debe entenderse que incluye a todos los pecadores, entre ellos tú? Observa cómo describe el escritor de Hebreos a los incluidos en la expiación de Cristo[8]. Cristo entró *al Lugar Santísimo una vez para siempre*, [...] *por medio de Su propia sangre, obteniendo redención eterna* (Heb 9:12). «Y ahora, al final de los tiempos, se ha presentado una sola vez y para siempre a fin de acabar con el pecado mediante el sacrificio de sí mismo» (Heb 9:26 NVI). Describió esta redención como realizada mediante *la ofrenda del cuerpo de Jesucristo ofrecida una vez para siempre* (Heb 10:10). A partir de estos pasajes, todos los pecadores pueden entender con confianza que la palabra *mundo* significa *todos*. Dios amó tanto a todos que, por medio de su Hijo unigénito, reconcilió a todos consigo mismo, no tomando en cuenta a nadie sus pecados. ¡Eso nos incluye a ti y a mí!

Dios ha adquirido para todos la perfecta justicia y aceptabilidad en la expiación universal de Cristo. Esto significa que la declaración de perdón y reconciliación presentada por Pablo en 2 Corintios 5:19 existe ya en el presente debido a la obra salvadora de Dios en Cristo en el pasado. El

---

7. Porque de tal manera amó Dios al mundo, que dio a Su Hijo unigénito, para que todo aquel que cree en Él, no se pierda, sino que tenga vida eterna (Jn 3:16). Y todo esto procede de Dios, quien nos reconcilió con Él mismo por medio de Cristo, y nos dio el ministerio de la reconciliación; es decir, que Dios estaba en Cristo reconciliando al mundo con Él mismo, no tomando en cuenta a los hombres sus transgresiones, y nos ha encomendado a nosotros la palabra de la reconciliación (2 Co 5:18-19).
8. N. del T.: En el resto de este párrafo, el autor basa su argumento en *una traducción inglesa* de la Biblia. Allí, él entiende la frase «once for all» (que las biblias españolas suelen traducir como «una vez para siempre» o «una vez por todas») como «una vez por *todos*».

perdón de los pecados significa lo mismo que la declaración de justicia o inocencia. Dios ya se ha reconciliado con un mundo de pecadores de una vez por todas, y eso implica a todos, incluidos tú y yo. Todos y cada uno, sin importar cuán miserables puedan pensar que son, pueden mirar a la cruz de Cristo y estar seguros de que tienen el perdón total de sus pecados y el completo favor de Dios ahora y para siempre.

Seguridad basada en buenas respuestas a buenas preguntas

Una buena pregunta tiene al menos una respuesta que puede ser cierta. Una mala pregunta no tiene ninguna respuesta que pueda ser cierta. Imagina que a un marido cariñoso le preguntaran: ¿Cuándo dejaste de golpear a tu mujer? Esa es una mala pregunta. Cualquier respuesta conlleva la suposición condenatoria de que este marido es culpable de maltratar a su mujer. Puesto que la suposición es falsa, no hay respuesta posible a la pregunta. Ninguna respuesta puede reflejar la verdad de cómo este marido trata amorosamente a su esposa. Mientras que el carácter incontestable de esta pregunta es fácil de detectar, hay una pregunta igualmente incontestable, relacionada con el resultado de salvarse o no, que a menudo es planteada por los cristianos e incluso por algunos teólogos. *¿Por qué algunos se salvan y otros se pierden?* Aunque pueda parecer una buena pregunta, no lo es. Examinémosla más de cerca con el uso de otro ejemplo ilustrativo.

Juan ama a Marisa y está decidido a conquistar su corazón[9]. Sin embargo, todas sus insinuaciones y esfuerzos por cortejarla resultan infructuosos. Marisa rechaza todo su afecto y todos sus regalos. Cuanto más él se acerca, más se eriza la piel de ella. Sin embargo, en una ocasión, Juan vino a visitarla cuando Marisa no estaba en casa pero sí estaba su compañera de apartamento llamada María. Al abrir la puerta, María le echó un vistazo a Juan y se enamoró perdidamente de él. Juan y María se hicieron muy amigos y se desarrolló una maravillosa relación de amor. Por la noche, María y Marisa solían cenar juntas y su conversación giraba invariablemente en torno a Juan. Marisa explicaba que nunca había podido aceptar a Juan y que rechazaba todas sus insinuaciones. Todas sus explicaciones empezaban en *primera persona*. No soporto verlo. Jamás podría tenerlo en mi vida. No quiero tener nada que ver con él —yo, yo, yo—. Las explicaciones de María sobre su amor por Juan siempre empezaban con la palabra *Juan*. Juan me conquistó. Juan se robó mi corazón: Juan, Juan, Juan.

---

9. No son los mismos Juan y Marisa del ejemplo en el capítulo 5.

¿Por qué Juan y María son una pareja de enamorados, pero Juan y Marisa no? Esta es una mala pregunta. Supone erróneamente que una sola razón puede explicar la relación de María y Marisa con Juan. Sin embargo, si preguntamos: *¿Cómo es que María tiene una relación amorosa con Juan, pero Marisa no?*, esta es una buena pregunta, y la explicación que cada mujer le dio a la otra proporciona las respuestas. Observa que sus palabras describen causas, no una razón abstracta. Marisa explicó que ella es la causa de que no tenga una relación con Juan. No quiere tener nada que ver con él y lo dice. Por el contrario, María atribuye a Juan el haber cautivado su corazón, alimentando un amor correspondido. Ambas mujeres dicen la verdad.

Con esta perspectiva, volvamos a nuestra pregunta: *¿Por qué algunos se salvan y otros no?* Notemos que en esta pregunta está implícita la misma suposición que en la anterior. Ambas asumen que una sola razón puede explicar las relaciones que se crean y las que no. Esa suposición es falsa. Hace que la pregunta no tenga respuesta y, por tanto, es una mala pregunta. Sin embargo, si preguntamos: ¿Cómo es que algunos vienen a la fe en Cristo y se salvan, mientras que otros no lo hacen y se pierden?, preguntar *cómo* supone que no hay una razón singular, sino causas. Es una buena pregunta que las Escrituras responden fácilmente. También es la cuestión existencialmente más importante que se ocupa de lo que a cada uno de nosotros nos preocupa: *¿Estoy incluido, y si es así, cómo?*

Las Escrituras son muy claras en estas dos cuestiones relacionadas. En primer lugar, solo Dios es la causa de que los salvados se salven. El apóstol Pablo explicó que el Espíritu Santo crea la fe por el poder de la palabra salvadora de Cristo (Ro 10:17; 1 Co 12:3). La gracia por la cual los pecadores son salvos mediante la fe es obra de Dios, no del pecador, a fin de que nadie se atribuya el mérito (Ef 2:8-9). En segundo lugar, con respecto a los perdidos, Jesús expresó tanto lágrimas como culpa. Por ejemplo, lloró por una *Jerusalén incrédula, exclamando: Jerusalén, cuánto quise reunirte, y no quisiste* (Mt 23:37). Tal como Marisa no quiso tener a Juan, los incrédulos no quieren tener a Jesús. Y al igual que María con Juan, es Dios quien ha barrido nuestros pies espirituales y nos ha salvado por el poder de su evangelio (Ro 1:16).

Sin embargo, a la luz de algunos de los grandes desafíos que debes enfrentar de parte del mundo, la carne y el diablo, es muy posible que a veces te preguntes con cierta ansiedad: *¿Seré capaz de perseverar en mi fe y finalmente recibir la corona de gloria?* Esta es una buena pregunta relacionada. En primer lugar, Jesús abordó la inquietud. *El que persevere hasta el fin, ese será salvo* (Mt 24:13). *Muchos son llamados, pero pocos son escogidos* (Mt 22:14). En segundo lugar, el apóstol Pablo declaró que *nada ni nadie puede separar a los creyentes del amor de Dios en Cristo Jesús* (Ro 8:31-39).

La garantía que ofrece de esta seguridad se basa en la realidad de que, a los que llamó y justificó por el evangelio, los conoció de antemano y además los predestinó a ser glorificados (Ro 8:29-30). Así que, siendo alguien a quien él ha llamado por el evangelio y justificado mediante la fe, el Señor, a través de su apóstol, te proporciona una respuesta reconfortante a tu pregunta increíblemente buena. ¿Puedes estar seguro de que esta es la bendita seguridad de Dios para ti? ¡Por supuesto que sí! Pablo se explayó sobre esta seguridad cuando declaró que Dios los eligió [a ustedes] para ser suyos antes de la fundación del mundo, habiéndolos predestinado para ser santos e irreprensibles según las riquezas de su gracia (Ef 1:4-7). Al sentirte a veces ansioso por tener que resistir bajo estrés, y sufriendo quizás elementos de guerra espiritual en tu vida, esta es tu bendita seguridad de que siempre pertenecerás a Jesús.

Seguridad basada en la palabra externa

Como se señaló en el capítulo 5, algunos han sostenido erróneamente que el perdón y la salvación llegan a los pecadores no como un don otorgado, sino como una oferta para una decisión personal. La bendita seguridad se describe como basada en un compromiso sincero con Cristo como Señor y Salvador personal. Si ese compromiso disminuye o se debilita, también lo hace su seguridad. A menudo, la fórmula para recuperar la bendita seguridad ha dirigido a los cristianos dubitativos alarmados a volver a comprometer sus vidas con Jesús. La sinceridad de tu compromiso es, por supuesto, un requisito. Pero ¿cómo saber si la sinceridad de tu compromiso es suficiente? Algunos han pensado que el Espíritu Santo ayudará en la cuestión de la sinceridad. Otros se han fijado en el celo de uno por dejar los patrones de vida carnal y vivir en obediencia a los preceptos de la santa ley de Dios.

Siguiendo a Lutero, la Reforma en Wittenberg siempre apuntó a la Palabra externa de Cristo como la fuente de la bendita seguridad. Es la Palabra objetiva de la expiación universal de Cristo la que proclama a todos los pecadores que están perdonados y que Dios *no les toma en cuenta sus transgresiones* (2 Co 5:19). La bendita seguridad se encuentra en la cruz de Cristo, tal como el evangelio la revela y otorga sus dones salvíficos. Pero *no me siento perdonado*, han confesado muchos cristianos. Sin embargo, cuando se trata de la seguridad de la salvación, ¡al cuerno con los sentimientos! No busques esa seguridad en tu interior. Dios escribió su ley en el corazón humano, y para todos nosotros, pecadores, su propósito es revelar nuestro pecado (Ro 3:19), no nuestra salvación. Solo permanece acusándonos de nuestra miseria —convenciéndonos de nuestras vidas pecaminosas y de nuestra fe anémica—. Eso es lo que se supone que debe hacer.

Sin embargo, en estos días circula el mensaje de que muchos cristianos se están perdiendo bendiciones significativas de Cristo por no aprovechar suficientemente el poder de su presencia residente. Ese mensaje es más o menos así: debes hacer una distinción importante entre *Cristo por ti* y *Cristo en ti*. Lo primero se refiere a la obra terminada de Cristo en la cruz y su perdón de tus pecados cuando lo aceptaste como tu Señor y Salvador personal. Las bendiciones de *Cristo por ti* están bien y son buenas, pero son bendiciones pasadas. Por otro lado, *Cristo en ti* tiene más riquezas que puede otorgar en tu vida diaria aquí y ahora. Los cristianos necesitan apreciar y conectarse con Cristo en su interior. La experiencia de Jesús en nuestro interior nos proporciona el poder y la fuerza divinos para afrontar los retos de la vida cotidiana. Nuestra unión con Cristo aprovecha su poder, su paz y su alegría, que nos liberan de los miedos, las heridas y las decepciones que conlleva vivir en este mundo caído. La clave para elevarnos por encima de todo lo que el mundo pecaminoso desata contra nosotros es tomar conciencia y celebrar las riquezas de nuestra unión de Cristo en nuestro interior. El mensaje es tentador. Si no sientes suficiente alegría, entusiasmo y una vida de fe plena, ten la seguridad de que, al conectar con Cristo en ti, estas experiencias edificantes pueden ser tuyas.

Ciertamente, el Nuevo Testamento y en especial los escritos de Pablo enseñan a los creyentes que Cristo y el Espíritu Santo habitan en ellos. Pablo recordó a los corintios que apreciaran esta realidad: «¿No saben que ustedes son templo de Dios y que el Espíritu de Dios habita en ustedes?» (1 Co 3:16) y «¿No se reconocen a ustedes mismos de que Jesucristo está en ustedes?» (2 Co 13:5). La preposición *en* es la traducción común de la palabra griega *EIS*. Sin embargo, más exactamente, *eis* significa *hacia* dentro. Nuestra conexión con Cristo no es casual; es una unión íntima. Pablo enseña que el bautismo produce una profunda unión con el Cristo crucificado. El bautismo nos une con Cristo en su muerte al pecado sobre la cruz con la herencia de su gloriosa resurrección (Ro 6:3-11). A partir de esta unión, los bautizados están en Cristo y Cristo está en nosotros. Al estar tan unidos con el Cristo crucificado, Pablo declara que debemos considerarnos muertos al pecado, vivos para Dios y siervos de la justicia (Ro 6:11, 18).

Volvamos al tema de nuestra experiencia de la vida de fe en la vida diaria y a la cuestión de la seguridad. Tal vez hayas anhelado en secreto una experiencia más plena de tu vida con Cristo. ¿Deberías pensar que conectar con *Cristo en ti* te proporcionará una mayor medida de su poder, consuelo y paz? ¿Deberías creer en el mensaje de que experimentar a Cristo en ti es la manera de recibir más bendiciones en tu camino de fe? Yo creo que no, y el apóstol Pablo tampoco.

Es significativo distinguir entre la obra salvífica consumada de Cristo en la cruz (por ejemplo, la plena expiación de nuestros pecados) y su obra salvífica a través del evangelio (por ejemplo, el otorgamiento de sus dones salvíficos). Sin embargo, la distinción entre *Cristo por ti* y *Cristo en ti* presenta una dicotomía engañosa al asumir que nuestro Señor proporciona bendiciones adicionales cuando nos conectamos subjetivamente con su presencia en nuestros corazones. No obstante, cuando Pablo nos instruye sobre cómo recibir la obra salvadora y los dones de Cristo, no nos indica que conectemos con Cristo en nuestro interior. Más bien, dirige al lector únicamente a la predicación de la cruz de Cristo. Él no quería conocer nada entre los corintios excepto un evangelio que proclamara *a Jesucristo y a este crucificado* (1 Co 1:17; 2:2). Declaró a los romanos que no se avergonzaba de este evangelio porque *es poder de Dios para salvación a todos los que creen* (Ro 1:16). El poder del evangelio es la *palabra proclamada de Cristo* utilizada por el Espíritu para conectarnos con Cristo mediante la fe (Ro 10:17). El evangelio proclama la obra salvadora y los dones de Cristo tanto entonces como ahora.

Cristo lleva a cabo su obra salvífica y concede sus dones salvíficos a los pecadores desde el exterior. A través de la Palabra externamente proclamada y de los sacramentos, nuestro Señor crea y alimenta la fe, la esperanza y el amor en el interior. *Cristo por ti* otorga las bendiciones de la salvación desde fuera de ti y las siembra en ti por la fe junto con su morada. ¿Eliminará o disminuirá *Cristo en ti* la angustia y la confusión que conlleva la vida en este mundo caído? No, y a menudo hará todo lo contrario.

Por ahora, los creyentes estamos condenados a gemir junto con este mundo caído, porque solo tenemos las primicias de la victoria final de nuestro Señor (Ro 8:23). Todas *las cosas* que Dios hará para nuestro bien (Ro 8:28) son especialmente las cosas podridas, trágicas, decepcionantes y causantes de temor que tan a menudo nos acontecen. Pablo subraya que, aunque en esta vida cabe esperar tribulación, angustia, persecución, desnudez, peligro y espada, estas cosas no pueden *separarnos del amor de Dios por medio de Cristo Jesús* (Ro 8:35-39). Por ahora, la vida cristiana normal incluye la guerra espiritual y la angustia que conlleva. Parte del campo de batalla está en nuestro interior, pues allí el enemigo también está presente. Los Reformadores nunca apelaron a Cristo en ti como fuente de fortaleza o consuelo ante la guerra espiritual. De hecho, Lutero podía referirse al corazón como el *patio de recreo del diablo*. Satanás utiliza la ley de Dios escrita en nuestros corazones (Ro 2:15) para convencernos de que nuestras obras son tan justas que no necesitamos la obra salvadora de Cristo, o tan miserables y numerosas que no cumplimos los requisitos para recibirla. La justicia propia o la desesperación son su victoria y nuestra derrota. Buscar a nuestro Dios misericordioso en el interior no permite encontrar una seguridad bendita.

El fruto del espíritu: amor, gozo, paz, paciencia, etc. (Gá 5:22), ciertamente contrarresta las decepciones, los temores, la ansiedad y la agitación de la guerra espiritual, pero no los sustituye. En su bautismo, Jesús fue lleno del Espíritu Santo (Mt 3:16; Jn 1:32-33). Sin embargo, es tonto pensar que, si Jesús hubiera experimentado más del Espíritu en su interior, no habría experimentado tanta agitación en el huerto de Getsemaní como para sudar gotas de sangre. Un ángel vino y ministró a nuestro Señor durante su agonía; Jesús no recibió consuelo conectándose con el Espíritu interior (véase Lc 22:43-44). Y sería un error pensar que, si el apóstol Pablo se hubiera conectado más con *Cristo en ti*, habría experimentado menos agitación por la esclavitud de su yo carnal al pecado (véase Ro 7:14-24).

Cristo promete continuar su obra salvadora por ti desde el exterior, mediante su Palabra externa. Es allí que todo el poder del evangelio viene a ti para tu salvación. ¡Ánimo! Aunque tu vida siga teniendo sus heridas, decepciones, miedos y desalientos, *Cristo por ti* promete darte una paz que sobrepasará todo entendimiento. Irónicamente, esto significa que, mientras tú puedes hallarte cada vez más perturbado al pensar en ti y las cosas podridas de tu vida, puedes dormir realmente bien.

Seguridad basada en una parábola escandalosa

> Y el hijo le dijo: «Padre, he pecado contra el cielo y ante ti; ya no soy digno de ser llamado hijo tuyo» (Lucas 15:21).

La *Parábola del hijo pródigo* (Lc 15:11-32) refleja algunos de los aspectos más escandalosos de la gracia de Dios. La bendita seguridad consiste en saber que la vida miserable no puede anularla y que su don nunca presupone una pizca de mérito o virtud individual. Ni siquiera los comportamientos más ofensivos de nuestra parte pueden anular o disminuir el deseo de Dios de tratarnos exclusivamente con gracia pura. Además, aunque puedas alejarte de su pacto de gracia para vivir rebeldemente separado de él, su gracia permanece segura, esperando tu regreso.

Quizá podríamos rebautizarla como la *Parábola de los hermanos desagradecidos*. El hermano menor intenta cobrar su herencia y a su hermano mayor le molesta que esto no lo haya llevado a una pérdida permanente de su condición de hijo. Todos conocemos la historia. El menor de los dos hijos ha ido desencantándose progresivamente de la vida en la casa de su padre. Exige su herencia para buscar una vida más satisfactoria por su cuenta, entregándose a placeres mundanos pecaminosos. Tras caer en la indigencia y descubrir que los cerdos a los que debe alimentar llevan una vida mejor, se da cuenta de que, en su estado actual, es como si estuviera muerto. Su remedio consiste en volver a casa, reconocer su error y rogar a su padre que lo convierta en esclavo de la casa. Su padre no acepta. Se alegra del regreso de su hijo perdido y lo considera una gran ocasión para festejar. Sin embargo, el hijo mayor no lo ve así. Se molesta por la alegría y la celebración de su padre. Está resentido por el regreso de su hermano rebelde y considera que su propio servicio a la casa es más merecedor de una buena fiesta.

Aquí se ejemplifican dos malentendidos que hay entre algunos cristianos respecto de la seguridad y la bondad de Dios. El primero es muy popular y está representado por el hijo menor. Es la creencia de que el suficiente predominio y la magnitud de tu pecado pueden cancelar o anular la gracia de Dios. El hijo menor está convencido de que sus pecados han anulado su condición de hijo y el favor del padre y, por lo tanto, negociar la esclavitud es su mejor opción. *Sí*, trágicamente puede alejarse de la herencia de la justicia de Dios y del pacto bautismal, pero *no*, no puede cancelarlos. La segunda comprensión defectuosa se refleja en las reacciones del hermano mayor. Los cristianos de toda la vida, que han servido al Señor en las buenas y en las malas, no son más merecedores del favor y el elogio de Dios que los miserables pecadores que abandonan el redil como el hermano menor de este tipo[10].

Detrás de las reacciones de ambos hermanos, cuando el más joven vuelve a casa, está la idea errónea de que la gracia de Dios se ofrece para compensar nuestras debilidades y defectos. Está ahí para llenar el vacío entre las personas defectuosas que somos y las personas que deberíamos ser. Sin embargo, si una persona decide no hacer su mejor esfuerzo en el servicio piadoso, entonces todas las apuestas se cierran. Si no vamos a hacer nuestra parte, renunciamos a que Dios haga la suya. La gracia de Dios cubre una multitud de pecados, pero no cubre la falta de un buen esfuerzo de nuestra parte para evitarlos. Ambos hermanos están operando bajo este mismo malentendido de cómo seguir siendo un hijo en la casa. Deben ser tan fieles como puedan para *conservar* su herencia.

---

10. Nótese el mismo tipo de pensamiento en los obreros de la viña (Mt 20:11-12).

El pródigo cree que cobró esa herencia cuando se marchó para hacer su propio camino en el mundo y su hermano mayor pensó lo mismo. Ambos estaban equivocados, y es el padre quien los endereza, para alegría del menor e indignación del mayor.

La parábola tiene un final feliz para el hermano menor. Aprende que la vida en sí es lo que fluye de vivir en la casa del padre. Esta vida solo existe por la escandalosa gracia de Dios en Cristo Jesús. No haces nada para obtenerla, ni nada para *conservarla*. Tus buenas obras no preservan esta gracia, y tus pecados no la anulan. Puedes trágicamente alejarte de ella y el infierno es el exilio final si rehúsas regresar. Pero la bendita seguridad está en esto: lo que *hagas* nunca podrá cambiar su realidad. Dios te ha considerado y siempre te considerará perdonado y justo por la obra salvadora de Cristo. La verdad sólida objetiva de este perdón está en la cruz de Cristo, y su verificación se encuentra en la tumba vacía. Ellas nos dan la seguridad de que siempre tendrás un Padre Celestial misericordioso. Ese es el escándalo de la gracia de Dios representada por el padre de la parábola. Si eres un hijo de Dios que vuelve a casa, esta es su seguridad, y puedes celebrar esta realidad. Y si eres un hijo de Dios que se ha quedado en casa, también puedes celebrar esta seguridad. En cualquier caso, siempre hay motivo de fiesta en el Reino de Dios, porque la gracia de Dios ha sido, es y será siempre suficiente para ti. De eso, todos podemos estar seguros.

SEGUNDA PARTE

La experiencia de vivir en la cruz

CAPÍTULO 7

La guerra dentro de la vida

En las últimas décadas se ha producido una verdadera explosión en la producción de libros que prometen una aventura vibrante, llena de alegría y emocionante en la vida cristiana. Tales promesas resultan atractivas para los santos de a pie que se dan cuenta de que su vida cristiana deja bastante que desear. Nuestra experiencia de vivir la vida cristiana a menudo se siente como un paso adelante y dos pasos atrás. ¿No sería maravilloso superar el pecado, las aflicciones y las pruebas de la vida, o que el poder de Dios las eliminara por completo? Si estas fueran bendiciones que Dios nos concediera aquí y ahora, y que podrían ser nuestras si nos dedicáramos a algún programa basado en la Biblia, ¿quién no aprovecharía la oportunidad? Tal vez tú ya lo has hecho, pero no has logrado los resultados deseados.

Vivir fragmentados

El Nuevo Testamento pinta un cuadro bastante diferente de lo que debemos esperar de la vida en Cristo en este mundo caído. Si no leemos más allá de Romanos 6, la vida resucitada a través del bautismo puede parecer singularmente victoriosa. Romanos 7, sin embargo, ofrece una visión aleccionadora de nuestro carácter cristiano. Allí, con el apóstol Pablo, debemos lamentarnos de que todavía tenemos un *yo carnal* en el que *no habita nada bueno*, porque está *vendido como esclavo al pecado* (Ro 7:14, 18). Por eso, como el apóstol, también debemos decir: «Pues no hago el bien que deseo, sino el mal que no quiero, eso practico» (Ro 7:19).

En el capítulo 7, el apóstol parece contradecir sus afirmaciones del capítulo 6, donde nos asegura que en nuestro bautismo morimos al pecado, vivimos para Dios y somos esclavos de la justicia (Ro 6:11, 18). Pero aquí no hay contradicción. Ambos retratos del cristiano en Romanos 6 y 7 son verdaderos. Como nueva creación en Cristo, el cristiano ha muerto al pecado, ha entrado en plena unión con Cristo, ha sido llenado del Espíritu Santo, y en todos los aspectos del carácter humano esto lo ha transformado totalmente en un esclavo de la justicia. Pero como el cristiano todavía está atado a esta vieja creación caída, él o ella es también el *viejo yo*, o aquello a lo que Pablo se refiere a menudo como *carne*. Tal esclavitud al pecado, a la muerte y al diablo impregna todos los aspectos del carácter humano en funcionamiento.

Muchos cristianos han reflexionado sobre su experiencia cristiana y han confesado, con mucho desconcierto, que realmente quieren servir a Cristo, pero luego no lo hacen. Realmente piensan y confían en que son plenamente aceptables para Dios en la justificación de Cristo, pero luego piensan que su aceptación y seguridad están en sus propias manos, debiendo adquirirlas por su propio esfuerzo. Realmente quieren responder al amor de Dios con un amor recíproco, pero muy a menudo los intereses egoístas y rebeldes se interponen en el camino. Suelen experimentar duplicidad, ambigüedad, confusión y, a menudo, exasperación. *No me siento bien en mi vida cristiana*, suele ser la confesión tácita del corazón del cristiano. *Debe de haber algo terriblemente malo en mí*. ¡Y así es!

Debemos recordar que la vida cristiana se vive totalmente en la cruz de Cristo. Vivimos continuamente por gracia o no vivimos en absoluto. La justificación no es un acontecimiento pasado que el cristiano deja atrás, sino una realidad constante en la que se centran y fundamentan todos los aspectos de la vida con Dios. Caminamos por esa fe o nos perdemos y tropezamos. En Romanos 7, Pablo, escribiendo por el Espíritu, confiesa una miserable situación de pecado en su propia vida[1]. Pero luego, señalando a la cruz, puede decir: *Gracias a Dios, por Jesucristo Señor nuestro. [...] Por tanto, ahora no hay condenación* (Ro 7:25–8:1).

Debido a que el yo carnal sigue formando parte de nosotros, somos y seguimos siendo pecadores en esta vida. Esto es lo que está terriblemente mal en nosotros, y es, al mismo tiempo, una parte normal del carácter cristiano y la experiencia en esta vida. Somos simultáneamente una nueva creación en Cristo y un Viejo Yo pecador. Están continuamente luchando

---

1. Aunque algunos quieren entender la confesión de Pablo de su lucha contra su vida carnal pecaminosa como una descripción de su vida anterior como fariseo, es importante señalar su uso del tiempo presente para describir su experiencia en Ro 7:14-25. Para una excelente discusión y defensa de la interpretación de que Pablo está describiendo su vida después del impacto de la redención y no antes, véase Michael Middendorf, *The "I" in the Storm: A Study of Romans 7* (St. Louis: Concordia Academic, 1997), pp. 185-225.

el uno contra el otro en nuestro pensamiento, nuestros deseos y nuestra motivación para el comportamiento. La vida cristiana implica luchar en una guerra que se libra en el interior de todos los creyentes. El Nuevo Yo vive en Cristo por el Espíritu como esclavo de la justicia, y el Viejo Yo Pecaminoso está atado a esta vieja creación caída, en esclavitud al pecado, a la muerte y al diablo. En Gálatas 5:17, Pablo nos dice que están en conflicto el uno con el otro. No nos equivoquemos. No se trata de una escaramuza de poca monta en la que nos enzarzamos.

El Nuevo Testamento describe una lucha cósmica entre Cristo y Satanás. La confrontación decisiva ya ha sido ganada por Cristo en su muerte redentora y su resurrección victoriosa, pero la batalla sigue librándose en esta creación caída. Lo que Pablo indica en Romanos 8:18-25 es que nuestra guerra interior es simplemente una parte de esta gran batalla cósmica que llegará a su culminación cuando Cristo regrese. Entonces, él introducirá la plenitud de su victoria en la nueva vida resucitada.

¿Debería extrañarnos que, como cristianos, experimentemos agitación, sufrimiento y conflicto como parte de nuestra experiencia cristiana? Ahora mismo, solo tenemos las primicias de esta victoria final. Se nos dice que, por ahora, la tribulación, la angustia, la persecución, la desnudez, el peligro y la espada pueden preverse como parte de la suerte del cristiano (Ro 8:35). La participación en una guerra cósmica está profundamente arraigada en la vida cristiana. Parte del campo de batalla está dentro de nosotros, pues allí está presente el enemigo. Nuestra alegría y nuestra paz en la vida cristiana proceden de la confianza y la esperanza ancladas en la promesa de que Dios hará todo para nuestro bien, y de que ninguno de estos sufrimientos y turbulencias podrá arrebatarnos su amor, que es nuestro por Cristo Jesús (Ro 8:35-39).

Qué maravilloso sería tener las cosas en calma y en paz por dentro, y una victoria real sobre nuestros pensamientos, deseos y comportamientos pecaminosos. ¡Sería un alivio tan grande si nuestra adoración, amor y servicio a Cristo, a menudo empobrecidos, pudieran transformarse plenamente a semejanza de Cristo! ¿Acaso no anhelamos ser libres de las penas, el sufrimiento y la confusión que a menudo plagan nuestras vidas? Aunque el Nuevo Testamento nos promete estas bendiciones, ahora están ocultas en el Cristo resucitado y ascendido. No las saborearemos en toda su plenitud hasta recibir los frutos finales de nuestra vida resucitada en la gloria.

No hay ejercicios espirituales que debamos dominar y que nos prometan que luego un Dios negociador derramará bendiciones sobre nosotros en esta vida. Caer presa de tal pensamiento es ponernos de nuevo bajo la ley, que solo mata, y desertar de vivir bajo la gracia por la fe. Debemos tener cuidado con los que prometen el cielo en la tierra aquí y ahora. Jesús nos dice que carguemos nuestra cruz y lo sigamos. Él va a la batalla en nuestras vidas contra los poderes del pecado, la muerte y el diablo, y nos invita, como nueva creación, a unirnos a la lucha. Esto no es un desvío de la verdadera vida cristiana. Es una parte vital de lo que realmente es la vida santificada.

La guerra interior

Ampliemos la visión que hemos obtenido de la descripción que hace Pablo del carácter del cristiano en Romanos 6–8. En el capítulo 4, *Justificación: Salvarse sin hacer nada*, exploramos las dimensiones espirituales o personales de la naturaleza humana al describir la corrupción progresiva de Eva en la caída en el pecado. Ahora queremos explorar cómo estas dimensiones personales se relacionan con el carácter del cristiano, que es simultáneamente un Nuevo Yo regenerado y un Viejo Yo pecaminoso.

La cuestión central: El bienestar personal

Si la vida cristiana de santificación implica una guerra entre la nueva creación en Cristo y el viejo Adán, ¿dónde están los campos de batalla estratégicos y cómo se desarrolla este conflicto en nuestras vidas? Recordemos que la tentación de Satanás a Eva aprovechó el interés natural de ella así como su compromiso con su propio bienestar personal. La clave de su caída fue la falsa creencia de que podía ser como Dios, con su estatus y poder divinos. Creyó que el fruto prohibido lograría ese objetivo. Su amor propio hizo que la mentira de Satanás fuera inmediatamente atractiva.

Dios nos creó con una dignidad anclada en la majestad de ser portadores de la imagen divina. Los seres humanos tenemos un gran valor como corona de la creación de Dios. El amor a uno mismo fluye de esta realidad. Debido a ese amor, el individuo que prefiere no tener o perder su bienestar personal es una contradicción. La ley nos ordena amar a nuestro prójimo *como a* nosotros mismos, no en lugar de a nosotros mismos. El amor a uno mismo se presupone en la Biblia. Si hay algo que comparten tanto nuestro Nuevo Yo como el yo carnal, es un compromiso con nuestro propio bienestar que fluye de un amor natural y sano hacia nosotros mismos.

Sin embargo, aquí termina toda la similitud entre los dos. El Nuevo Yo se fundamenta en la convicción por fe de que toda vida y bienestar fluyen dependientes de la gracia y las bendiciones que son nuestras en el evangelio de Cristo. Cristo es nuestra única salvación. Tener el amor de Dios y la vida que él tiene para nosotros en Cristo es estar bien ahora y siempre. El Viejo Yo, sin embargo, está comprometido con estrategias para asegurar el bienestar personal independientemente de Dios y del señorío de Cristo; y, si es necesario, lo hará incluso a expensas de otros. El pecado ha producido una rebelión contra Dios y un amor propio pervertido capaz de poner a todas las demás personas y preocupaciones a su servicio. La carne sería capaz de amar y servir al yo por encima de todo. La nueva creación serviría y amaría a Dios por encima de todo; y de ello fluiría el amor al prójimo y a uno mismo.

¿Comienza a esclarecerse la naturaleza del campo de batalla en nuestro interior? A partir de un compromiso común del corazón con el bienestar propio, el Nuevo Yo y la carne se enfrentan por las convicciones y los anhelos más profundos del espíritu humano respecto de lo que necesitamos para el bienestar. El Nuevo Yo vive en la mente de Cristo, seguro de que el bienestar es una realidad eterna en la justicia de Cristo. La justificación es el continuo latido espiritual de la vida misma. A través de su Palabra, su vida capacita a la nuestra para un servicio amoroso significativo en nuestra vocación. Pero entonces, en completa rebelión contra Dios, el yo pecaminoso existe con una mente propia. Atado a esta era caída y a la propia rebelión de Satanás, se esfuerza para que interpretemos la experiencia y establezcamos metas que aseguren un estatus y un impacto significativo sobre la vida separadas de la gracia y el señorío de Cristo. El Viejo Adán está convencido de que el bienestar personal debe lograrse por nuestra propia iniciativa mediante alguna estrategia que nos permita seguir a cargo y teniendo el control. En todos nosotros, la carne es gobernada por una especie de ley que nosotros mismos hacemos y que nos resulta alcanzable. Simplemente debo hacer esto y conseguir aquello según mi propio plan de realización personal. Si un plan parece no funcionar, la carne se replanteará la estrategia y redoblará los esfuerzos o adoptará un nuevo plan. Cualquier plan es un candidato potencial mientras pensemos que puede funcionar, especialmente si nos promete que el yo será capaz y tendrá el control.

Prioridades fragmentadas

En cierto sentido, el carácter del cristiano en esta vida es el más fragmentado de todas las personas de la tierra. El no cristiano afronta los problemas que el pecado plantea a la existencia humana teniendo su cabeza, mano y corazón unificados —alejados de su Dios Creador—. En cambio, quienes hemos sido llamados por el evangelio vivimos de acuerdo con dos mentalidades, dos planes contradictorios y conflictivos para la seguridad personal y un impacto significativo en la vida. Ambos planes funcionan en los niveles más profundos de las creencias que asumimos sobre nosotros mismos y la naturaleza de la realidad. Allí moldeamos nuestro sentido de identidad e interpretamos los acontecimientos y experiencias de la vida cotidiana.

¿Debería sorprendernos que a menudo la vida nos parezca confusa y que los cristianos nos sintamos en el origen de ello? Si somos sinceros, ¿no deberíamos admitir con el apóstol Pablo, en Romanos 7, que muchas veces realmente no nos entendemos a nosotros mismos ni lo que estamos haciendo? Cuando nos enfrentamos a los problemas y desafíos de la vida cotidiana, en el evangelio nos sentimos seguros y libres. Disfrutamos con alegría pura la oportunidad de dejar que Cristo brille en nuestro compromiso con los demás. ¡Estamos libres y seguros para amar! Y luego, en el suspiro inmediatamente siguiente, nos encontramos pensando en lo que tenemos que hacer para estar bien y en lo que debemos exigir o tomar de los demás para sentirnos significativos e importantes, seguros o felices.

El pensamiento consciente comienza en la mente de Cristo y, con la velocidad del rayo, la mente carnal habla una tormenta de rebelión egocéntrica en nuestras cabezas. La misma batalla ocurre también en nuestra corriente subconsciente de pensamiento. La mente de Cristo y la mente carnal se pelean por reinar en nuestra vida mental: el esclavo de la justicia contra el esclavo del pecado, la muerte y el diablo. En el fondo, la cuestión clave sigue siendo la misma. ¿Qué es lo que realmente necesitamos ante nuestro problema con el mal, y qué podemos hacer que nos aporte un significado y una seguridad significativos?

Sin embargo, la guerra interior no solo tiene lugar en el pensamiento evaluativo de nuestra mente. El corazón es también un campo de batalla estratégico que ejerce una gran influencia sobre la forma en que nos relacionamos con los demás y elegimos vivir. En nuestra liturgia, oramos con David: *Crea en mí, oh Dios, un corazón limpio, y renueva un espíritu recto dentro de mí* (Sal 51:10). El mundo de los pensamientos de la mente o el espíritu y los deseos del corazón están íntimamente relacionados y Dios los creó para que funcionen como uno solo. Aquello que creemos verdadero y bueno para nosotros, lo deseamos. Aquello que deseamos, creemos que es verdadero y bueno para nosotros. Puesto que Eva pensó que podía ser como Dios y que sería bueno para ella, anheló la divinidad y deseó el fruto prohibido. La cabeza y el corazón funcionaron juntos en depravación para enmarcar su objetivo rebelde.

Pero ¿qué anhelamos y deseamos los cristianos? ¿No tenemos a veces la sensación de no saber realmente lo que queremos? Nuestros deseos parecen a menudo desordenados, confusos e incluso contradictorios. Sin embargo, tal vez, si pensáramos en lo que *realmente* queremos, podríamos decir con una verdadera sensación de unidad en el corazón: *Queremos ser felices, como todo el mundo.* Sabemos muy bien, por nuestra breve estancia en el planeta Tierra, que aquí hay muchas cosas que parecen hacernos infelices. Anhelamos la salud y la prosperidad física, pero a menudo experimentamos la enfermedad, la muerte, y queremos o nos damos cuenta de que podemos experimentarlas en cualquier momento en el futuro. El corazón anhela relaciones de calidad dentro de nuestras familias y entre nuestros amigos y compañeros de trabajo, pero a menudo experimentamos decepción y dolor. No somos amados ni aceptados por los demás como deberíamos haberlo sido. Podemos ser traicionados. Aquellos a quienes amamos pueden ser desleales y fallarnos. Incluso podemos ser víctimas física y mentalmente.

Los anhelos de nuestro corazón —salud personal, prosperidad y relaciones humanas satisfactorias— son deseos legítimos. Oramos por ellos de manera general y específica en nuestra vida de oración personal y en el culto colectivo. Sin embargo, aun el cumplimiento de estos deseos no es suficiente para satisfacer plenamente el corazón humano. El espíritu humano clama por más. Como confiesa el predicador en Eclesiastés 3, *Dios ha puesto la eternidad en nuestro corazón*, pues en definitiva hemos sido creados para Dios mismo. San Agustín observó bien que el corazón humano permanece inquieto hasta que finalmente descansa en Dios.

En nuestros corazones hay una sed profunda que solo Dios puede satisfacer. David reconoció esta sed en el Salmo 42:1: *Como el ciervo anhela las corrientes de agua, así suspira por Ti, oh Dios, el alma mía. Mi alma tiene sed de Dios, del Dios viviente.* Jesús nos habla en respuesta a la confesión de David: «Si alguien tiene sed, que venga a Mí y beba» (Jn 7:37). El Nuevo Yo se llena del agua viva de Cristo y por la fe se satisface en lo más profundo del corazón. El amor infinito y eterno de Dios para el que fuimos creados está asegurado ahora y para siempre. Nos hemos convertido en sus hijos e hijas que han probado el agua viva de su misericordiosa compasión y aceptación. Solo a través de Cristo se llena verdaderamente el corazón seco que ha sido resecado por el pecado. Cuando nos unimos a Cristo y bebemos de su amor y de su gracia, el agua viva fluye de nuestros corazones hacia los demás al compartir la cruz de Cristo.

Sin embargo, las realidades de la guerra interior hacen que bebamos del agua viva de Cristo teniendo siempre una pala en la mano. Porque justo mientras bebemos, la carne nos tiene ocupados cavando nuestros propios pozos. El corazón carnal no quiere saber nada del agua viva que brota de la caridad sangrante. El orgullo exige que aseguremos nuestra felicidad y satisfacción en la vida a la manera antigua, ¡ganándolas! La guerra interior nos ha puesto justo al lado de san Pablo: el bien que querríamos hacer es lo que no hacemos, y lo que odiamos es lo que a menudo hacemos. La mano es movida por la cabeza y el corazón. El comportamiento es guiado por objetivos, es decir, es impulsado por lo que creemos que es bueno y por lo que deseamos. Vemos los signos externos de esta guerra en nuestro comportamiento cuando nos vemos a nosotros mismos caminando en el Espíritu o en la carne, pero la verdadera lucha está sucediendo en el interior.

La batalla contra nuestro yo carnal es una lucha de por vida que no terminará antes de que nos encontremos con Cristo en nuestro hogar celestial o de que él regrese en gloria para marcar el comienzo de la plenitud de su Reino. Mientras tanto, ¿cómo experimentamos esta batalla a medida que crecemos en Cristo? ¿Izará el Viejo Yo la bandera blanca de rendición o comenzará a rendirse cuando se alcancen mayores niveles de santificación? Desafortunadamente, no hará nada de esto. A medida que crezcamos en Cristo, la guerra interior parecerá intensificarse. Podremos identificarnos con Pablo en Romanos 7 aun más de lo que lo hacemos ahora.

La vida en la zona de combate

¿Recuerdas lo que supuso enfrentarte a algunos de esos problemas de matemáticas, la primera vez que los viste, en la primaria? ¿Y tus primeros intentos de pronunciar una palabra desconocida en la clase de lectura? Fue difícil, ¿verdad?

Por aquel entonces, nos costó mucho dominar habilidades de aprendizaje muy básicas que ahora utilizamos a diario sin ni siquiera pensarlo. El mundo de un niño tiene su parte de luchas y retos, y quizás podamos recordar algunos de los nuestros y sonreír. Parecen tan triviales comparados con los retos a los que nos enfrentamos ahora como adultos. Nuestro mundo de adultos, en cambio, es mucho más grande y complejo. A medida que crecimos y maduramos, nuestro mundo se amplió para incluir problemas y tareas más complicados. La vida se hizo cada vez más difícil a medida que fuimos mejorando (¡esperemos!) y estando mejor preparados para afrontarla.

Aquí existen paralelos que nos ayudan a comprender nuestra vida y nuestro crecimiento en Cristo. Cuando surgimos como una nueva creación en el bautismo, no salimos completamente desarrollados espiritualmente. Independientemente de nuestra edad, todos entramos en el Reino de Dios como niños pequeños (Mt 18:3). *Niños* en Cristo es una expresión favorita que Pablo suele utilizar en sus cartas para describir a los cristianos jóvenes e inmaduros (1 Co 3:1; Ef 4:14). Como nuevos seres en la resurrección de Cristo, hemos recibido un carácter renovado a la imagen de Cristo. Sin embargo, tal como Jesús tuvo que crecer en sabiduría y estatura desde que fue un pequeño bebé (en su naturaleza humana), así también debemos hacerlo nosotros.

Como hemos señalado, la santificación, en sentido estricto, implica la obra de Dios de desarrollar y hacer madurar nuestro Nuevo Yo en Cristo por medio del evangelio. A medida que la fe madura, crecemos en sabiduría y estatura. Sin embargo, cuanto más crecemos en Cristo, más nos acerca él al frente de su guerra contra las fuerzas del mal que alimentan nuestro viejo yo carnal. Jesús enfrentó sus mayores tentaciones en Getsemaní y en el Gólgota, no a la edad de doce años cuando dialogaba en el templo. Y cuando era solo un bebé, el Padre hizo que otros lo mantuvieran a salvo de la guerra, instruyendo a José para que lo llevara a la seguridad de Egipto cuando los soldados de Herodes amenazaban su vida.

Son los bebés recién nacidos en Cristo los que nuestro Señor mantiene cerca en su tierno cuidado, protegiéndolos de grandes confrontaciones con el Príncipe de las Tinieblas. Jesús alimenta la confianza sencilla de tipo infantil (*Cristo me ama, me ama a mí, su Palabra dice así*) en los niños pequeños recién bautizados. A menudo, el comportamiento es donde el niño pequeño comienza a batallar contra el yo carnal. Las facultades para el autoexamen interior de la mente y el corazón aún están en desarrollo. Por lo general, hasta la adolescencia, las facultades de autorreflexión no se desarrollan lo suficiente como para ver las realidades del carácter pecaminoso interior. Dios amplía nuestro mundo y los desafíos de vivir en su Hijo a medida que crecemos y maduramos en él. No obstante, si nos enfrentamos a tentaciones que van más allá de nuestra madurez, él nos promete su fuerza para soportarlas o una vía de escape (1 Co 10:13). Nuestro Señor conoce a los suyos, y no permitirá que ninguna situación ni poder arrebate a sus hijos de su mano amorosa (Jn 10:27-28).

Siempre es una alegría hablar con los nuevos conversos adultos. Tienen un entusiasmo especial y un sentido de gratitud fresco y edificante hacia el evangelio. Sus antecedentes les proporcionan a menudo una conciencia especial de cómo es realmente la vida en esta creación caída cuando se vive al margen de la gracia y la libertad del evangelio. Muchos de ellos saben muy bien lo que el *hijo pródigo* de la parábola aprendió cuando se marchó de casa. Muchos de nosotros, cristianos *de siempre* que no recordamos una vida sin las bendiciones de la casa del Padre, podemos aprender mucho de ellos.

Sin embargo, a veces expresan su nuevo y esperado caminar en Cristo como si estuvieran a solo unas cuantas oraciones y estudios bíblicos de dominarlo. Como soldados verdes no probados, todavía tienen que experimentar realmente la batalla con el enemigo interior y exterior. Esto pronto cambiará cuando el Nuevo Yo, fortalecido por el Espíritu, se levante y ande en vida nueva. A medida que la fe busca dar fruto, el nuevo cristiano pronto descubre que muchos viejos hábitos pecaminosos permanecen y la lucha comienza.

A medida que la nueva creación interpreta toda la vida desde la seguridad y la finalidad de la cruz de Cristo, choca con la carne y su plan mental para adquirir el bienestar personal. A medida que el corazón desea ejercer su libertad y amor en la justicia de Cristo, choca con el deseo del viejo yo de obtener lo que se paga pero tomar todo lo que puede. Luego se observan motivos mezclados y un comportamiento errático. La mente se debate sobre cómo debemos ver las cosas: con la mente de Cristo o la perspectiva del mundo. Realmente queremos servir, pero luego queremos ser servidos. A Cristo sea la gloria, al yo sea la gloria. ¡Duplicidad, angustia, ambigüedad y confusión! Así es como el cristiano experimenta Romanos 7 en las zonas de combate espiritual de la vida diaria.

Debemos darnos cuenta de que nos enfrentamos a un enemigo muy formidable. De niños, nos enfrentamos al yo carnal de un niño. A medida que crecemos y nos desarrollamos en esta creación caída, el Viejo Yo madura naturalmente. El adulto bien educado y sofisticado tendrá un Viejo Yo pecaminoso bien educado y sofisticado. El engaño de una mente y un corazón pecaminosos maduros no es fácil de ver. Ha sido alimentado por la astucia del Maligno. En una forma más antigua del servicio confesional para la Sagrada Comunión, está la confesión del pecado: *no solo por las transgresiones externas, sino también por los pensamientos y deseos secretos, que no entiendo completamente, pero que son todos conocidos por ti.* En nuestra pecaminosidad hay más de lo que nunca sabremos.

La experiencia de la madurez

Cuanto más crece el Nuevo Yo hacia la madurez de la plena estatura de Cristo, más intensa es nuestra guerra espiritual. Cristo ve perfectamente nuestros colores corruptos y los aborrece con un odio justo. Cuanto más crezcamos en la mente y el corazón de Cristo, más veremos las profundidades de nuestra pecaminosidad y las odiaremos. Esto tiene un profundo efecto en nuestra forma de experimentar el crecimiento en Cristo.

La experiencia de la madurez cristiana no se diferencia del crecimiento en conocimiento. Cuanto más sabemos, más somos capaces, a través de ese conocimiento, de ver los vastos horizontes de nuestra ignorancia. Cuanto más inteligentes nos hacemos, más tontos nos sentimos. El verdadero crecimiento en el conocimiento conlleva un sentimiento de humildad producido por una mayor visión y experiencia de la magnitud de nuestra ignorancia. Todos nos damos cuenta de que el que lo sabe todo tiene mucho que aprender. El crecimiento y la madurez en la gracia de Cristo traen consigo una experiencia paralela. Cuanto más crecemos y vivimos en la justicia de Cristo, mejor vemos nuestra propia pecaminosidad. Con esta visión y experiencia ampliadas, san Pablo pudo confesar que era el primero de los pecadores. Así es exactamente como se sentía. Además, esta es precisamente la conciencia que Dios quiere también producir en nosotros. Esta es la visión de los huesos secos que nos da sed de la Palabra de Dios para que podamos vivir (Ez 37:4). Y nos envía una y otra vez a beber el agua viva que brota del evangelio en Palabra y Sacramento.

El fruto del Espíritu crece en nuestros corazones a partir de esa agua viva: amor, alegría, paz, paciencia y todo lo demás que Pablo menciona en Gálatas 5:22-23. La experiencia de esto en la vida cristiana no elimina la confusión de Romanos 7. Más bien, aquello existe en, con y bajo esta. Dios nos bendice con una paz que supera toda nuestra conciencia de esta confusión, pero no la sustituye. *Los cristianos son aquellos cuya perturbación sobre sí mismos aumenta progresivamente, pero duermen muy bien.* Caminamos por la fe y descansamos en la gracia.

Ciertamente ganaremos algunas batallas, pero solo nos traerán otras mayores y más desafiantes que librar. El yo carnal formará parte de nosotros durante toda nuestra vida terrenal. No se rendirá y no se lo puede reformar. Hay que derrotarlo y, en última instancia, matarlo. Además, debemos recordar que no estamos simplemente luchando contra carne y sangre, sino, como explicó Pablo, contra las potestades y los principados del propio Satanás (Ef 6:12). No hay victoria final o triunfo para nosotros en la historia humana, excepto lo que reclamamos en fe y esperanza en la cruz y la resurrección de Cristo.

Ten cuidado con los que prometen una dulce tranquilidad de parte de Dios en esta vida si te comprometes más en la realización de ejercicios espirituales. No funcionaron para Lutero en el monasterio y no funcionarán para nosotros. No creas que es posible alcanzar un elevado nivel de santificación en el que podemos ser libres de las batallas que se libran en nuestras mentes y corazones en esta vida. Caminamos por fe y esperanza en el día mejor que vendrá cuando la eternidad nos bendiga con los frutos completos de la victoria de Cristo en su banquete celestial. Por ahora, como asociados menores, nos unimos a Cristo en su batalla contra los poderes de las tinieblas tanto dentro como afuera. Esta es su misión y su ministerio. Sus recursos y su obra han llegado a nosotros empaquetados como dos ministerios: la ley y el evangelio. A través de ellos se lleva a cabo su obra de santificación en nosotros y la extensión de su Reino en el mundo a través de nosotros.

Angustia santa: El ministerio de la duda

Uno de los retos que los cristianos pueden experimentar en su vida de fe es verse acosados por la duda. No se ha escrito mucho sobre el tema, pero hace unos años se publicó un libro muy perspicaz titulado *In Two Minds: The Dilemma of Doubt and How to Resolve It,* de Os Guinness[2]. En dicha obra, Guinness ofrece un magnífico análisis de la naturaleza de la duda y la forma de entenderla como síntoma de un problema con la fe. Las dudas pueden surgir cuando la fe está malformada o desnutrida. Su obra analiza diversas variedades de duda y los problemas de fe que corresponden a cada una de ellas. La siguiente discusión se basa en su análisis de tres de los tipos más comunes de duda que experimentan los cristianos. Describirá la experiencia de cada tipo de duda, el problema con la fe reflejado en cada una, y cómo Dios ministra a la duda con su Palabra.

Antes de describir lo que es la duda, necesitamos entender mejor lo que no es la duda. En primer lugar, la duda no es una forma más informal de describir la incredulidad. Debido a una mala traducción de Juan 20:27 (*deja de dudar y cree*), hemos etiquetado al discípulo de Jesús como *Tomás el dudoso*. Antes de la dramática escena del aposento alto, Tomás no dudaba de la resurrección. Derechamente la negaba. Una interpretación más exacta de las palabras de Jesús sería: *no reniegues, sino cree*. Ni la palabra ni la idea de duda aparecen en el texto.

---

2. Os Guinness, *In Two Minds: The Dilemma of Doubt and How to Resolve It* (Downers Grove, IL: InterVarsity, 1976), 299 pp.

La anatomía de la duda

La palabra *duda* procede del latín *dubitare*. Significa ser *de doble ánimo*, o *tener dos opiniones* sobre algo. La creencia y la incredulidad son perspectivas uniposturales: sí o no. Podemos pensar en la duda como equivalente *a un sí y a un no* al mismo tiempo. La duda conlleva una tensión incómoda. Cuanto más importantes son las cuestiones implicadas, mayor es la tensión. Es como tener cada pie en un bote a remo diferente. La duda sobre las cosas que importan nos presiona para resolver la tensión inclinándonos a la creencia o a la incredulidad. A través de su encuentro con el Cristo resucitado, Tomás pasó de la incredulidad a la fe. Pero nunca dudó.

En segundo lugar, la duda no es algo intrínseco a la fe, como si la fe en sentido bíblico fuera simplemente un sustituto inferior o incierto del conocimiento de algo. La fe no es una afirmación con duda o incertidumbre. Más bien, la fe incorpora conocimiento con confianza y seguridad. En nuestro caminar cristiano experimentamos la duda no porque sea inherente a la fe, sino más bien porque nuestra fe está malformada o desnutrida. En esas condiciones, es vulnerable a una tensión excesiva o insuficiente entre nuestra experiencia o comprensión del pecado y lo que creemos que es verdad sobre la misericordia de Dios.

Dado que nuestra conciencia y expresión de la fe pueden sufrir diversos problemas, debemos reconocer que la duda que puede asaltar nuestra fe se presenta de distintas formas. Estamos sugiriendo que la duda debe considerarse como un síntoma: algo va mal en la fe. Los distintos problemas que puede experimentar la fe se manifiestan mediante distintos tipos de duda. El cristiano debe considerar la duda como una amenaza y una oportunidad. Si se la ignora y descuida, la duda puede destruir la fe. Sin embargo, si se la entiende y atiende adecuadamente por la Palabra de Dios, la fe puede madurar y fortalecerse de forma espectacular.

Duda por ingratitud

Queremos examinar brevemente tres variedades comunes de duda y los problemas de fe que manifiestan. El primer tipo de duda es quizá el más insidioso y destructivo, porque rara vez se percibe como una forma de duda. Surge a partir de una lenta y creciente ambivalencia sobre el valor de nuestra herencia en Cristo. Su manifestación más reconocible es una actitud de desagradecimiento. En este caso, el camino de fe del cristiano no encuentra demasiada tensión con las experiencias de la existencia caída. Más bien, hay muy poca, o tal vez ninguna.

Este tipo subversivo de duda está bien ejemplificado por los dos hijos de la parábola del Hijo Pródigo (Lc 15:11-32). Ambos hijos habían vivido toda su vida en la casa del padre, disfrutando de la plenitud de sus bendiciones. El Hijo Pródigo va experimentando un descontento cada vez mayor con una creciente convicción de que sería mejor vivir la vida fuera, en el emocionante mundo. Creyendo haber cobrado su herencia, parte hacia el brillo del mundo, pero allí recibe una nueva visión. Llega a la sorprendente conclusión de que la esclavitud en casa de su padre sería preferible a la desesperación de su existencia actual, hambriento en compañía de cerdos. Al volver a casa con su nueva visión, se sorprende por la acogida y se siente abrumado por la gratitud de volver a vivir como hijo en la casa de su padre. Curiosamente, también podemos ver en la queja de su hermano la misma actitud desagradecida, pero no en una fase tan avanzada.

Los cristianos que han crecido en el hogar de la fe y han vivido en hogares cristianos fuertes son propensos a este tipo de duda. Es muy fácil dar por sentados todos los dones salvíficos de Cristo. Muchos sufren en silencio una fe empobrecida, carente de una visión de la magnitud y el marcado contraste entre el pecado y la gracia. No es que la gracia haya escaseado. De hecho, como en la parábola, todas las comodidades del evangelio han estado presentes desde antes de que uno pueda recordar. Pero nuestra visión de la abundancia y el alcance de la gracia está, sin embargo, estrechamente vinculada a nuestra visión de la omnipresencia y la profundidad del pecado. Lo que escasea es la conciencia plena de las profundidades del propio pecado y de la extensión de la depravación en el viejo mundo. En ausencia de la ley en toda su fuerza y de una vida protegida, la visión de nuestra condición caída puede volverse vaga y superficial. Así se pierde de vista la inmensidad de la gracia y se descuenta su valor. Al percibir poco en lo que siempre ha estado ahí, la fe corre el peligro de ser canjeada por cualquier compromiso caído que parezca ofrecer más.

En tal estado, uno no se siente abrumado por una desesperación debida a la pecaminosidad personal. Más bien se experimenta muy poca angustia santa. Esta es *duda por ingratitud*. Es la incapacidad de apreciar la tensión entre ser simultáneamente pecador y santo. No hay sensación alguna de que solo la gracia nos ha preservado. Además, falta la increíble alegría de oír que *Ustedes en otro tiempo no eran pueblo, pero ahora son el pueblo de Dios* (1 P 2:10). El primer síntoma de duda proveniente de un espíritu desagradecido es el aburrimiento. Síntomas más avanzados incluyen la indiferencia, y luego, tal vez, la irritación abierta frente a las bendiciones del evangelio y los medios por los cuales vienen a nosotros.

Lo destructivo de esta forma de duda es que los cristianos que la padecen rara vez son conscientes de su presencia o incluso de que es una forma de duda. No hay una experiencia de crisis que haga sonar la alarma; solo una tranquila complacencia. Quizás muchos de los que consideramos moribundos en nuestras congregaciones sufran en silencio la duda proveniente de la ingratitud. Tal vez incluso podamos percibir matices de un espíritu ingrato en nosotros mismos.

Lo que se necesita, por supuesto, es ser llevado detrás de la leñera espiritual de Dios y recibir una buena paliza. El martillo de la existencia caída y la afilada hoja de la ley tienen que caer sobre nuestra autocomplacencia y nuestra confianza en nosotros mismos, exponiendo nuestra ingratitud por lo que es. Sacudidos por la magnitud de nuestra impotente condición pecaminosa y en santa angustia, necesitamos que se nos haga correr a los brazos extendidos de un Padre misericordioso. Él nos volverá a envolver, como por primera vez, en el precioso manto de justicia comprado y pagado por su Hijo unigénito. Habiéndose restablecido una sana tensión entre el pecado y la gracia, oímos de nuevo el llamado de Dios y retomamos con gratitud la vida en la cruz de Cristo.

Duda por una imagen defectuosa de Dios

Si la duda puede asaltarnos por una muy baja tensión, también puede aflorar cuando es demasiada. Podemos pensar en la fe en dos sentidos. Está la fe *por la que* creemos (confianza), y está la fe *en la que* creemos. La fe que creemos y expresamos y confesamos como hijos de Dios es a menudo una muestra algo distorsionada e incompleta de la fe descrita en las Escrituras. Ciertamente, la fe de la Iglesia de Cristo es tan solo una, y no es otra que la fe de la Palabra profética y apostólica. Sin embargo, nuestra conciencia de esa fe es siempre limitada, y a veces, sin saberlo, nos equivocamos. Nuestra imagen incompleta y tal vez defectuosa de Dios es, no obstante, lo que da forma a *nuestra* conciencia y enmarca *nuestras* expectativas de Dios y de sus promesas para la vida diaria. Si nuestra existencia caída nos trae experiencias y desafíos que contradicen nuestras expectativas de Dios y sus promesas, entonces la tensión entre la fe (lo que realmente creemos sobre Dios) y nuestras experiencias de la vida puede llegar a ser insoportablemente dolorosa, y puede producirse una verdadera crisis de duda. Guinness se refiere a esto como *duda por una imagen defectuosa de Dios*[3].

---

3. O. Guinness, pp. 83-100.

Este segundo tipo de duda puede manifestarse a menudo por una verdadera crisis de confianza. Esperar que Dios actúe de formas que no lo hace, o que no actúe de formas que sí lo hace, puede hacer tambalear nuestra confianza y producir toda una serie de conclusiones erróneas sobre cómo debe ser realmente. Recordemos cuánto tardaron los discípulos en reconocer a Jesús como el Hijo de Dios encarnado. Su imagen de Jesús era incompleta y a veces errónea. Por ejemplo, al ver al Señor durmiendo en la parte trasera de la barca durante una fuerte tormenta, los discípulos dudaron de que él se preocupara por el bienestar de ellos (Mt 8:23-27). ¿Qué puede saber o hacer un gran profeta en circunstancias tan peligrosas si está dormido en la parte de atrás de la barca? Puedes imaginártelos sacando agua mientras experimentan una doble crisis de confianza: una en la valía de su barca y otra en la valía de su Señor. Los discípulos dudaron debido a una imagen defectuosa e incompleta de Jesús.

Del mismo modo, si nuestras tormentas de la vida o en la conciencia no son equilibradas por una imagen adecuada de nuestro Señor (su poder y sus promesas), también nosotros podemos sufrir una verdadera crisis de confianza. Por ejemplo, imaginemos a la madre asustada y ansiosa que confía en el poder de la oración e implora al Señor que cure a su hija enferma de cáncer. No obstante, la hija muere y la madre declara amargamente que ya no puede confiar en ninguna de las promesas de Dios. No entiende que Dios no ha prometido de manera general sanar a nuestros hijos enfermos. El padre cuya hija de 16 años muere al volante en un horrible accidente de automóvil no puede perdonarse haberle dado las llaves del vehículo familiar. Su conciencia destrozada también duda seriamente de que Dios lo haya perdonado. El padre sufre una falsa culpa. No comprende que él no causó el accidente de su hija y que no es responsable de su muerte.

Sin embargo, la confianza no es la raíz del problema. El problema está en *lo que* se cree, no en *cuánto*. De hecho, cuanto mayor sea la confianza en una imagen defectuosa, mayor será la crisis. Las exhortaciones «Solo confía en el Señor» por parte de amigos bienintencionados no harán más que empeorar las cosas. Sería como echar sal en una herida abierta. Lo que necesitamos es el sabio consejo de alguien bien instruido en las Escrituras, como nuestro pastor. Mientras examinamos pacientemente nuestra imagen de Dios, la instrucción erudita de la Palabra divina puede corregir nuestra comprensión defectuosa y llenar vacíos serios. Cuando el área defectuosa de nuestra imagen sea remediada, nuestra crisis de duda se disipará tan rápidamente como comenzó. La fe madurará significativamente y se equilibrará saludablemente la tensión entre nuestra experiencia del pecado y los dones y las promesas salvíficos dados a la fe.

Nuestro análisis anterior describe una conclusión feliz. Sin embargo, hay motivos para una reflexión seria. ¿Cuántas personas bautizadas en el Señor se han alejado de la comunión de la fe con amarga angustia, alimentando la convicción de que Dios, en algún momento crucial de sus vidas, simplemente no cumplió con ellos? Con la fe, no tuvieron ni se les dio el enfoque correcto. Su conciencia de Dios y de sus promesas no guardó una correlación con su experiencia de la condición caída de la vida. La tensión con la confianza fue demasiado grande, así que se alejaron. ¿Cuántos de entre nosotros que *no* se han ido están, sin embargo, curando en silencio las heridas de la duda debida a una comprensión anémica del Señor y de sus promesas? Vemos la importancia de la catequesis en la Iglesia, de recibir nuestras lecciones, y de recibirlas bien.

Duda por fundamentos débiles o inexistentes

Una fe bíblica está en tensión con la condición caída del mundo, pero no está en tensión con la verdad. Juan construyó su Evangelio en torno a siete milagros de Jesús, terminando con la aparición de la resurrección al escéptico Tomás. A continuación, expone al lector la finalidad de su Evangelio: *Estas* [cosas] *se han escrito para que ustedes crean que Jesús es el Cristo, el Hijo de Dios; y para que al creer, tengan vida en Su nombre* (Jn 20:31). La Iglesia apostólica proclamó los poderosos actos de Dios a través de Jesús como evidencias potentes que sustentan la promesa de la gracia.

Para que la fe resista los desafíos intelectuales que puede plantear nuestro mundo, debe tener cimientos firmes. Si nuestras razones para la fe son débiles, la duda puede acosarnos cuando su veracidad es rigurosamente cuestionada por los argumentos razonados de la incredulidad. A esta tercera variedad la llamamos *duda por fundamentos débiles*[4]. Tal vez fuera este el problema de Juan el Bautista (o de algunos de sus discípulos) cuando se encontraba en la prisión de Herodes. Envió a sus discípulos a Jesús con la pregunta: *¿Eres Tú el que ha de venir, o esperaremos a otro?* (Mt 11:3). Esta es la pregunta central de la verdad de la fe cristiana. ¿Quién es Jesús de Nazaret?

Es instructivo observar cómo Jesús atendió estas dudas. Se limitó a la realización de las actividades de un día de ministerio y, volviéndose a los discípulos, les dijo: *Vayan y cuenten a Juan lo que oyen y ven: los ciegos reciben la vista y los cojos andan, los leprosos quedan limpios, los sordos oyen, los muertos son resucitados y a los pobres se les anuncia el evangelio* (Mt 11:4-5). Este testimonio fue fundamental en la predicación apostólica de Jesús: *De lo cual todos nosotros somos testigos* (Hch 2:32).

Muchos padres cristianos han orado en silencio mientras sus hijos se marchan a una *universidad no cristiana*, temiendo que su fe se desmorone. En algunos casos, el temor está bien fundado. Nuestra confianza necesita algo más que conocer con precisión los *qué* de la fe. También necesita una base firme en los *por qué* de la fe, es decir, por qué debe considerarse verdadera. Si no conocemos el *por qué* que sustenta el evangelio y la cosmovisión cristiana, entonces no conocemos el *por qué no* que se oculta bajo cualquier sucedáneo. La tragedia de muchos cristianos es que, mientras estudiaban para salir de la universidad secular, terminaron saliendo de la confesión de la Iglesia. La duda intelectual desprovista de ayuda puede terminar en incredulidad.

La Iglesia y su ministerio educativo deben tomarse en serio el imperativo del apóstol Pedro: *[Estén] siempre preparados para presentar defensa* *[...] de la esperanza que hay en ustedes* (P 3:15). No podemos responder a ese llamado y presentar esa defensa ante el incrédulo mientras no nos la hayamos presentado primero a nosotros mismos. La Iglesia necesita enseñar tanto los *qué* como los *por qué* de la fe. Pero podemos preguntarnos: ¿qué tan firme es el fundamento que se necesita? Nuestro objetivo debe ser una base intelectual que se ajuste a nuestro propio desarrollo intelectual y a la sofisticación de los desafíos que nuestro mundo plantea a nuestra fe. Con una base así, las dudas intelectuales se desvanecerán y la expresión confiada de la fe podrá sustituir a la timidez.

† † †

Nuestra discusión aquí sobre la experiencia de la vida de cruz se ha centrado en la batalla contra los poderes de las tinieblas dentro del cristiano. Es una lucha que tiene lugar dentro de la mente y el corazón. El mayor conflicto no es principalmente sobre cuestiones de moralidad. Más bien, se trata de la comprensión de la nueva creación según la cual el bienestar propio está anclado en la obra salvadora de Cristo, y de cómo esta comprensión contrasta con los compromisos del yo carnal, que quiere actuar solo. Esta guerra interior, sin embargo, es solo uno de los campos de batalla espiritual para el cristiano. Pablo declaró que no solo luchamos *contra sangre y carne, sino contra principados, contra potestades, contra los poderes de este mundo de tinieblas, contra las fuerzas espirituales de maldad en las regiones celestes* (Ef 6:12). La vida de cruz del cristiano lo obliga no solo a una guerra interior, sino también a una *guerra exterior*. La guerra espiritual también implica una batalla contra las fuerzas del mal *externas* al cristiano, la cual puede traer experiencias de tentación, prueba y tribulación. Es a este aspecto de la vida en la cruz que debemos referirnos ahora.

CAPÍTULO 8

Tentatio

Tentatio es un término del latín que significa varias cosas relacionadas; todas ellas más bien negativas. Una *tentatio* es una tentación en el sentido de prueba o tribulación. El término también puede significar cosas tan incómodas como sufrimiento, prueba y aflicción. Aunque no es especialmente agradable, la *tentatio* forma parte del régimen estándar de la Iglesia de Cristo y es especialmente beneficiosa para sus teólogos. Lutero creía que hay tres cosas necesarias para hacer un teólogo: oración, meditación y tribulación. La oración y la meditación son lo que nosotros traemos a Dios mientras nos llenamos de su Palabra de gracia. La *tentatio* (tribulación), sin embargo, es lo que él permite que Satanás ponga delante de nosotros. En parte, lo primero fluye de lo segundo. En medio de las pruebas y tribulaciones, clamamos a Dios y somos dirigidos a refugiarnos en su Palabra llena de gracia y a meditar en sus promesas salvadoras. De este modo, el teólogo se forma para ver correctamente la Palabra de Dios con los ojos de la humildad y la fe. Sin embargo, los teólogos no son los únicos. Lutero, en su Catecismo mayor, recordó a la Iglesia que Satanás asalta y ultraja a todos los cristianos a través de la tentación. Su explicación de la sexta petición del padrenuestro (y no nos dejes caer en tentación) no prometió al cristiano ninguna exención de las pruebas y tentaciones. Más bien, Lutero sostuvo que nadie puede escapar a las tentaciones y seducciones mientras vivamos en la carne y tengamos al diablo merodeando a nuestro alrededor. No podemos evitar sufrir tribulaciones, e incluso ser enredados en ellas, pero oramos para no caer ni ser abrumados por ellas[1].

---

1. *Catecismo mayor* de Lutero, III, p. 106, citado en *Book of Concord* (en adelante, CM).

Heiko Oberman, en su magnífico tratado *Lutero: Un hombre entre Dios y el diablo*, capturó el legado de Lutero, que enseñó a la Iglesia algo asombrosamente nuevo, algo radical y quizás inquietante: la angustia espiritual no es solo cosa de cristianos marginales y ocasionales monjes locos en monasterios. Es la herencia común de todos los creyentes[2]. El descubrimiento de Lutero de que el justo vivirá solo por la fe incluyó el reconocimiento de que la fe no estará tranquila en la vida cristiana. Será asaltada por ataques y tribulaciones del Espíritu Profano. La vida cristiana se encuentra en la cruz de Cristo y eso significa que también viviremos con una cruz nuestra. La vida de cruz para la Nueva Creación que surge del bautismo no solo nos hace luchar contra el Viejo Adán y un mundo caído; también nos trae confusión y aflicción por parte de las potestades y principados del Príncipe de las Tinieblas (Ro 8:22; Gá 5:17; Ef 6:11-12). La paz con Dios trae conflicto y adversidad con el mundo, la carne y el diablo.

Esta nueva evaluación de la angustia espiritual por parte de Lutero lleva a dos conclusiones, ambas bastante inquietantes. En primer lugar, las tribulaciones no son una enfermedad, de modo que no tienen cura. En segundo lugar, solo la fe firme en la promesa inalterable de Dios permite soportar —no superar— las crisis espirituales[3]. La ley de Dios revela con brutal lucidez lo que ha sido de todos nosotros. Cada uno de nosotros está expuesto en nuestra indignidad y bancarrota espiritual. El diablo está en una campaña implacable para reemplazar el Gozoso Intercambio de la cruz con las demandas de la ley: moralidad, piedad y buenas obras. El diablo se apropia de los santos mandamientos de Dios para inventar un argumento aparentemente innegable de que no hay salvación para nosotros. Solo cuando llegamos a este punto se hace evidente que nuestro único refugio es la misericordia de Dios en la divina locura del evangelio. Muchos místicos del pasado, observa Oberman, se refirieron a esta experiencia como gemido y arrebato. Lutero la consideró algo así como la agonía y el éxtasis de la cruz.

La tribulación y la ascensión mística, la diabólica lejanía respecto de Dios y la gozosa unión con Dios, ya no pertenecen únicamente a los enfermos espirituales y a la élite espiritual —dos grupos cristianos marginales—. Todas las partes de la verdadera Iglesia sufren angustia espiritual y al mismo tiempo están unidas a Dios[4].

---

2. Heiko Oberman, *Luther: Man between God and the Devil*, trad. Eileen Walliser-Schwarzbart (New York: Doubleday, 1992), p. 184.
3. H. Oberman, pp. 178-179.
4. H. Oberman, pp. 184-185; véase también mi ensayo «Overcoming Our Doubts», *Lutheran Education* 129, n.º 5 (mayo/junio, 1994): p. 277.

En esta vida, la Iglesia como comunidad de fieles es y debe seguir siendo la comunidad de los afligidos por el diablo.

La experiencia cristiana ordinaria

A continuación se esbozará el carácter polifacético de la *tentatio* en su relación con los santos comunes en la vida cotidiana[5]. Se basará en gran medida en la perspicacia de Lutero, cuya aguda conciencia y comprensión de las pruebas y tribulaciones del Maligno son sumamente instructivas. Las ideas de Lutero son especialmente necesarias hoy en día entre los cristianos, cada vez más obsesionados con encontrar formas de escapar a la condición caída de la existencia humana cotidiana. En la segunda parte, examinaremos la visión de Lutero sobre una *tentatio* especial que Satanás ha reservado para los espiritualmente maduros y los aspirantes a teólogos. En este último análisis, se explorará el uso que Dios hace de las tribulaciones y los ataques espirituales del diablo para moldear a los fieles servidores de la Palabra, con algunas modestas aplicaciones para quienes quisieran pastorear la Iglesia hoy.

Nuestro análisis sobre la *tentatio* se enmarca en la convicción de que la vida cristiana normal no puede describirse honestamente como algo gloriosamente agradable, inspirador y acogedor. No viene con promesas de que, si te comprometes con algunos principios bíblicos para la vida diaria, las cosas irán mejor con Dios. Muchos de los libros más vendidos y de los hábiles evangelistas de los medios de comunicación que pregonan promesas triunfales condicionadas por la ley no dicen la verdad. Convertirse en cristiano no hará que los asuntos de la vida terrenal sean más tranquilos y libres de problemas. ¡Todo lo contrario! Una nueva vida en Cristo transforma la vida del pecador en un campo de batalla contra la tríada impía: el mundo, la carne y el diablo (Ro 8:38-39; Ef 6:10-12). Si bien es cierto que la herencia de la gloria y una vida exaltada con Dios han sido dadas al cristiano en el bautismo, esta herencia se vive dentro de esta era caída solo por la fe. Los cristianos ponen su esperanza en una experiencia futura de la gloria. La vida en Cristo a través del bautismo ha unido al creyente con el Cristo crucificado (Ro 6:3). La vida cristiana es vida de cruz. Jesús ha resucitado de entre los muertos, ha ascendido al cielo y ha sido exaltado en gloria por el Padre, ¡pero nosotros no! El cristiano todavía vive en la cruz poseyendo la herencia de la gloria como

---

5. Este ensayo es una revisión de una ponencia sobre la *Tentatio* pronunciada en la Conferencia del Personal del Ministerio Universitario Luterano de Norteamérica celebrada en el Queen of Apostles Renewal Center de Toronto, Ontario, del 10 al 13 de julio de 1997.

un «todavía no». Jesús ha tenido su Pascua, pero nosotros todavía estamos esperando en la cruz y en su tumba (Ro 6:4). Esto significa que, por ahora, vivimos en una creación caída gobernada por el Maligno, el cual está en una campaña para separarnos de nuestra herencia bautismal. Es astuto, poderoso y un mentiroso consumado. Experimentar su presencia mientras merodea por la Iglesia infligiendo bajas es parte de la vida cristiana provisional habitual. Y por ahora, mientras esperamos nuestra liberación final de los poderes de las tinieblas, y nuestra gloria prometida, todos estamos consignados a una existencia temporal caída. No está dominada por el triunfo, la tranquilidad y la dicha espiritual, sino más bien caracterizada por la cruz, las pruebas y la aflicción. La *tentatio* es una experiencia cristiana común y corriente.

Angustia santa

La *tentatio* ocupa uno de los dos aspectos que constituyen una paradoja fundamental en el modo en que el creyente vive en Cristo y progresa hacia su hogar celestial. Estos aspectos reflejan realidades hermanas, pero contrapuestas, de lo que significa para el cristiano ser simultáneamente un ciudadano pecador de este mundo caído y, sin embargo, también un miembro justo del Reino de Dios. De esta doble ciudadanía se derivan los elementos de la cruz y el consuelo como aspectos normativos y omnipresentes de la vida cristiana. La *tentatio*, y no el dulce arrebato glorioso, es la suerte común de todos los creyentes. El drama de la cruz de Cristo es la base y el paradigma de esta polaridad. El supremo llamado a la cruz, hecho por Dios a su Hijo, nos presenta una visión con una tensión entre lo que se recibe por experiencia y lo que debe captarse por la fe. En la cruz de Cristo, Dios realizó pero ocultó su justicia y el perdón de los pecadores en la miserable vergüenza, agonía e injusticia de una crucifixión romana. A través de la experiencia de nuestros sentidos aprehendemos todos los aspectos mundanos y caídos de la pasión de nuestro Señor, pero solo con los ojos de la fe podemos ver la gloria de Dios y nuestra justicia adquirida. Esta dualidad también está presente para los cristianos que viven en el llamado de Dios como sus hijos e hijas adoptivos. La vida cristiana en la vieja creación es el llamado de Dios a toda la gama de posibles experiencias que uno puede encontrar al estar en el mundo caído bajo el Príncipe de las Tinieblas. Aquí la *tentatio* puede visitar al cristiano en su camino como una compañera común y frecuente. Sin embargo, por otro lado, el cristiano viaja en esta vida unido a Cristo, quien a través de las cosas sagradas le muestra el favor y la paz de Dios y, de hecho, la herencia completa de la salvación de Dios. Todo esto, como ya se ha dicho, se da y se vive por la fe. En estas cosas recibimos alegría, paz y consuelo. Pero ni la cruz ni la tribulación ni ninguna experiencia de nuestra existencia caída anulan las bendiciones de Cristo dadas a la fe. Vivimos con una paz forjada por el Espíritu que supera la conciencia y las experiencias de la *tentatio*, aunque no las sustituye (Ro 7:14, 24; Gá 5:22). A medida que la fe madure y crezcamos en Cristo, la tensión entre estas realidades no disminuirá, sino que aumentará.

Tal vez el lenguaje de *en*, *con* y *bajo* del reformador Philipp Melanchthon, compañero de Lutero, sea útil en este caso. Los cristianos poseen su ciudadanía divina y todas las bendiciones de salvación de Dios *en*, *con* y *bajo* nuestra ciudadanía temporal y todo lo que su carácter caído puede traernos. Lo que fluye de nuestra ciudadanía temporal en el patio de recreo del diablo se da plenamente a nuestros sentidos y se experimenta abiertamente, pero lo que fluye de nuestra ciudadanía divina se da y se aprehende solo por la fe. La tensión entre la vida de la experiencia mundanal, con todas sus pruebas y tribulaciones, y los dones salvíficos concedidos a la fe, es sentida en la vida diaria del creyente al ir de lo uno a lo otro. A veces somos tomados cautivos por la *tentatio* (el impacto de vivir como ciudadanos de este mundo caído con todas sus pruebas y tentaciones) para luego ser arrojados de vuelta a las promesas de la fe en la Palabra salvadora, que trae paz y consuelo.

¿Cómo se manifiesta esto en la vida cotidiana de los santos? Tal vez, algo así: Crecemos en hogares corrientes, que reflejan el *ethos* de nuestro tiempo y lugar, y dejan su huella en nosotros. Nos convertimos en ciudadanos plenamente participativos del aquí y el ahora. Luchamos con nuestra sexualidad y soledad, y quizá nos casamos. Se forma un nuevo hogar con leche de bebé derramada y habitaciones desordenadas. Nuestros hijos adolescentes pueden salir por la puerta, sabemos que les puede suceder casi cualquier cosa, y a menudo les pasa. Experimentamos alegrías y penas con nuestro cónyuge, nuestros hijos y nuestro círculo de amigos. Peleas y malentendidos salpican nuestras relaciones con nuestros seres queridos, así como los buenos momentos que todos pasamos. Nuestra vida laboral se mueve como la marea, entre la emoción y el aburrimiento, el éxito y el fracaso. Podemos ser contratados, despedidos, ascendidos y olvidados. Las personas que nos importan sufren lesiones, adicciones y enfermedades. Nosotros también. Mejorarán o morirán. Nosotros también. Y más a menudo de lo que quisiéramos, percibimos pruebas convincentes de que nuestro gobierno, nuestra economía y nuestra confesión religiosa se están viniendo abajo.

Experimentamos la vida como algo amargo/dulce: nuestra copa está entre medio vacía y medio llena. Anhelamos mucho más de lo que nuestra vida cotidiana nos proporciona. Por eso, la voz interior puede machacarnos con una conclusión dolorosa: la vida que estamos viviendo se queda lamentablemente corta en relación con nuestros anhelos de lo que esa vida debería ser para los aspirantes a ciudadanos del Reino de Dios. Pero esto es solo la mitad. Nuestra tajada de vida la experimentamos después de que ha pasado por la segadora de la ley alojada en nuestros corazones. Y quizás para muchos de nosotros, educados en las Escrituras, el filo de esa ley es muy afilado. La voz de la ley nos dice continuamente que nosotros también estamos muy por debajo de la visión. Si estamos llamados a una vida de temor, amor y confianza en Dios; si estamos llamados a una fe expresada en una vida de servicio con amores reordenados; entonces la ley nos corta con su amargo veredicto: no somos, no hacemos y no somos capaces.

Experiencias como estas, aunque son comunes y deben esperarse, pueden llevarnos a un estado de impotencia y desesperanza. Es como absorber a Cristo en la cruz con todos nuestros sentidos. Está el martillo de nuestro mundo caído, que golpea nuestro sentido de pertenencia a la familia de Dios, y la hoja de la ley, que asalta nuestra justicia por la fe. Aquí la *tentatio* trae la duda y la desesperación como compañeros no deseados. Lutero se refirió a esta impotencia y desesperanza como *Anfechtung*. *Anfechtung* es una angustia profunda. Es un ataque contra nosotros por parte del mundo, la carne y el diablo que a menudo puede reducirnos a un estado de duda sobre quiénes y qué somos en Cristo. Nos tienta a perder la esperanza en las promesas de Dios, desafía nuestra confianza y pone a prueba nuestra fe[6].

Sin embargo, como también reconoció Lutero, se trata de una angustia santa, un instrumento del Dios misericordioso que es parte integrante de vivir en la cruz de Cristo. Dios es quien está detrás de nuestra angustia, y la utiliza para crucificar nuestra complacencia carnal y nuestra confianza en nosotros mismos. Luego la usa para enviarnos corriendo de regreso a

---

6. Véase especialmente el excelente análisis de Alister McGrath sobre Lutero en relación con la *Anfechtung* y la polaridad de la fe y la experiencia en la teología de Lutero sobre la cruz. Señala acertadamente que la vida cristiana se caracteriza por la interminable tensión entre la fe y la experiencia. Para Lutero, la experiencia solo puede estar en contradicción con la fe, en el sentido de que la verdad revelada debe revelarse bajo su forma opuesta. Esta dialéctica entre la percepción experimentada y la revelación oculta conduce inevitablemente al cuestionamiento radical y a la duda por parte del creyente respecto de lo que experimenta. A. McGrath, *Luther's Theology of the Cross*, pp. 168-169. El mejor análisis de Lutero sobre esta tensión y la *Anfechtung* se encuentra en las «Operationes in Psalmos» (WA 5) y su comentario sobre los primeros veintidós salmos, «Commentary on the First Twenty-Two Psalms», trad. John Nicholas Lenker (Sunbury, PN: Lutherans in All Lands, 1903).

la seguridad y a la confianza de su promesa dada a la fe. Desde la fe, vemos la justicia de Cristo que nos pertenece; y desde la fe, se renueva la esperanza en la gloria venidera del Reino. Con la visión de la fe hecha siempre nueva en la promesa del evangelio una y otra vez, la fe se fortalece, la Nueva Creación se restaura, y el llamado de la vocación del cristiano se revitaliza. He aquí el latido central de la vida cristiana: la experiencia de la vida en el viejo mundo, que produce una angustia santa por la *tentatio* del diablo y el poder transformador de la fe alimentada por el evangelio. En tensión, Lutero creía que virar de un lado a otro era una herencia común para todos los cristianos bautizados en la cruz de Cristo.

El afligido vivirá por la fe

Uno de los pasajes más reconfortantes del Nuevo Testamento para Lutero fue el tema introductorio de Pablo en Romanos 1:17 (NVI): «El justo vivirá por la fe». Pablo está citando Habacuc 2:4. El énfasis de Romanos está en que vivirá ante Dios solo por la fe. Sin embargo, Lutero reconoció que el texto tiene un sesgo ligeramente diferente en Habacuc. Allí, más que un consuelo, es un desafío. No se centra tanto en nuestra fe delante de Dios, sino en que el justo vivirá por la fe ante el mundo. La *tentatio* trae la cruz al cristiano, y a menudo implica sufrir tribulaciones y pruebas injustas a manos de un mundo caído. Habacuc capturó el *pathos* de todo ello para los creyentes de todas las épocas, para Israel y para la Iglesia de Cristo.

Habacuc fue también un profeta que encajaría bien en el pensamiento de nuestra época moderna. Tenía una queja que presentar al Dios de Israel y la formuló con preguntas de *por qué*. ¿Por qué el pueblo justo de Dios se convierte siempre en carne de cañón para cada imperio impío y sediento de sangre que aparece en escena? ¿Y por qué ellos prosperan en su idolatría y maldad mientras que nosotros, el pueblo de Dios, debemos sufrir toda forma de privación e injusticia a manos de ellos? ¿Por qué Dios, que ama la justicia y odia la maldad, simplemente se sienta y no hace nada?[7] ¿Por qué? Habacuc era realmente un hombre conforme a nuestro propio corazón.

Sorprendentemente, Dios no solo favoreció a Habacuc con una respuesta, sino que se la dio prontamente. Habacuc tenía una visión de los justos sufriendo a manos de los injustos. Dios no cuestionó esa visión, sino que le ofreció una propia. Pronto llegará el día, dijo el Señor, en que

---

7. Paráfrasis de Hab 1:1-4; 1:12-2:1.

todos los injustos hallarán su perdición. Dios tendrá su día de justicia y todo lo que está mal será corregido[8]. Pero, por ahora, para Habacuc y para nosotros, el justo vivirá por la fe.

Lutero reconoció que ambas visiones (la de Habacuc y la de Dios) culminaban en la cruz de Cristo. De hecho, la cruz es la esencia de la visión de Habacuc. Sin embargo, unida a su visión está la visión que Dios le proporcionó. Aquel que Dios entregó como su aniquilador de los injustos fue su propio Hijo justo. El día de la justicia del Señor fue el Viernes Santo. Los injustos se convierten en justos y viven por fe en un Gran Intercambio. El inocente Jesús lleva nuestros pecados sobre sí y nos da su justicia. Sin embargo, la Iglesia de Cristo actual sabe que la visión de Habacuc no ha cesado de existir. La experiencia del sufrimiento y la injusticia a manos de un mundo caído sigue acompañando al pueblo de Dios. La *tentatio* que se vive siendo víctima de la injusticia sigue formando parte de la existencia del andar de fe del cristiano en esta vida. Además, la pregunta clave del profeta sigue sin respuesta. ¿Por qué el pueblo de Dios tiene que experimentar injusticias, pruebas y tribulaciones? ¿Por qué Dios parece tan a menudo quedarse de brazos cruzados y permitir que los justos sufran injustamente?

Esta pregunta desconcertante ha consumido a nuestra época moderna, y el Antiguo Testamento comparte nuestra preocupación actual al respecto. Tal vez la expresión por excelencia del Antiguo Testamento sobre la tribulación y el sufrimiento injustos se encuentre en el libro de Job. La difícil situación de Job y las inaceptables explicaciones de sus amigos plantean la cuestión del sufrimiento injusto con la misma nitidez que cualquier planteamiento moderno de la cuestión. El lector tiene que esforzarse por comprender a un Dios dispuesto a hacer pasar a Job por todo su sufrimiento y tragedia a causa de una apuesta (Job 1:9-12; 2:4-6)[9]. Sin embargo, Job ni siquiera se entera de eso. Nunca se le habló de la apuesta. La respuesta de Dios a su pregunta de «por qué» fue un torbellino de truenos y relámpagos. No le dio explicaciones, sino que explotó. En lugar de responder a las preguntas de Job, Dios lo aplastó por sus quejas y audacia al cuestionar la manera en que dirige el universo (Job 38-40). Job fue humillado hasta el arrepentimiento, restaurado en salud y posesiones, y murió como un hombre feliz. Pero Dios nunca respondió a su pregunta de por qué.

En los escritos del Antiguo Testamento, no hay duda sobre el carácter del Dios de Abraham, Isaac y Jacob. Era justo y misericordioso, pero sin

---

8. Paráfrasis de Hab 1:5-11; 2:2-4.
9. Para una buena visión de conjunto sobre la injusticia y el silencio de Dios en su trato con Job, véase *Disappointment with God*, de P. Yancey, pp. 177-191.

duda no era simpático. Jugaba duro espiritualmente y quería ganar a cualquier precio. La *tentatio* ayuda a instruir a los cristianos sobre por qué nunca se nos enseñó que oráramos «Abuelo nuestro que estás en los cielos». Y con respecto a pagar el precio, el mundo vería a qué extremo Dios llegaría para cumplir su voluntad salvadora mediante la encarnación y la cruz de Su Hijo.

Lo curioso es que la cuestión de la injusticia y el por qué, tan a menudo planteada en el Antiguo Testamento, no se plantea en absoluto en el Nuevo Testamento. Los apóstoles sufrieron mucho por la fe, pero nunca parecen preocuparse por la pregunta del por qué. No plantearon la pregunta ni ofrecieron una respuesta, sino que se preocuparon por las cuestiones de lo que Dios hace a través del sufrimiento y la aflicción y de cómo se resolverá todo al final. Entendieron la vida cristiana como una expresión de nuestra unión con Cristo. Los cautivó la visión del llamado de Dios a vivir en la cruz de Cristo con sus propias cruces. La pregunta clave para ellos fue la siguiente: ¿Cómo debemos ver nuestro sufrimiento y aflicción a la luz del sufrimiento de Cristo? Aquí, la visión lo es todo, pero no es lo mismo que la vista. Nuestra visión es la forma en que, a través de la realidad de aquello que no vemos pero es dado a la fe, entendemos lo que sí vemos y experimentamos. La fe moldea la visión. Así, de fe en fe, la Palabra apostólica ha instruido a la Iglesia de cada época en la visión adecuada.

Los apóstoles fueron cautivados por una visión de que la lucha contra las fuerzas del mal en el tiempo y la eternidad se reducía a una apuesta final con Satanás que Dios estaba decidido a ganar. Y en una confrontación parecida a la de Job, apostó por su propio Hijo, que sin quejarse, ganó un mundo de pecadores reclamados por el diablo. Cuando miraron a la cruz y consideraron el asunto de la justicia, les quedó claro que Dios juega con reglas diferentes. El justo sufrió por los injustos. Por lo tanto, tal como Jesús sufrió y murió por el pecado, nosotros, que estamos unidos a Cristo, sufrimos y morimos por el pecado. Así como su vida y su muerte incluyeron el sufrimiento de la injusticia del mundo, lo mismo ocurre con la nuestra. Nuestra cruz es semejante a la suya, y por eso podemos glorificar y dar gracias a Dios por el privilegio de participar en los sufrimientos de Cristo (1 P 4:12-13).

Esto no significa que los apóstoles vieran algo intrínsecamente virtuoso en el dolor y el sufrimiento. Esas cosas son malas, y proceden del Maligno. Dios no se complace en el sufrimiento de su pueblo. Pero la visión del Nuevo Testamento es que Dios lo aliviará o lo utilizará. Él tiende a hacer lo último con los maduros en la fe. Jesús curó a muchos, pero a Pablo se le dijo que su espina en la carne permanecería para mantenerlo humilde y recordarle que la gracia de Dios le bastaba (1 Co 12:7-8). El dolor y el sufrimiento nos ponen en contacto con nuestra fragilidad y debilidad y, sorprendentemente, es Pablo quien nos enseña que la fuerza de Dios se perfecciona en nuestra debilidad (2 Co 12:9). Como cantaba el cantante country, algunos de los mayores regalos de Dios son las oraciones sin respuesta[10]. Vivir en la cruz con una cruz propia es la forma que Dios tiene de cumplir su propósito de hacer que toda nuestra vida sea conforme a la imagen de Cristo (1 P 1:6-9).

Queda una pregunta clave. ¿Cómo es que los apóstoles y la Iglesia del Nuevo Testamento pudieron tener un compromiso tan inquebrantable con esta visión de la cruz frente a todas las pruebas y sufrimientos que padecieron? Cuando hojeamos los Salmos y otras páginas del Antiguo Testamento, nos encontramos constantemente con el pueblo de Dios lanzando peticiones urgentes para que Dios los reivindique ante sus enemigos. En Salmo 35:1-2, David clamó: «Combate, oh Señor, a los que me combaten; ataca a los que me atacan. Echa mano del broquel y del escudo, y levántate en mi ayuda». Y anticipando que el Señor honraría su clamor, cantó: «Y mi alma se regocijará en el Señor; en su salvación se gozará» (v. 9). Los apóstoles estaban convencidos de que habían visto personalmente la vindicación de David y la vindicación de todos los súbditos del Señor cansados y afligidos. La tumba vacía y las manos en contacto con el Señor resucitado fueron la vindicación de Dios y de su pueblo frente a todos los enemigos de las tinieblas.

La visión de vivir en la cruz de Cristo con una cruz propia es un privilegio y una participación en la gloria del Señor. Pero vemos la gloria y el triunfo de la cruz en la tumba vacía. Además, la resurrección fue la manifestación de Dios de que su triunfo y nuestra salvación no quedarían relegados simplemente a las dimensiones espirituales y celestiales de la existencia. Una resurrección de carne y sangre señala el final de todo tipo de aflicción terrenal que el pecado pueda infligirnos en la vieja creación. Si nuestra visión de la cruz es que Jesús pagó el precio de nuestras mansiones celestiales, es la resurrección la que certifica que habitaremos en ellas en carne y sangre. Su resurrección corporal garantiza la nuestra.

Vivir en la cruz con una cruz es la existencia cristiana temporal. Es solo la vista panorámica del aquí y ahora, que, por supuesto, no es más que un parpadeo dentro de la imagen panorámica de la eternidad. Los días de angustia y de vasos medio vacíos tendrán un límite. La vida resucitada, con el nuevo cielo y la nueva tierra, pronto amanecerá. Para los

---

10. La canción se llama *Unanswered Prayers*, de Garth Brooks.

apóstoles, esta no fue simplemente una visión. Se les permitió experimentar el pago inicial. Asimilaron al Señor resucitado con todos sus sentidos (1 Jn 1:1-4 ; Hch 2:32). El Viernes Santo y la Pascua son solo el prefacio de la historia sin fin de la salvación de Dios. La vida que estamos llamados a vivir como pueblo de Dios se sitúa entre el prefacio y el capítulo 1. Para moldear nuestra visión de este lugar en el drama con nuestras experiencias de *tentatio*, no podemos pensar en nada mejor que las palabras del Señor a Habacuc: *El justo vivirá por la fe.*

La guerra espiritual, los hijos y los retos de la paternidad

Aunque los discípulos consideraban los niños pequeños como una distracción, Jesús les aclaró cómo en los niños se concentra lo necesario para entrar en el Reino de Dios (Mt 19:14). No obstante, desde la perspectiva del Señor, los niños recién nacidos no son lindos. Son enemigos de Dios, esclavos del pecado y ciudadanos del infierno. Sin embargo, los niños renacidos son otra historia. Jesús explicó que todos deben entrar en el Reino como niños pequeños (Mt 18:3) —niños que son crucificados con él— muriendo al pecado pero resucitando como una Nueva Creación (Ro 6:3ss.). Todo sucede cuando, en su bautismo, son salpicados de gracia por un diluvio de agua y de la Palabra. Los padres a menudo tienen la sensación de haber cubierto lo básico cuando sus hijos son bautizados. El atuendo bautismal, los padrinos, los parientes que asisten y la cena posterior son adornos tradicionales que señalan y celebran una sensación de asunto concluido. Se ha asegurado que el niño será feliz para siempre. Tal vez.

Lo que a menudo no se enseña ni se explica a los padres, especialmente a los papás, es que el bautismo de sus hijos los ha puesto en una zona de guerra espiritual en la que el diablo merodea infatigablemente para recuperarlos. La verdad a menudo no dicha es que el bautismo de nuestros hijos los ha puesto en una guerra espiritual de por vida con el diablo. Jesús enseñó que el que persevere hasta el fin se salvará (Mt 24:13). Con sus aliados cercanos —el mundo caído (o, digamos, la cultura juvenil) y el Yo Pecaminoso— Satanás trabaja para que tu hijo no sea uno de los salvados. Quieren que sea daño colateral en el Reino de Dios. Déjenme decirlo claramente: padres, ¡el diablo quiere matar a sus hijos! Padres, ustedes han querido que su hija venga a Jesús; pero ¡no dejen que muera! Padres, ustedes han querido que su hijo venga a Jesús; pero ¡no dejen que muera!

Lutero entendió que la principal vocación de los padres es la crianza espiritual de su hogar: cuidar de sus hijos enseñándoles la fe en la que han sido bautizados. Como explicó Scott Keith: «La madre suple el cuidado físico al hijo, mientras que el padre suple el cuidado espiritual»[11]. Su observación sigue la idea de Lutero sobre la vocación espiritual primordial del padre. Fue para ayudar a los padres en esta labor que escribió su Catecismo menor. Lutero inició cada Parte Principal con las palabras: «como el jefe del hogar debería enseñarlo con sencillez a los de su casa». Lutero estaba convencido de que los padres tenían la responsabilidad primordial de proporcionar la alimentación básica de la gracia de Cristo a sus hijos. Lamentablemente, sus esfuerzos por inculcar este sentido de responsabilidad paternal fracasaron. De hecho, desde la época de Lutero hasta la actualidad entre los luteranos, los padres en gran medida han reculado y cedido esta responsabilidad primordial a los pastores, a los maestros de escuela y a sus esposas. Y en este extravío de la responsabilidad espiritual primordial, los tres han sido más que cómplices.

Hoy en día, cuando nuestros hijos ven a sus padres ejerciendo el liderazgo en la Iglesia de Cristo, lo que más observan es que se aseguran de que el estacionamiento de los asistentes esté en buen estado; que los recibos de la ofrenda del domingo se registren y depositen correctamente; que todo el mundo tenga el orden del culto en su asiento; y que reciban una señal oportuna de cuándo acercarse para la Comunión. La persona a la que normalmente observan ocupándose de su educación espiritual (cuando no es el pastor) es la mamá, o una variedad de madres voluntarias. Además, los padres cristianos a menudo no son conscientes de que sus hijos viven en medio de una intensa guerra espiritual en la que se juegan la vida y la muerte. Y sin embargo, cuando se sabe que la vida de sus hijos está en peligro, ¿qué padre no elimina todas las demás prioridades y sacrifica lo que sea para asegurarse de que sus hijos reciban lo que necesitan, con sangre, sudor y lágrimas si es necesario? ¿Qué padre le dice al oncólogo de su hijo enfermo de cáncer que no acudirá a su próxima cita porque coincide con su partido de fútbol? Sin embargo, las estadísticas recientes sugieren que muchos de nuestros hijos bautizados en su infancia se inscribieron en muchas ligas de fútbol pero jamás llegaron a confirmarse en su adolescencia.

Cuando se trata de librar guerras, los hombres de verdad siempre han comprendido que su lugar no es escondidos detrás de sus esposas. Deben equiparse adecuadamente y trasladarse al frente de batalla. Los verdaderos

11. Scott Keith, *Ser papá: El padre como imagen de la gracia de Dios* (Ellensburg WA: Proyecto Nehemías, 2019), 112.

padres entienden que, cuando las vidas de sus hijos están en juego debido a una guerra espiritual mortal, ellos deben estar allí para protegerlos y equiparlos a fin de que sobrevivan a los ataques de las fuerzas del mal que quieren destruirlos. La testosterona de verdad debe mover a nuestros padres a gobernar a sus hijos con gracia; a equiparlos con la coraza de justicia; a defenderlos con el escudo de la fe; y a enseñarles a enfrentar al diablo con la espada de la Palabra de Cristo, para que al final permanezcan en pie (Ef 6:13-17). Dejen que los niños vengan a mí... pero padres, no los dejen morir.

La cruz, el diablo y el creyente maduro

Si bien Lutero consideraba que las pruebas y las tentaciones eran comunes a todos los cristianos, las entendía como diversas en carácter e intensidad, dependiendo de la edad y del nivel de madurez cristiana de cada uno[12]. En su Catecismo mayor escribió: «Todos debemos sentirla, aunque no todos en el mismo grado; algunos tienen tentaciones más frecuentes y severas que otros. Los jóvenes, por ejemplo, son tentados principalmente por la carne; los mayores, por el mundo. Otros, que se ocupan de asuntos espirituales (es decir, los cristianos fuertes), son tentados por el diablo [...]. Cuando un ataque cesa, siempre surgen otros nuevos»[13].

El camino de la cruz

Nuestro debate sobre la *tentatio* se dirige ahora a los cristianos maduros, incluidos los que se ocupan de asuntos espirituales, como los teólogos y los servidores de la Palabra. Desde los primeros días de sus trascendentales descubrimientos en los Salmos y las epístolas de Pablo, Lutero creyó que la cruz describe los contornos tanto de una verdadera teología evangélica como de un verdadero teólogo de la Iglesia. En sus charlas sobre los Salmos, Lutero pudo decir audazmente: la CRUZ es nuestra teología[14]. En la más popular y citada de sus «Tesis de Heidelberg», afirmó: «19. El hombre que mira las cosas invisibles de Dios tal como se perciben en las cosas creadas no merece ser llamado teólogo [...]. 20. El hombre que

---

12. Lutero observó que en esta vida hay muchos grados diferentes de tribulaciones, tantos como diferentes personas. *Si otro hubiera tenido las tribulaciones que yo he sufrido, hace tiempo que habría muerto; mientras que yo no podría haber soportado los golpes que sufrió san Pablo, ni san Pablo las tribulaciones que sufrió Cristo.* Martin Luther, Table Talk, trad. William Hazlett (London: HarperCollins, 1995), p. 306.
13. CM, III, pp. 107, 109.
14. WA 5.176.32-33. Mayúsculas de Lutero.

percibe las partes posteriores visibles de Dios [*posteriora Dei*] tal como se ven en el sufrimiento y en la cruz merece, sin embargo, ser llamado teólogo»[15]. Lutero propuso una teología de la revelación que simultáneamente describía algo importante acerca de Dios y del aspirante a teólogo. La revelación de Dios es indirecta y oculta. Las partes posteriores visibles (¡para traducir elegantemente *posteriora*!) son una alusión a la revelación que Dios hizo de sí mismo a Moisés (Éx 33:18-23). Debido a nuestra pecaminosidad, se nos niega el conocimiento directo de Dios o una visión directa del esplendor de su glorioso rostro. Como se ve en el sufrimiento y en la cruz (que revela las partes posteriores de Dios) es una referencia dual que se refiere tanto a la pasión y el sufrimiento de Cristo como a la pasión y el sufrimiento del Siervo de la Palabra o del creyente maduro. Bajo la humildad y la vergüenza de la cruz se esconden la omnipotencia y la gloria plena de Dios. Dios se revela bajo o dentro de formas que nos parecen opuestas. La humildad y la vergüenza funcionan como máscaras que simultáneamente ocultan y revelan al verdadero Dios. La teología de la cruz no consiste simplemente en que Dios es conocido a través del sufrimiento [de Cristo o del individuo], sino en que Dios se da a conocer a través del sufrimiento[16]. Dios es activo en este asunto. Lutero entendió el sufrimiento —el de Cristo y el nuestro— como una obra ajena de Dios para llevar a los pecadores hacia él. El diablo es el instrumento de Dios que realiza esta tarea. El sufrimiento y la aflicción no son intromisiones sin sentido en el mundo. Más bien, las pruebas y tribulaciones señalan la revelación y la realización de nuestra salvación por parte de nuestro Dios amoroso y misericordioso.

Muchos escritores religiosos contemporáneos especulan sobre una deidad empática que solidariza con las personas que son víctimas de la injusticia y que sufren todo tipo de carencias y aflicciones. Ciertamente, este no es el Dios de las Escrituras. El Dios de Abraham, Isaac y Jacob envió a su Hijo inocente al sufrimiento y la tribulación de la cruz, ¡y allí lo abandonó! Él es también quien está detrás de las aflicciones que los fieles Siervos de la Palabra deben soportar. Al abrazar una teología de la cruz, debemos aceptar el hecho de que Dios juega con reglas diferentes. En la justicia del hombre, cada uno obtiene lo que se merece. Esto es razonable. En la justicia de Dios, sin embargo (como hemos señalado anteriormente), es exactamente al revés. Solo en la cruz de Cristo puede verse y aceptarse esto. ¿Es Dios injusto, silencioso y oculto? En general, sí. ¡Qué locura divina! Solo con los ojos de la fe podemos darnos cuenta

---

15. *AE* 31, p. 52.
16. A. McGrath, *Luther's Theology of the Cross*, pp. 150-151.

de que, porque Dios amó tanto al mundo, entregó a su Hijo al sufrimiento y la cruz. Dios condenó a su Hijo justo y perdona a sus enemigos humanos; a todos y cada uno de nosotros (Ro 5:10). Al igual que con la Palabra hecha carne, así sucede con todos los que están en Cristo. El Reino de Dios es gobernado de una manera no justa.

La obra salvadora de Dios en Cristo está enmascarada, oculta bajo las formas de cosas que nos parecen opuestas. Para comprender estos misterios, debemos recurrir a la paradoja y estirarla. Piensa por un momento en el viejo héroe popular norteamericano, el Llanero Solitario, el Hombre Enmascarado. Lo que obtienes es aquello que no ves. Oculto bajo la apariencia de un forajido se hallaba exactamente lo contrario. El Llanero Solitario era el guerrero de la verdad, la justicia y el estilo de vida norteamericano.

Del mismo modo, la justicia y la omnipotencia de Dios se ocultan bajo lo contrario. Se manifiestan y hacen perfectas en la vergüenza y la debilidad de la cruz. Sin su máscara, por supuesto, el Llanero Solitario desaparece de la vista. Y sin Cristo crucificado, no se puede encontrar en absoluto al Dios justo y misericordioso. La cruz de Cristo también ejemplifica cómo actúa Dios en el mundo y en nuestras vidas: bajo la máscara de las cosas opuestas. En el capítulo 10, sobre la vocación, aclararemos más este aspecto paradójico del método redentor de Dios como mundanalidad salvífica.

La cruz no implica la solidaridad empática de Dios con el pecador; es su ataque al pecador: un ataque que procura vida. Gerhard Forde expresó maravillosamente el pensamiento de Lutero: la cruz es lo que Dios nos hace[17]. Antes de que el pecador pueda ser elevado a la vida, primero debe ser forzado a descender a las profundidades de la muerte. Antes de ser elevado por Dios, debe ser humillado. Antes de que pueda ser salvado, debe ser condenado, y antes de que pueda vivir en el espíritu, debe ser llevado a la muerte en la carne. Dios nos condena para justificarnos, nos condena como pecadores para hacernos justos, mata a fin de dar vida.

Tengamos presente que es Dios quien hace todas estas cosas. Nada fluye de nuestras decisiones, compromisos, elecciones o acciones. El sufrimiento y la tribulación nunca deben convertirse en un programa promovido en la Iglesia para que los cristianos lo pongan en práctica. ¡Sufrimos la acción divina! Lutero pensaba, con razón, que era morboso que los cristianos buscaran cruces a las cuales clavarse. Dios nos dará nuestras cruces en el momento, el lugar y el modo en que las necesitemos. De eso podemos estar seguros. A veces somos afligidos desde dentro, a veces desde

---

17. Gerhard O. Forde, *On Being a Theologian of the Cross* (Grand Rapids, Wm. B. Eerdmans, 1997), p. 4.

fuera. Job fue golpeado desde fuera, Lutero desde dentro. En ambos casos, Dios lleva a cabo una humillación del corazón, no de la acción. Dios está interesado en producir un corazón humilde, no en arrancarnos un comportamiento moralista de sacrificio personal. En Filipenses 2:5, Dios exige la actitud del Siervo Sufriente. En Filipenses 2, el creyente adquiere el corazón de Cristo Jesús por la obra ajena de Dios que aplasta por medio de la ley. Jesús dijo: *El que se humilla será enaltecido* (Mt 23:12), pero nosotros, miserables pecadores, no tenemos recursos espirituales para lograrlo. La humildad es la única condición previa para la gracia. Dios la ordena y él la crea[18]. Es Dios quien nos humilla mediante su ley, y es él quien nos exalta en su evangelio.

Los papeles del diablo

Lutero estaba convencido de que la Iglesia en la tierra está viviendo en los últimos días, cuando Satanás ha sido desatado. El diablo es el Señor en el mundo en estos Últimos Tiempos. Por ahora, la omnipotencia de Dios opera bajo lo opuesto a ella: se percibe en la debilidad, en la cruz, el sufrimiento y la aparente derrota. Lutero estaba convencido de que la reforma no llegaría al creyente o a la Iglesia antes del Día Mejor. Según Lutero, solo por la fe se prueba que Dios es omnipotente[19]. Por ahora, para nuestros sentidos y nuestra experiencia de vida, Satanás gobierna todo lo que podemos ver.

Cristo como vencedor es una manifestación del final de los tiempos en la que ponemos nuestra confiada esperanza. El Dios revelado no nos parece un Dios omnipotente. Desde el niño Jesús hasta el Cristo crucificado pasando por todos los puntos intermedios, el Dios revelado es humilde sufre y muere al pecado. El Dios revelado es tentado y mortificado por el diablo, como nosotros. Las tribulaciones de Cristo son nuestra herencia en el bautismo, donde nos convertimos a la vez en participantes y parte del campo de batalla en la lucha cósmica que aún no ha terminado. Las cosas no van mejor con Dios. A veces pueden llegar a ser abiertamente desdichadas. La batalla nos apremia ahora. Nuestra herencia bautismal nos ha dado todo lo que pertenece a Cristo: su batalla, su causa y su adversario. Para todos los que viven en la cruz, esto significa también que

---

18. Con el término *condición previa* no queremos implicar ninguna condición de mérito por nuestra parte. Tampoco queremos dar a entender que la gracia es solo una posibilidad futura y no una actualidad presente. El término pretende describir únicamente lo que se necesita para la receptividad contrita de la gracia presente e incondicional de Dios —algo que él mismo efectúa—.

19. Heiko Oberman, «Between the Middle Ages and Modern Times», en *The Reformation—Roots and Ramifications Transl. Andrew Colin Gow* (Grand Rapids: Wm. B. Eerdmans, 1994), p. 67.

el tiempo apremia. Es muy necesario que aprendamos nuestras lecciones, y que las aprendamos bien. El Señor vendrá pronto, y su pregunta no es si hallará reforma, renovación o cifras récord, sino si hallará fe (Lc 18:8).

Lutero se refirió al diablo como el amo de la conciencia. Insistió en que la conciencia cristiana estuviera atada a la Palabra salvadora de Cristo. Que de este modo fuera encarcelada por Dios. La alternativa a esta «prisión de Dios», señala Oberman sobre Lutero, no es una «libertad de conciencia», sino más bien una «conciencia encarcelada por el diablo», porque la conciencia —y esto es aterrador o incluso insoportable para el oído moderno— es el reino natural del diablo[20]. La aflicción y el sufrimiento más grandes en asuntos de conciencia desafían la Palabra de gracia de Cristo cuestionando que la tengamos o la necesitemos. Cuando nos hacemos cristianos, nos convertimos en templos del Espíritu Santo y nos unimos a Cristo. Sin embargo, es el diablo quien se instala en la conciencia como su amo. El espejo de la ley es el instrumento del diablo. Lo mantendrá siempre lejos, o siempre delante de ti. La justicia propia o la desesperación es un juego que él siempre ganará; ya sea porque puedes hacer lo que dicta tu conciencia o porque no puedes. El amo de la conciencia hará que la gracia sea innecesaria o no esté disponible.

La conciencia humana es el patio de recreo letal del diablo. Si atas tu percepción del favor de Dios a temas del corazón, la conciencia y lo que se puede experimentar desde dentro, estarás coqueteando con el desastre espiritual. Este es el terreno del sabueso del infierno. Satanás no lanza sus mayores asaltos con las seducciones de la carne; es en la conciencia donde es más devastador. Con la ley escrita en el corazón, Satanás trabaja desde dentro. Con Cristo ocurre lo contrario. Él trabaja desde fuera, a través de su Palabra del evangelio, que nos llega externamente. Lograr que tu conciencia sea tu guía en los asuntos espirituales —la alegre canción de la educada religión civil— es una victoria para Satanás, ya sea al producir una suficiencia farisaica o una desesperación negra y sin fondo. La ley escrita en el corazón humano y la apreciada razón —acompañadas o no del petulante orgullo humano— nos condenarán a todos.

La raíz del conflicto con el diablo es el evangelio. El diablo, en opinión de Lutero, es más hábil con la Palabra de Dios que el propio Lutero. Observa que aquí la sola autoridad de las Escrituras no sirve de nada. La Biblia tiene palabras que nos condenan a todos y el diablo sabe exactamente

---

20. H. Oberman, p. 65.

cuáles son y cómo aplicarlas. Sin embargo, sostuvo Lutero, el diablo es vencido por la Palabra de gracia del evangelio. Donde el evangelio circula libremente, allí el diablo está sin duda más presente y activo, pero vencido. Las cosas sagradas del evangelio (el bautismo, la absolución y la cena) traen el favor y la justicia de Dios como un don exterior a poseer. Aquí, Cristo está presente en medio de nuestra confusión con apoyos visibles y tangibles que nos hacen posible resistir al diablo con sus amenazas y promesas. El bautismo infantil realiza el Intercambio Gozoso para quienes tienen las manos vacías y son ignorantes. Aquí, junto con el evangelio proclamado y la cena, es donde Dios puede ser hallado por nosotros. Estas son las puertas del cielo, donde nos encontramos no con la omnipotencia de Dios, sino con su gracia, no con un despliegue vigoroso de su poder, sino con un despliegue generoso de sus dones salvíficos. La comunión con el Dios misericordioso procede del corazón, pero al mismo tiempo ocurre siempre fuera de nosotros mismos en sus medios designados.

Lutero tenía otro título extraño para el diablo. Lo llamaba el Doctor de la Consolación —un título honorífico que normalmente se atribuye al Espíritu Santo—. El Doctor Diablo viene a nosotros y argumenta en la conciencia que, por derecho, le pertenecemos. El sabueso del infierno [...] tiene tres gargantas: el pecado, la ley y la muerte[21]. Nuestra pecaminosidad, de palabra y de obra, ha levantado un muro entre nosotros y Dios, y estamos prisioneros detrás de él. Pero es precisamente en este punto donde tenemos la prueba de la presencia de Cristo y de su justicia. Aquí tenemos la señal inequívoca de ser los elegidos de Dios, justificados y unidos a Cristo por la fe. El diablo no está interesado en los incrédulos —ya los tiene a todos—. Su batalla es con aquellos que pertenecen a su Enemigo, en cuyos corazones vive el evangelio y donde la Palabra de Cristo gobierna la conciencia por la fe. Esta es nuestra seguridad en la experiencia, y es el diablo quien la proporciona: realmente pertenecemos a Cristo. ¡Qué consuelo! dijo Lutero; el hecho de que el diablo nos presione tan duramente demuestra que estamos en el lado correcto[22]. Satanás ataca en la conciencia y aflige el corazón y el alma, señalando nuestra pobreza espiritual; nuestra miseria, cobardía y debilidad en el temor, el amor y la confianza. Pero entonces, estos son los consuelos y las señales reconfortantes de que pertenecemos con toda seguridad a Cristo.

Dios recluta al diablo para dar al cristiano seguridad de su propia elección mediante experiencias de la enfermedad hasta la muerte. Lutero

---

21. M. Luther, *Table Talk*, p. 296.
22. Citado en H. Oberman, «Between the Middle Ages and Modern Times», p. 64.

comprendió bien que morir al pecado es un requisito para resucitar diariamente a la nueva vida en Cristo, a medida que vivimos diariamente en nuestro bautismo. Puesto que el diablo ayuda con esto, el tiro le sale por la culata. «Porque de este modo Dios realiza su propósito por medio de su extraña obra, y con maravillosa sabiduría sabe que, por medio de la muerte, el diablo no puede afectar otra cosa que la vida, de manera que, mientras hace todo lo posible contra la acción de Dios, con su esfuerzo característico está en realidad trabajando por la causa divina en contra de la propia»[23]. Nunca antes se había descrito tanto a Satanás como alguien que se pone al servicio de Dios para dar consuelo y seguridad a los cristianos. Se trata de una verdadera inversión de papeles, ¡consuelo por aflicción! No es la tentación de pecar, sino el tormento del juicio y la ira de Dios contra el pecado de acuerdo a su santa ley. Satanás no viene a asolar a los perdidos y condenados, sino a los fieles y justos, ofreciéndoles el consuelo de que, en efecto, pertenecen a Cristo. Esta no es la popular imagen del diablo que presentan la mayoría de las Iglesias, como un temible instigador de ofensas morales, y que atrapa a los impíos tentando a la maldad.

Dios emplea las artimañas del diablo en esta obra. Satanás tiene especial cuidado de los cristianos fuertes y de los pastores del alma. Sus tentaciones a este respecto se centran más en los terrores de la conciencia que en las seducciones de la carne. Este tipo de tribulación impide que la sola gracia y la sola fe se oscurezcan o se transformen en áridos principios abstractos. Puede mantenerlas concretas y salvíficas. Solo ante el pecado, la muerte y la condenación tiene sentido Cristo, y él crucificado. Sin ese pensamiento negativo, la locura divina es solo... locura. El diablo se encarga de que comprendamos realmente que no vivimos de una estabilidad nacida de nuestros propios recursos. Más bien, como ya hemos señalado, vivimos por gracia o no vivimos. Satanás, por muy peligroso que sea, no tiene las manos libres. Trabaja al servicio de Dios educando a los cristianos en una fe que no se apoya más que en la gracia.

Es experimentando la ira de Dios que uno se convierte en un verdadero creyente en la teología de la cruz. Es descubrir el poder del pensamiento negativo. Es a través de la obra ajena de Dios, utilizando al diablo, que somos llevados a la desesperación. Sin embargo, de esta manera, a través de la deliciosa desesperación y el poder del pensamiento negativo, aprendemos a confiar solo en Cristo. Todo lo demás es quitado, excepto Dios y su gracia, y así, somos llevados más cerca de él. A través de la cruz, el sufrimiento y el infierno —*tentatio*— se obtienen la verdadera teología, el conocimiento y la comunión con Dios, para siempre.

---

23. WA 57.128.

TERCERA PARTE:

La vida fiel en la cruz

CAPÍTULO 9

Las buenas obras

El fruto de la fe

¿Son realmente necesarias las buenas obras? *¿Tenemos que* hacerlas? ¿Y si un creyente no las hace, qué pasa? Estas preguntas se han planteado repetidamente en las clases que he impartido sobre la fe y la vida cristianas. Debo confesar que han llegado a disgustarme. Me temo que dar una respuesta —cualquier respuesta coherente— es faltar a la verdad. No hay una respuesta única que sea siempre apropiada en la economía de la Palabra de Dios como ley y evangelio. Quizás la primera respuesta deba ser la perspicaz contrapregunta de Robert Kolb: *¿Por qué quieres saber?*[1] Si un pecador autocomplaciente está haciendo la pregunta para seguir durmiendo espiritualmente, entonces supongo que la respuesta debería ser algo así:

> ¡Por supuesto que las buenas obras son necesarias! El hecho de que te hayas convertido en cristiano no significa que los diez mandamientos se hayan convertido en las «diez sugerencias». Así que ¡a trabajar! La fe sin obras está muerta y los que no las hagan completa y perfectamente no entrarán en el Reino de Dios. Como dijo Jesús: «Cualquiera, pues, que anule uno solo de estos mandamientos, aun de los más pequeños, y así lo enseñe a otros, será llamado muy pequeño en el reino de los cielos [...] Si su justicia no supera la de los escribas y fariseos, no entrarán en el reino de los cielos» (Mt 5:19-20; Stg 2:14-17).

---

1. El Dr. Robert Kolb, profesor jubilado de Concordia Seminary, St. Louis, ha compartido esta útil pregunta con muchos a lo largo de los años.

Sin embargo, la respuesta anterior nunca serviría si el autor de la pregunta tiene un peso en la conciencia y está cargado de culpa. En tal caso, la respuesta adecuada debería ser todo lo contrario: «¡Pues no, no son necesarias en absoluto! El evangelio ha puesto fin a todas las obras de la ley. Cristo es tu justicia y, como te has revestido de él por la fe, tienes todas sus obras, que son un cumplimiento perfecto de todo lo que Dios exigirá siempre. Descansa solo en esta fe, separada de las obras, y no te preocupes por nada. El Hijo te ha liberado de la necesidad de toda obra y, por tanto, eres verdaderamente libre» (Ro 10:4-9). Ha sido tarea de la tradición doctrinal de la Iglesia explicar la cuestión de las buenas obras en la vida santificada del cristiano en forma tal que, por una parte, tenga algún tipo de sentido coherente y, por otra, no viole la adecuada tensión entre la ley y el evangelio. Se trata de una tarea ardua, especialmente cuando se plantean cuestiones como la anterior. La tradición luterana posterior a Lutero se esforzó por abordar la cuestión de esta manera: Las buenas obras no son necesarias para la salvación en el sentido de que no desempeñan ningún papel en nuestra aceptación por Dios ni en el don de la vida eterna. Es solo por la gracia de Cristo, al margen de todo esfuerzo humano, que todos y cada uno se salvan por medio de la fe. No obstante, las buenas obras son necesarias en la vida cristiana de fe en el sentido de que Dios las manda y la fe sin obras está muerta. También se sostiene que las buenas obras son la consecuencia de una fe viva fortalecida por el Espíritu Santo a través del evangelio[2].

Si todo lo anterior resuelve tus dudas, bien. Pero si en este momento quieres responder preguntando: *Sí, de acuerdo, pero ¿y eso qué significa? ¿Tengo que hacer algo o no?* Tal vez la única respuesta que puedo dar es la siguiente: *No lo sé; ¿no tienes ganas?*

Las buenas obras: El impacto del evangelio

Cambiemos de enfoque. ¿Qué son las buenas obras y cómo se producen? Para algunas personas, el término *buenas obras* evoca imágenes de actos extraordinarios que uno se toma el tiempo de hacer. A otros les viene a la mente el eslogan de los niños exploradores: *haz una buena acción cada día*. Y otros pueden pensar en una especie de *buenismo* compulsivo. La tradición del Nuevo Testamento no se siente cómoda con ninguna de estas imágenes. Describe las buenas obras como fruto de la fe. Las buenas

---

2. Véase especialmente la Declaración Sólida de la Fórmula de la Concordia, IV, pp. 14-22.

obras y el modo en que encajan en la vida cristiana se conceptualizan siguiendo lo que algunos han llamado el *modelo botánico*. Jesús dijo que él es la vid y nosotros los sarmientos, y que si permanecemos en él daremos mucho fruto (Jn 15:1-5). Los frutos, como sabemos, son simplemente el subproducto de un árbol frutal o una vid que crecen sanos. Los frutos aparecen en las ramas espontáneamente y sin esfuerzo como consecuencia de la vida, según el tipo de rama creada por Dios. Las vides producen uvas, los manzanos producen manzanas, y así sucesivamente. Es así de sencillo. Reflexiona un momento sobre lo que esto significa. Los viñedos son silenciosos por la noche, ¿verdad? Mientras los frutos maduran, no hay gruñidos ni gemidos ni preguntas quejumbrosas (*¿Tenemos que producir uvas? ¿Cuántas?*). Simplemente, ¡lo hacen en silencio!

Esto nos da una idea sobre las buenas obras en la vida del cristiano en Cristo. Vivir en Cristo es simplemente producir las obras de Cristo. Estas son obras que, simplemente por ser el que es, él produce a través de cada uno de nosotros en virtud de lo que somos. A medida que vivimos en Cristo y su justicia mediante la fe, nuestra fe es natural y espontáneamente fructífera en obras de servicio amoroso. Es lo que hace la fe. Como afirmación indicativa, la fe *es* activa en amor. Además, Dios es amor. Él nos creó y nos redimió del pecado para amar. No se trata de una obligación o coerción legal, como si las obras de amor fueran algo ajeno a nuestra naturaleza nuevamente creada. *La gracia por la que vivimos y crecemos en Cristo es gracia que potencia y engendra una fe fecunda.* Las obras de amor son el modo en que la fe se expresa en la vida cotidiana. Son espontáneas y aparentemente sin esfuerzo; sin cálculo ni preocupación por uno mismo. Como describió Jesús el corazón amoroso que da, *la mano derecha no sabe lo que hace la izquierda* (Mt 6:3). El objeto de nuestro amor y sus necesidades del momento cautivan nuestra atención. Susanita se cayó y se peló las rodillas. Su amorosa madre la levantó, la consoló y curó sus heridas. Ahora bien, si fuéramos tan tontos como para preguntarle a la madre por qué hizo esto, o si pensó que *tenía que* hacerlo, seguramente ella pensaría que estamos locos. Las obras de amor pueden conllevar compulsión, pues uno es cautivo de las necesidades de un ser querido, pero no puede haber cabida para consideraciones legales de deber y cálculo. ¿No lo sabe todo el mundo, en el fondo de su corazón?

Las obras de servicio amoroso simplemente suceden cuando somos sorprendidos una y otra vez por la asombrosa realidad de que la gracia y la justicia de Cristo ponen fin a todos los requisitos legales. Somos libres de las exigentes obras de la ley, y somos libres para dirigir el amor hacia fuera, para centrarnos en las necesidades de los demás a medida que nuestro amor y nuestra confianza en Cristo nos liberan de la preocupación por nosotros mismos. El evangelio pone término a todo esfuerzo calculado por agradar, ser aceptables o rendir a fin de ser aptos y dignos. Finalmente y de manera perpetua, estamos seguros en su amor para abandonar la preocupación por nosotros mismos y liberar nuestro amor reprimido hacia Dios y los demás. Por pura gracia llegamos a estar seguros para siempre como hijos de Dios, ciudadanos del Reino de Dios, y como la esposa de Cristo. Este es el increíble poder del evangelio que energiza la vida santificada con el fruto de las obras de amor. ¡El perdón es poderoso! El caminar cristiano por la vida se encuentra continuamente con la increíble sorpresa de la gracia —la hilaridad de la libertad del evangelio— que no puede evitar estallar en expresiones de amor gozoso. Es simplemente nuestra naturaleza, como nueva creación en Cristo. Él es la vid, nosotros los sarmientos: hacemos lo que somos en Cristo. Así de sencillo.

Dejarse asir por la libertad del evangelio es enfrentarse a una nueva pregunta: *¿Qué te gustaría hacer ahora que Cristo ha hecho todo lo necesario?* La libertad del evangelio crea una agenda totalmente nueva que surge al comprender finalmente la realidad de que no *tenemos que* hacer nada y, por tanto, somos libres para ser y hacer lo que somos en Cristo. Como nueva creación en Cristo, ¡la necesidad de buenas obras no viene al caso! Gerhard Forde ilustra maravillosamente la falta de sentido de las preguntas sobre *tener que* hacer buenas obras en este contexto. Imaginemos a una pareja de recién casados esperando alegremente su noche de bodas. Ahora trata de imaginar al novio preguntando a su novia: *¿Tengo que hacer algo esta noche?*[3] Si tú fueras su novia, ¿cómo responderías a su pregunta? ¿Qué le dirías? ¡La pregunta es una locura! Si lo pensáramos un rato, tal vez podríamos concluir que la mejor respuesta sería algo parecido a lo dicho más arriba: *No lo sé; ¿no tienes ganas?*

Las buenas obras: El secreto de Dios

En los años setenta había una cancioncilla popular entre los jóvenes cristianos que reflejaba un poco de autocomplacencia. En un estribillo repetitivo, las obras piadosas del cristiano se ensalzaban de manera grata y autohalagadora como prueba ante el mundo de una genuina fe en Cristo: *Sabrán que somos cristianos por nuestro amor.* Irónicamente, sin embargo, había también una pregunta que invitaba a la reflexión sobre la vida cristiana de una manera menos cálida y que hizo que muchos se sintieran incómodos: *Si te juzgaran y te acusaran de ser cristiano, ¿habría pruebas*

---

3. G. Forde, *Justification by Faith*, p. 56.

suficientes para condenarte? ¿Cómo debemos evaluar el estribillo de la canción y esta pregunta? ¿Sabrán que eres un verdadero creyente (y no un hipócrita) por tu amor? En segundo lugar, ¿tienes el material correcto que, en un proceso judicial, te permitiría demostrar que perteneces a Cristo? ¿Cómo debemos considerar nuestras buenas obras en la vida cristiana de fe al vivir esa vida delante de los demás... y delante de Dios?

Por doloroso que pueda sonar, una comprensión cabal de las buenas obras que en última instancia sirven a Cristo, sí tienen un lado oculto o invisible, y por lo tanto, las afirmamos como un artículo de fe, no como una conclusión o evaluación por parte de otros a nuestro alrededor. Sí, las buenas obras del cristiano tienen una cualidad muy visible que todos pueden ver. La cualidad visible está en las acciones y palabras piadosas externas de las cuales habla nuestro Señor en Mateo 5:16: *Así brille la luz de ustedes delante de los hombres, para que vean sus buenas acciones y glorifiquen a su Padre que está en los cielos.* Cuando veamos tales obras por parte de cristianos profesantes, hagamos que brillen a fin de que, efectivamente, otros las vean y den gloria a Dios. Sin embargo, evidenciar la verdadera fe salvadora en el corazón del que hace las obras es otro asunto.

La distinción entre las buenas obras a los ojos de Dios y la justicia civil se encuentra en la obediencia de la fe. La fe salvadora solamente recibe pasivamente los dones salvíficos de Cristo y se aferra a ellos. Al mismo tiempo, sin embargo, es activa en la producción de buenas obras. Según Lutero, las obras son el *obrar con fe*. Escucha a Lutero: «En la teología, por tanto, el "obrar" requiere necesariamente la fe misma como condición previa [...]. Por tanto, en la teología, el "obrar" siempre se entiende como obrar con fe, de modo que obrar con fe es otra esfera y un nuevo ámbito, por así decirlo, diferente del obrar moral. Por eso, cuando los teólogos hablamos de "obrar", es necesario que hablemos de obrar con fe, porque en la teología no tenemos una razón recta y buena voluntad, sino fe»[4]. Las obras del cristiano que sirven a Cristo por medio del prójimo solo brotan de la verdadera fe salvadora (Ro 14:23) que es la fuente en la Nueva Creación, y las realiza por temor, amor y confianza en Dios[5]. Por esta razón, las buenas obras tienen una cualidad invisible y, por lo tanto, las afirmamos como un artículo de fe en el evangelio. Por la fe, creemos que la Nueva Creación a partir del bautismo es esclava de Dios y de la justicia (Ro 6:18, 22); una rama injertada en la vid que es Cristo para la inevitable producción de frutos (Jn 15:5); y que Dios ha preordenado las buenas obras en las que andamos (Ef 2:10).

---

4. *AE* 36, pp. 262-263.
5. El primer mandamiento, que para Lutero, en sus catecismos, se halla incrustado en todos los demás.

Creemos que, en efecto, producimos buenas obras a medida que Cristo logra su objetivo con nosotros a través del impacto del evangelio. Las buenas obras que se hacen por temor, amor y confianza en Dios no son una conclusión a la que otros llegan examinando una obra determinada según las normas externas de los mandamientos, como los expuso Lutero en sus catecismos. La ley nos mostrará lo que es una buena obra (hecha por temor, amor y confianza en Dios, y en conformidad con los otros mandamientos), pero no revelará cuáles de nuestras obras externas son realmente generadas por temor, amor y confianza en Dios. Estos elementos centrados en el corazón están ocultos; no pueden ser percibidos por aquellos que observan cómo estamos viviendo nuestras vidas y no pueden ser presentados como evidencia ante un tribunal de justicia.

La ley escrita en el corazón expondrá los sentimientos pecaminosos y carnales dentro del cristiano que están allí también en todas sus obras, pero estos elementos corruptos están cubiertos por la justicia de Cristo. En este sentido, las obras que fluyen de la fe son el secreto de Dios que será revelado para que todos lo vean en el Día del Juicio. Entonces, y solo entonces, cuando el Señor lleve a cabo su tribunal, se proveerá evidencia de nuestra fe salvadora para probar que somos cristianos por nuestro amor tanto a nuestro prójimo como a nuestro Señor. Así que puedes destrozar la canción y resistir a todos los que intenten poner tu fe a prueba. Solo confía en las palabras del Señor acerca de tu bautismo; confía en su Palabra acerca de cómo tus obras han sido predestinadas y espera escucharlo ensalzar tus obras de fe en el Día del Juicio en el Gran Banquete de Honor venidero.

Nuestro análisis sobre las buenas obras y la fidelidad en la vida cristiana no es exhaustivo. Hay otras cuestiones importantes que considerar al respecto, no siendo la menor de ellas el modo en que nuestra posición vocacional en la vida configura y particulariza nuestras obras y a nuestro prójimo. Abordaremos estas cuestiones en el próximo capítulo. Nuestra preocupación aquí ha sido señalar cómo se producen por el impacto del evangelio como consecuencia de nuestra vida y crecimiento en Cristo. Además, hemos subrayado que la forma en que debemos responder a las preguntas sobre la necesidad de las buenas obras depende de la disposición de cada persona hacia ellas: *¿Por qué quieres saberlo?* Se trata de una pregunta muy personal. Dios se dirige a nosotros de manera diferente en su Palabra según nuestra disposición. A los pecadores santurrones y autocomplacientes, su palabra de ley les ordena obras en pureza y cantidad máxima. No hace esto para producir buenas obras de nosotros. La ley no energiza ni potencia el fruto de la fe; en lugar de eso, aplasta. Dios nos impulsa al arrepentimiento por nuestra autocomplacencia estéril y produce hambre y sed de las bendiciones del evangelio. Pero a los pecadores que cargan con culpa y desesperación en su conciencia, solo los pone ante los dones justos de Cristo que son nuestros por la fe. *Cristo es el fin de la ley para justicia a todo aquel que cree* (Ro 10:4).

Además, hemos indicado que el verdadero *ethos* de las buenas obras reside en la respuesta libre y espontánea del amor a la hilaridad de la libertad del evangelio. Cuando somos revestidos por la justicia de Cristo mediante la fe, morimos al pecado y emergemos como un nuevo yo, modelado a imagen de Cristo. Para la Nueva Creación, las obras de la fe fluyen espontáneamente en esta libertad a medida que el ser individual crece y *se pierde* en la preocupación amorosa por el otro.

Las exhortaciones de la ley en el Nuevo Testamento

Pero nuestra discusión sobre las buenas obras y cómo se producen necesita una mayor clarificación. Algunos han argumentado que la cuestión de las obras y su producción en la vida cristiana debe considerarse en un nivel *práctico y realista*, con la ayuda de las exhortaciones de la ley. Algunos han sugerido que las exhortaciones del Nuevo Testamento a una vida piadosa deberían considerarse en parte como exhortaciones positivas, alentadoras y persuasivas *basadas en el evangelio*. Creen que las palabras de Jesús a la mujer sorprendida en adulterio, *Vete y no peques más* (Jn 8:11), deben ser vistas de esta manera[6]. Sugieren que las exhortaciones de la ley que se encuentran en los capítulos centrales y finales de Romanos (6, 8, 12-16) deben entenderse en parte como un estímulo para que los cristianos tomen decisiones positivas a la hora de elegir sus obras. Por ejemplo, Pablo escribe:

> Amados, nunca tomen venganza ustedes mismos, sino den lugar a la ira de Dios, porque escrito está: «Mía es la venganza, yo pagaré», dice el Señor. «Pero si tu enemigo tiene hambre, dale de comer; y si tiene sed, dale de beber» [...]. No seas vencido por el mal, sino vence el mal con el bien. (Ro 12:19-21)

Según estas opiniones, el material exhortativo de Romanos trata a los cristianos *como si fueran un tercero que se encuentra entre dos poderes, el pecado y el Espíritu*, como si el cristiano fuera un *auriga* con un caballo malo y otro bueno. Utilizando esta analogía, el apóstol Pablo recurre

---

6. Para un análisis más detallado de este punto de vista, véase la obra de Paul R. Raabe y James W. Voelz «Why Exhort a Good Tree? Anthropology and Paraenesis in Romans», *Concordia Journal* 22, n.º 2 (abril de 1996), pp. 154-163.

a la ley para instar al individuo *a que se deje guiar por el caballo bueno y resista al caballo malo*. Argumentan que, en efecto, el Espíritu da poder a la vida cristiana y produce la santificación, pero solo en un sentido más profundo, teórico y ontológico. En el plano más práctico, piensan que Pablo promueve argumentos positivos y negativos con la ley para fomentar la vida santificada. Todo esto no se hace en el nivel teórico más profundo en el que opera el evangelio, sino más bien en términos de la vida práctica diaria de los cristianos *como seres humanos concretos y prácticos*[7]. ¿Debemos aceptar esta interpretación de la ley en el Nuevo Testamento? Sí y No.

Hay dos cosas básicas que deben tenerse en cuenta al considerar la ley. Primero, la ley fue añadida a causa del pecado (Gá 3:19). Dios usa su ley para tratar con los humanos pecadores espiritual y temporalmente, pero hace ambas cosas de maneras muy diferentes. *Espiritualmente, él prepara a los pecadores para recibir el evangelio revelando lo que no podemos ser y hacer. En nuestros asuntos temporales, hace lo contrario*. Utiliza la ley para promover e incluso coaccionar el juego limpio y las relaciones justas en este mundo caído por medio de recompensas y castigos. Nos moldea para una buena ciudadanía terrenal, y esto es algo que nosotros los pecadores podemos ser y hacer. En ambos casos, dado que somos seres pecadores, los *imperativos* de la ley nos acosan espiritual y temporalmente. Solo en el Día Mejor venidero los que estamos en Cristo nos libraremos de su carácter esclavizante. Además de estos usos divinos, la ley tiene, por desgracia, algunos efectos secundarios negativos. Intensifica el pecado e incita a la rebelión (Ro 5:13, 20). Al estar alojada en el corazón (el patio de recreo del diablo), el Espíritu Profano utiliza la ley para convencernos de que, o bien no necesitamos el evangelio, o bien hemos perdido nuestro derecho a reclamarlo. Aquí la ley se usa como arma contra el evangelio.

En segundo lugar, tenemos que recordar y apreciar que la ley, cuando se aplica correctamente, como se ha señalado anteriormente, es siempre eminentemente práctica, incluso para los cristianos. Sin duda es práctica en la gestión de nuestros asuntos temporales y en el trato con los demás. La ley nos enseña los elementos de la rectitud temporal, y que normalmente, para que nos vaya bien en la vida, es mejor seguir las reglas que romperlas. Aquí, la ley cultiva la sabiduría y la rectitud civil —cuestiones que Lutero distinguió acertadamente como asuntos que están *por debajo de nosotros*— en las que, de hecho, ejercemos el libre albedrío. Todo esto,

---

7. P. Raabe y J. Voelz, pp. 160-161.

por supuesto, se aplica también a los no cristianos. En este ámbito, debemos estar de acuerdo en que la ley no solo amenaza, sino que también alienta e incluso puede atraer de maneras muy prácticas. En este nivel podemos elaborar argumentos persuasivos. Podemos incluso engatusar: *Vamos, haz lo que dice la ley. ¡Te alegrarás de haberlo hecho! La vida te irá mejor si sigues las normas.*

A partir de este punto, sin embargo, debemos trazar una gran línea, pero no para descartar un uso práctico de la ley en la esfera espiritual de la vida. Sí, hay exhortaciones en Romanos y en otras partes del Nuevo Testamento que tratan de algo más que de la justicia civil. Sin embargo, debemos trazar una línea que excluya toda pretensión de libre albedrío humano. Lutero recordó a la Iglesia, primero en sus «*Tesis de Heidelberg*» y después en su monumental *La esclavitud de la voluntad:* en los asuntos espirituales, no hay libre albedrío, ¡ni siquiera para el cristiano! Cualquier noción de libertad humana en *las cosas espirituales por encima de nosotros* es un producto de la imaginación. La analogía de la voluntad actuando como auriga no se ajusta a ningún ser humano antes o después de la Caída en el área de los asuntos espirituales. El cristiano simplemente no ocupa una posición neutral para poder elegir entre el pecado y el Espíritu. La voluntad está atada; no borrada, sino cautiva y gobernada *desde arriba.* Como Lutero lo presentó gráficamente, *en la vida, uno es montado como una mula* ya sea por Dios o por el diablo. Cuando la ley se aplica a asuntos espirituales, *cosas que están por encima de nosotros,* la voluntad humana debe considerarse siempre atada.

El apóstol enseñó que, como nosotros los cristianos somos una Nueva Creación en Cristo, somos cautivos-esclavos de Dios y de la justicia (Ro 6:18, 22). Sí, estamos libres de la esclavitud del pecado, de la muerte y del diablo, pero ahora estamos atados en esclavitud a Dios y a las obras de Dios (analogía de Lutero de una mula montada por Dios). Así hacemos según lo que somos en Cristo. No obstante, Dios reconoce que la ley sigue siendo necesaria y aplicada en la vida de los cristianos por la sencilla razón de que, sin Cristo, seguimos siendo pecadores. Sin el bautismo en Cristo, Pablo se consideraba carnal, y así nosotros, como él, estamos *vendidos como esclavos al pecado* (Ro 7:14, 18). A causa de esta última esclavitud, la santificación del cristiano es incompleta, y necesita la ley continuamente, pero no para recibir estímulo u opciones en las cosas espirituales. Simplemente no hay nivel o dimensión de obras espirituales donde el cristiano pueda ser animado a tomar una *decisión correcta* autónoma. No hay decisiones por Cristo —ni con fe ni con obras—. Simplemente hacemos, voluntariamente, según somos gobernados en la carne y en el Espíritu, por el diablo y por nuestro Señor, Jesucristo. Debemos interpretar el uso que hace Pablo de la exhortación de la ley a la luz de lo que enseña sobre la doble esclavitud del cristiano: *atado a Cristo y atado aparte de él al pecado*. El carácter simultáneo de esta dualidad significa que nuestras obras siempre tienen un carácter mixto, de árbol bueno/árbol malo, en esta vida. Lo que hace que las buenas obras sean buenas es que están cubiertas con el perdón de los pecados. Esto es porque fluyen de la dualidad de lo que somos como esclavos de la justicia y esclavos del pecado. Por lo tanto, si el no cristiano no se impresiona con algunas de tus obras, no debes sorprenderte.

Debido a que, aparte de Cristo, el cristiano en esta vida todavía es el viejo Adán, siempre necesita ser exhortado por la ley. Los luteranos en sus confesiones usan verbos fuertes como *amonestar*, *exhortar*, *enseñar*, *reprender*, *advertir* y *amenazar*, pero *no* alentar[8]. Los cristianos, a causa del Antiguo Adán, necesitan ser *estimulados* e *incitados* por la ley. Sin embargo, a la ley nunca se le atribuye el poder o la producción de la santificación o sus obras de fe, ¡nunca y en ningún nivel! Las obras de fe son producidas exclusivamente por el evangelio. Más bien, la ley debe ser reconocida como necesaria para crucificar la carne pecaminosa, exponer la falsa piedad y revelar lo que debemos ser y hacer. Los cristianos necesitan esto a causa del viejo Adán y el engaño del diablo. Todo el tiempo, un Dios iracundo nos acusa de no estar a la altura: no somos, no hacemos y no podemos estar a la altura de lo que él buscó que fuéramos e hiciéramos al crearnos y redimirnos. *¡La ley siempre acusa!* Por eso los cristianos siempre necesitamos la ley. Es tan eminentemente práctica como ciertamente espiritual. La acusación de la ley, como hemos dicho antes, conduce y prepara la recepción del evangelio. Aquí la locura de Dios justifica, santifica y potencia el fruto de la fe ¡por completo! A medida que Dios logra lo que desea con nosotros, el latido espiritual en la vida santificada del cristiano sigue siendo siempre el mismo: ley/evangelio, de un lado al otro, una y otra vez, pero nunca evangelio/ley, y ciertamente no ley/evangelio/ley.

¿No sería engañoso llamar a estos imperativos *exhortaciones basadas en el evangelio*? Tal vez esa terminología debería reservarse para describir los imperativos del Nuevo Testamento que invitan a las bendiciones del evangelio. *Cree en el Señor Jesucristo... Bautízense para el perdón de los pecados y recibirán el Espíritu Santo... Tomen y coman, esto es mi cuerpo*, y así sucesivamente. El imperativo en estos casos debe entenderse

---

8. Véase la *Declaración Sólida* de la *Fórmula de la Concordia*, VI, pp. 9, 24.

pasivamente, como una mera invitación a recibir lo que se da gratuitamente. Otros los han llamado mandatos del evangelio, imperativos divinos o imperativos del evangelio. No son ley. Usar la palabra *evangelio*
para describir lo que es claramente material de la ley es más bien contra-
dictorio y puede crear confusión.

En relación con el encuentro de Jesús con la mujer sorprendida en adulterio en Juan 8, ¿qué debemos hacer con sus palabras: *Vete y no peques
más*? Tal vez la clave para entenderlas correctamente esté ligada a la interpretación de las palabras precedentes: *Yo tampoco te condeno*. ¿Es este
otro ejemplo de Jesús ejerciendo las llaves del reino? ¿Son palabras parale-
las a las que dijo, por ejemplo, al paralítico en Mateo 9: *Tus pecados te son
perdonados*? Muchos intérpretes a lo largo de la historia de la Iglesia han
pensado que sí. Sin embargo, nosotros no estamos tan seguros.

La situación con la mujer sorprendida en adulterio era diferente. En
primer lugar, Jesús se enfrenta a unos justicieros judíos dispuestos a eje-
cutar la antigua pena civil prescrita para el adulterio, la muerte por lapidación. Así lo exigía la ley de Moisés bajo el antiguo pacto. Al buscar
piedras, la intención de ellos era condenar civilmente a esta adúltera de
acuerdo a Moisés. Sí, estaban actuando como justicieros (tomando la ley
en sus propias manos) porque los judíos estaban ahora bajo el dominio
romano donde solo el debido proceso romano podía legalmente condenar a alguien a muerte. En segundo lugar, Jesús irritó a muchos con
su insistencia en que el César debía recibir lo que le correspondía (Mt
22:21). El apóstol Pablo hizo lo mismo en Romanos 13 y 1 Timoteo 2. A
partir de estas observaciones, parecería natural interpretar las palabras
de Jesús —*yo tampoco te condeno*— en el mismo sentido condenatorio
civil que la amenaza contextual. La mujer estaba amenazada de muerte
por lapidación. Lo que tenemos aquí, de principio a fin, es una confrontación sobre cuestiones judiciales civiles referidas al debido proceso, ¡no
sobre confesión y santa absolución! Jesús muestra compasión sofocando
la anarquía. Por tanto, sus palabras *vete y no peques más* podrían considerarse dentro del mismo contexto temporal de justicia civil y sabiduría.
Sus palabras animan a la mujer a actuar con sabiduría, como si dijera:
*Mire dama, yo la ayudé a salir de esta. ¡Ahora hágase un favor y ponga
su vida sexual en orden!*

Interpretar que Jesús concedió gracia a la mujer en un nivel espiritual
y luego la animó con consejos prácticos de la ley en un nivel terrenal para
producir el fruto de la fe en la vida santificada es bastante forzado. Nos
obliga a hacer suposiciones sobre la vida espiritual de esta mujer que sencillamente no están en el texto. Además, separa completamente el sentido
de las palabras de Jesús del contexto en el que fueron pronunciadas.

Algunas palabras sobre el Tercer uso de la ley

Muchos se han confundido con el término *Tercer uso de la ley* —especialmente los luteranos—. Uno podría preguntarse si se trata de un programa para predicar y enseñar las buenas obras después de que las promesas y los dones del evangelio han sido dados a los cristianos. ¿Podemos hablar de algún uso de la ley en la Iglesia que sea programático y excluya su acusación de pecado?

Algunos antecedentes sobre el lenguaje de la Reforma en relación con los usos de la ley pueden ser útiles para obtener una mayor claridad. Lutero trató la ley en sus escritos diferenciando dos usos de ella: (1) un *uso civil* y (2) un *uso teológico* o espiritual. Su uso *teológico* describe cómo Dios utiliza la ley en los corazones de los pecadores al proclamarla y enseñarla en el ministerio de la Iglesia. Teológica o espiritualmente, la ley acusa de pecado y revela la ira y la condenación de Dios[9].

En las *«Tesis de Heidelberg»* de 1518, Lutero subrayó el aspecto condenatorio de la ley, especialmente en la Tesis 23, donde afirmó: *La ley trae la ira de Dios, mata, injuria, acusa, juzga y condena todo lo que no está en Cristo (Ro 4:15)*[10]. No obstante, Lutero creía que la ley también servía para informar a los cristianos sobre la naturaleza de las obras de fe buenas y agradables a Dios. Su *Tratado sobre las buenas obras*, de 1521, hace hincapié en este uso instructivo de la ley[11]. Expuso la naturaleza de las buenas obras como obras que están de acuerdo con los mandamientos revelados por Dios en su Palabra, y no según las tradiciones de los hombres. Si Dios no lo ha ordenado en su Palabra, no puede considerarse una buena obra. Además, si no ha sido prohibido en su Palabra, no puede considerarse como pecado. Lo que la Palabra de Dios no prohíbe está permitido en la libertad cristiana. Su tratado es simplemente un comentario ampliado de los diez mandamientos y un precursor de la primera parte principal de sus catecismos que escribiría unos años más tarde.

El término *Tercer uso de la ley* fue introducido en la terminología de la Reforma por el colega y amigo íntimo de Lutero, Philip Melanchthon. Cuando Melanchthon resumió la doctrina evangélica de Lutero en sus *Loci Communes*, cambió la doble división de Lutero respecto a la ley por una triple división[12]. El *uso civil* siguió siendo el mismo, pero el *uso teológico*

---

9. *AE* 26, pp. 308-317.
10. *AE* 31, p. 54
11. *AE* 44, pp. 15-114.
12. Véase el análisis de Melanchthon en sus *Loci Communes* de 1555 en *Melanchthon on Christian Doctrine*, trad. Clyde L. Manschreck (New York: Oxford University Press, 1965), pp. 122-128.

o *espiritual* de Lutero se convirtió en un *segundo uso* que acusaba y condenaba, y luego su *tercer uso* enumeraba la insistencia de Lutero de la instrucción de la ley respecto a las buenas obras. Sin embargo, Melanchthon no promovió ningún uso instructivo separado de la función acusatoria en la vida del cristiano. De hecho, fue Melanchthon quien acuñó la frase (no la idea) *la ley siempre acusa*[13]. En su presentación sistemática de la doctrina, él simplemente detalló cómo Dios utiliza su ley.

Algunos han argumentado que Lutero no enseñó que la ley instruye a los cristianos sobre la naturaleza de las buenas obras, como si Lutero sostuviera que la ley *solo* acusa cuando es enseñada y proclamada en la vida de la Iglesia. Sin embargo, no es así. Lutero sí enseñó una función instructiva de la ley. Obsérvense sus palabras en su conclusión de los diez mandamientos en el *Catecismo mayor*: «Aquí, pues, tenemos los diez mandamientos, un resumen de la enseñanza divina sobre lo que debemos hacer para que toda nuestra vida sea agradable a Dios. Son la verdadera fuente de la que deben brotar todas las buenas obras, el verdadero canal por el que deben fluir todas las buenas obras. Fuera de estos diez mandamientos, ninguna obra, ninguna conducta puede ser buena o agradable a Dios, por grande o preciosa que sea a los ojos del mundo». Lutero escribió sus catecismos para instruir. La primera parte principal fue escrita (como su anterior *Tratado sobre las buenas obras*) con la intención de que los creyentes se beneficiaran, en parte, comprendiendo la verdadera naturaleza de las buenas obras, fruto de la fe en la vida justificada del cristiano. Esto es exactamente lo que Melanchthon y la Fórmula de la Concordia en las Confesiones Luteranas llaman el *Tercer uso de la ley* (ver Artículo VI de la Fórmula de la Concordia). Sin embargo, enumerar o comprender los usos de la ley no presenta métodos o estrategias programáticas sobre cómo debe proclamarse. Lo que se necesita aclarar y enfatizar, sin embargo, es que la ley siempre necesita ser proclamada en toda su fuerza, independientemente de su acusación o instrucción sobre las buenas obras.

¿Por qué necesita el cristiano instrucción sobre las buenas obras, sobre todo si la nueva creación las realiza de acuerdo con su naturaleza? El problema, como hemos señalado anteriormente, es que el cristiano no es simplemente una nueva creación en Cristo. También es, separado de Cristo, un esclavo carnal del pecado (Ro 7:14). Los cristianos aún requieren la enseñanza de la ley para evitar que confíen en su propio sentido de santidad y piedad o que creen obras carentes de su Palabra y mandato.

---

13. La Apología de la Confesión de Augsburgo IV:128.

La instrucción de la ley ayuda al cristiano a protegerse de las obras carnalmente autoasignadas. Al mismo tiempo, la ley puede frenar, obligar o hacer que el yo pecaminoso (motivado por el interés propio) acompañe al carácter externo de las obras que tienen el mandato de Dios. Sin duda, el yo pecaminoso carnal nunca aporta nada positivo a las obras del cristiano. Todo lo que puede hacer es pecar.

Los usos de la ley y ablandamiento de las buenas obras

Los reformadores aclararon cómo *Dios utiliza su ley* en la vida de la Iglesia. También explicaron cómo él actúa en las vidas y los corazones de los pecadores cuando la ley es proclamada en toda su fuerza y correctamente distinguida del ministerio del evangelio. Es Dios quien acusa, condena e instruye en las buenas obras en el momento, lugar, y de la manera que él quiere a través de la proclamación y enseñanza de la ley. Puede que un oyente sea acusado, pero no condenado (al vivir bajo la gracia a través de la fe), otro puede ser condenado (y finalmente llevado a perder la esperanza en su justicia propia), y otro, en un momento dado, puede aprender algo nuevo, que no había entendido antes, sobre el fruto de la fidelidad. Estas cosas que Dios realizaría a través de su ley no deben entenderse como elementos programáticos para que el predicador organice su sermón. Este solo debe predicar la ley en toda su fuerza y luego el puro y dulce evangelio. ¡Y punto! No debe haber una *tercera parte* del sermón, después del evangelio, para una instrucción programática e independiente en la ley, que informe y fuerce al cristiano a hacer buenas obras después de haber escuchado su perdón en Cristo.

Los usos acusatorios e instructivos de la ley deben distinguirse a medida que enseñamos cómo Dios usa su ley, pero esta distinción no debe hacerse en entregas programáticas separadas, como si el siervo de la Palabra debiera orquestar la acusación de la ley antes del evangelio, pero luego instruir en las buenas obras después. Instruir y exhortar al creyente sobre las obras después de oír la libertad vivificante del evangelio puede tener el efecto de borrar este impacto. Es como señalamos antes; la ley *siempre acusa*. El evangelio predomina en el ministerio de la Iglesia cuando es escuchado como la Palabra final de Dios y, por tanto, lo más apropiado es que vaya seguido de un *Amén* y luego silencio. ¿No entendemos todos que, cuando sigue el silencio, la última palabra ya ha sido escuchada?

Además, los cristianos deben tener cuidado con las exhortaciones y descripciones de las obras de la fe que son aguadas o blandas. Las obras blandas son moralistas, permitiendo que cualquier bienhechor las realice y haga alarde de ellas por puro interés propio. Los siervos de la Palabra no deben ser blandos en las buenas obras. Las buenas obras blandas son esas obras relajadas contra las que Jesús arremetió en el Sermón del monte (Mt 5:19-22). Son el tipo de obras que a veces alardean de virtud piadosa en tu cara porque está escrita en el rostro del que pretende ser bueno. Las buenas obras blandas incluyen las obras calculadas en las cuales la mano derecha sabe exactamente lo que está haciendo la izquierda (Mt 6:1-4). La característica más distintiva de las buenas obras blandas es que cualquiera puede hacerlas. El aliento y las buenas obras blandas solo alimentan la carne pecaminosa y roban a los creyentes el poder y la libertad del evangelio.

Sí, las buenas obras están normadas por la ley de Dios, pero necesitan ser predicadas y enseñadas en toda su fuerza. Esto significa que, cualesquiera sean las acciones externas que puedan exigir, siempre incluirán lo que se exige en y desde tu corazón. Necesitan que haya exhortación y amonestación para que fluyan de la fe en Cristo y del amor a Dios y al prójimo. El yo carnal en todos los creyentes necesita que se le recuerde que si las buenas obras exteriores no fluyen de la fe y del amor a Dios (y al prójimo), no son más que lo que Isaías comparó con trapos de inmundicia (Is 64:6). Sí, esta predicación sobre las buenas obras no es particularmente edificante, pero no se supone que deba serlo. Su intención es ser instructiva, no inspiradora.

La predicación adecuada de las buenas obras nunca es para animarnos. Más bien, su propósito es hacer dos cosas al mismo tiempo: informarnos sobre el carácter de las verdaderas obras que agradan a Dios; y luego, dónde faltan en nuestra vida. Si no hace lo primero, no puede hacer lo segundo. La predicación de buenas obras blandas no hace ni lo uno ni lo otro. La predicación y la enseñanza adecuadas de buenas obras, con las amonestaciones apropiadas, no están diseñadas para revelar tu virtud o hacerte sentir bien contigo mismo. Su intención es exponer tu pobreza —lo que deberías hacer, pero no haces—. Esto es bueno para tu salud espiritual y, por extraño que parezca, este tipo de predicación tiene un papel importante en la realización de buenas obras.

Puesto que la buena predicación de las obras ordena tanto los aspectos internos como los externos de la ley, siempre expone nuestra fe débil y nos clava por nuestras obras empobrecidas a menudo egocéntricas. El yo carnal siempre está presente en todas nuestras obras. Aunque esto nos haga retorcernos, es algo bueno. El Espíritu del Señor usa esto para exponer las obras falsas y acusar nuestra pobreza a fin de que sintamos hambre del Evangelio —que sintamos hambre de las obras y la justicia omnisuficientes de Cristo—. Por tanto, ¿son la predicación y la amonestación adecuadas de las buenas obras una preparación para el evangelio? ¡Sí! Cuando el evangelio te da las obras perfectas y suficientes de Cristo y te libera de su necesidad legal, algo mágico sucede. Esta es la hilaridad del evangelio. Cuando te das cuenta de que no hay nada que tengas que hacer, el impacto del evangelio produce tanto el deseo como la libertad de hacer las obras porque el corazón *quiere* en lugar de hacerlas porque *se tienen que* hacer.

Dios es escurridizo. Cristo es el fin de la ley, para que todo el que cree reciba la justicia (Ro 10:4). Todo el tiempo, su plan para ti fue que hicieras obras de fe sin compulsión legal a partir de un espíritu libre (Jn 15:1-5; Gá 2:10). Lutero entendió que esto es lo que san Agustín quería decir con *Ama a Dios y haz lo que quieras*[14]. El aliento y la exhortación a las buenas obras suaves pueden motivarte a aumentar o mejorar tu vida moral exterior —quizás para aminorar un sentimiento de culpa—, pero no te producirán hambre de las obras y la justicia de Cristo. No te llevarán al evangelio, el poder de Dios para la salvación y el único poder de Dios que produce el fruto de la fe.

También hay que aclarar que la predicación correcta de las buenas obras en toda su fuerza no nos mostrará nuestras propias buenas obras. Dios usa su ley para revelar nuestro pecado (Ro 3:20) y lo que son las obras buenas, pero no revela las nuestras. Nuestras buenas obras son secretos de Dios. Él realiza esta obra en los recovecos ocultos del corazón y la mente del creyente, donde se alimentan el temor, el amor y la confianza en Dios. La conclusión es que debemos creer en nuestras buenas obras simplemente porque Cristo promete que están ahí (Jn 5:1-5; Gá 2:10). Cristo te las revelará como preludio a su Banquete de Premios en el Día del Juicio (ver Mt 25:31-40). Por ahora, sin embargo, evalúa apropiadamente cómo los Siervos de la Palabra están predicando las buenas obras. Y luego escucha… o vete.

Así que, para resumir, los Siervos de la Palabra simplemente deben proclamar la ley pura, en toda su fuerza, como preparación para el ministerio del evangelio. Si en tal ocasión Dios quiere condenar a las profundidades del infierno al Sr. Rodríguez, sentado en el segundo banco, eso es asunto de Dios. Si quiere exponer la vida carnal de la Sra. López, en la

---

14. En realidad, lo que Agustín dijo fue: «Ama a Dios y haz lo que quieras». La cita completa es esta: «De una vez por todas, pues, se te da un breve precepto: Ama y haz lo que quieras: si callas, calla por amor; si gritas, grita por amor; si corriges, corrige por amor; si perdonas, perdona por amor: que en el interior esté la raíz del amor, pues de esta raíz nada puede brotar sino lo que es bueno». Séptima homilía sobre 1 Juan 4:4-12.

última fila, y acusarla de idolatrar sus lazos familiares, también es asunto de Dios. Si Dios usa nuestra predicación para refrenar y disciplinar con las amenazas del infierno el comportamiento rebelde del adolescente Sebastián (¡fíjate, incluso he puesto el uso civil de la ley!), nuevamente eso es asunto de Dios. Y si Dios usa la buena proclamación del pastor para enseñar al Sr. Zambrano que los frutos de la fe incluyen aun sus deberes domésticos ordinarios como esposo y padre, eso es asunto de Dios. Aun si la Sra. Henríquez duerme y el Sr. González es simplemente provocado a mayores niveles de rebelión pecaminosa... bueno, otra vez, eso es asunto de Dios. Él refrena, instruye o acusa para arrepentimiento en el momento, lugar, y de la manera que él decide.

El siervo de la Palabra simplemente debe distinguir correctamente la ley y el evangelio en toda su fuerza y pureza y luego dejar los usos (en el doble sentido de Lutero o el triple sentido de Melanchthon) en manos de Dios. Lo mismo puede decirse de los usos del evangelio. Una vez más, el término *uso* describe lo que Dios realiza a través de su Palabra según su promesa y su beneplácito. Por las Escrituras, entendemos que Dios usa su evangelio para crear la fe salvadora, otorgar el perdón de los pecados, hacer madurar la Nueva Creación y hacer posibles las buenas obras. Por lo tanto, como se aclaró anteriormente con respecto a los usos de la ley, estos no deben entenderse como elementos separados que el siervo de la Palabra debe dividir programáticamente —no es como si, en una instancia o método, el evangelio debiera ser proclamado para producir la fe; en otra instancia, para otorgar el perdón; en otra, para hacer madurar la vida en Cristo; y así sucesivamente—. Ciertamente, estos usos deben ser enseñados en lo concerniente a lo que Dios realiza a través de su Palabra salvadora. Sin embargo, el evangelio simplemente debe ser proclamado en toda su fuerza entendiendo que Dios llevará a cabo estas obras de salvación en las vidas de los pecadores en el momento, lugar y de la manera que él elija.

Algunas observaciones finales

Concluyamos este análisis de la vida santificada de buenas obras con un par de aclaraciones importantes. En primer lugar, la instrucción sobre las buenas obras proporcionada por la ley presenta solo el marco o los parámetros dentro de los cuales se encuentran las buenas obras del cristiano y más allá de los cuales sus proyectos no deberían ir. La ley revelada de Dios establece un marco básico para las expresiones creativas del servicio amoroso, a medida que la fe se expresa a partir del *temor*, el *amor* y la *confianza en Dios*. En el marco de la ley del amor, los deberes y tareas concretos del cristiano se configuran y particularizan según los llamados de su vocación. Por otra parte, las Escrituras dan por supuesto que sabemos lo que es el amor cuando nos exhortan a amar al prójimo como a nosotros mismos. Los cristianos deben resistirse a una especie de *cristianismo de manual*. Convertir la Biblia en un libro de reglas legalista ahoga la tremenda creatividad e ingenio que Dios quiere que su pueblo emplee en sus entornos vocacionales cuando la fe se expresa en el amor, sirviendo a Cristo en las necesidades del prójimo.

En segundo lugar, este breve análisis de las buenas obras no es más que palabreo. Y hablar de la vida santificada y las buenas obras nunca ha producido ni un ápice de ninguna. Gerhard Forde señaló sabiamente que hablar de la santificación puede ser peligroso si da la falsa impresión de que la santificación y las buenas obras pueden producirse simplemente concentrando mucha enseñanza correcta sobre ellas en análisis como este[15]. Tal discurso sobre la vida santificada y la manera en que Cristo la realiza, aun cuando vaya acompañado de exhortaciones a las buenas obras, no es lo mismo que el impacto del evangelio proclamado en la Palabra y la cena. Podemos repetir como un conjuro las palabras *poder del evangelio* y *amor de Cristo* hasta la saciedad y aun así no habremos impartido ni lo uno ni lo otro. Lo que santifica y da poder a las buenas obras es el evangelio mismo proclamado; el otorgamiento mismo de los dones salvíficos de Cristo. Está plasmado en palabras de Cristo tan liberadoras como *tus pecados son perdonados* y *dada y derramada por ti*.

Sin embargo, hablar con franqueza sobre la vida santificada de buenas obras no es trivial. Tiene un papel importante. Puede crear una conciencia adecuada de la fe/vida en la que somos bautizados, un enfoque correcto de los *ojos de la fe*. La santificación y las buenas obras son secretos de Dios. No podemos verlas como veríamos la construcción de una casa. Él lleva a cabo esta obra en los recovecos ocultos del corazón y la mente del creyente, donde se cultivan el temor, el amor y la confianza en Dios. Simplemente debemos creer que él logra lo que desea de nosotros en el evangelio, edificándonos y haciéndonos madurar como una imagen de la estatura total de Cristo. También debemos confiar en que las obras son hechas posibles y producidas por el mismo evangelio que perdona y da vida eterna. Estas cosas, como todas las bendiciones del evangelio, están

---

15. «Aun en las mejores condiciones, hablar de la santificación de cualquier forma aparte de la justificación resulta peligroso. Tiende a convertirse en un estricto ejercicio verbal en el que uno dice cosas obligatorias para demostrar que "se lo toma en serio", pero poco sale de la discusión. Tal vez uno se sienta santificado solo por hablar impresionantemente de ello». G. Forde, «The Lutheran View», p. 16.

ocultas y, por tanto, solo son percibidas por los ojos de la fe. Sí, centrar verdaderamente la confianza en los dones y el impacto del evangelio — creer realmente la locura divina de que, en Cristo, obramos según lo que somos—: ¡he ahí el desafío!

CAPÍTULO 10

La vocación

Una vida común para santos comunes

La descripción que hace Lutero de una fe que sale fielmente a trabajar al mundo presenta al cristiano un régimen de vida que no se distingue mucho del de los ciudadanos del reino del diablo. Para Lutero, la fe salvadora está llamada a ejercer una vida de fidelidad que, comparada con gran parte del pensamiento cristiano occidental anterior a la Reforma, es decididamente mundanal y rutinaria en apariencia. Instó al cristiano a dejar atrás los ejercicios de la vida monástica, las peregrinaciones, los desfiles eucarísticos y diversos actos de abnegación piadosa en una lucha por la santidad personal. La justicia de Cristo será tu santidad ya realizada y otorgada. No puedes ser más justo o santo de lo que ya eres en tu bautismo. Por lo tanto, el cristiano debe canalizar sus esfuerzos hacia la satisfacción de las necesidades temporales ordinarias de su prójimo, tal y como las encuentra allí donde vive, trabaja y juega. Tal vida de fe hace que el creyente sea bastante inidentificable en la sociedad en general. De hecho, para Lutero, el buen cristiano piadoso llamado a vivir en la cruz de Cristo es, y sigue siendo en esta vida, una especie de fantasma, una incertidumbre sociológica; indistinguible del ciudadano medio de este mundo. El carácter piadoso que propugnaba Lutero implicaba el llamado a una vida de fe y fidelidad con un acento decididamente mundanal.

El llamado a la fe y a la fidelidad

La vida cristiana para el creyente individual expresa quiénes y qué somos según el juicio de Dios de la ley y el evangelio. El cristiano, como hemos descrito anteriormente en el pensamiento de Lutero, *es justo y amado por Dios, pero al mismo tiempo es pecador*[1]. Examinemos esto más de cerca. Mientras el cristiano vive en la carne, está bajo el juicio de la ley como pecador. La ley presenta a todos los pecadores en esta vida una seguridad y un peligro. Exteriormente, la ley presenta a este mundo caído la seguridad de los órdenes sociales; las estructuras creacionales de comunidad por las que se ordena nuestra vida temporal. Además, una aplicación civil razonable de la ley proporciona un mínimo de seguridad para relaciones pacíficas en los órdenes sociales del mundo. El uso civil de la ley se reduce a una aplicación razonable de la regla de oro: la vida me irá bien si trato a los demás como quiero que me traten[2]. Tal comportamiento, sin embargo, no convierte al creyente en alguien extraordinario o inusual. La justicia civil no hace piadoso al creyente ni se centra en la naturaleza esencial de la piedad cristiana. Común a creyentes y no creyentes, tiene sus raíces en el interés propio. La rectitud civil no es intrínsecamente materia de piedad. Es materia de sabiduría práctica.

Sin embargo, desde el punto de vista espiritual, la ley representa un peligro. Declara pecador al cristiano y amenaza a todos los pecadores con la sentencia de muerte. Por medio de la ley, Dios produce en el corazón la sinceridad y el arrepentimiento. La ley, sin embargo, es solo la palabra preliminar de Dios. Es su juicio provisional, no su juicio final. El juicio de gracia de Dios es su veredicto final que nos libera a todos pronunciando la verdad permanente de la identidad del cristiano. *La ley fue dada por medio de Moisés, la gracia y la verdad por medio de Jesucristo* (Jn 1:17). Esta es la palabra de verdad sobre nuestra identidad que nos proclama santos —santos, justos, piadosos—; esta es la verdad que encarna toda nuestra piedad y nos hace libres.

Es la justicia de Cristo otorgada por la palabra misericordiosa de Dios la que hace bueno y santo al cristiano. En el bautismo cristiano, Dios ha declarado piadoso al cristiano. La verdadera piedad o santidad es esencialmente una posesión oculta del cristiano, no un atributo demostrable, ni un conjunto de actividades singularmente piadosas. En el lado demostrable de las cosas, el cristiano es y sigue siendo un pecador impío en carácter, palabra y obra. Y hablando de este aparente disparate, Lutero preguntó retóricamente: «¿Quién reconciliará estas declaraciones totalmente contradictorias: que el pecado en nosotros no es pecado, que el

---

1. *AE* 26, p. 235.
2. Werner Elert, *The Christian Ethos*, trad. Carl J. Schindler (Philadelphia: Fortress, 1957), p. 73.

condenable no será condenado, que el rechazado no será rechazado, que el digno de ira y muerte eterna no recibirá estos castigos? Solo el mediador entre Dios y los hombres, Jesucristo»[3]. La ley juzga *lo que* somos en esta creación caída. Somos seres humanos pecadores e impíos y todos en el mundo pueden ver esto. El evangelio declara *quienes* somos en Cristo. Somos santos y justos por causa de Cristo. Esta es una realidad en esta vida que solo se percibe por la fe. Por eso, la expresión esencial de la piedad del cristiano es de carácter subjetivo. Es la fe en el corazón y, por tanto, está oculta a la vista de los demás. La esencia de la verdadera piedad en la teología de la cruz es la obediencia de la fe y las expresiones externas de fidelidad. Los límites exteriores de la piedad cristiana —lo que el cristiano es y hace— están ligados al llamado de Dios. En esta vieja creación caída, este llamado hace del cristiano individual una vida temporal que puede calificarse de extraordinariamente ordinaria. Para entender esto, y examinar brevemente las alternativas a esta postura, debemos explorar cómo la teología de la cruz interpreta la vocación del cristiano.

Lutero utilizó a menudo un término especial para designar la vida cristiana de fidelidad: la *vocación*. La palabra *vocación* proviene del término latino *vocatio*. Una *vocatio* es un llamado a una determinada forma de vida. Otorga a un individuo una posición particular en relación con los demás dentro de una comunidad. Además, define el modo en que una persona participa y contribuye significativamente a la vida de la comunidad. En otras palabras, nuestra vocación nos dice quiénes somos dentro de nuestras estructuras sociales de vida y qué tipo de deberes debemos cumplir para el bienestar de la comunidad. Estas características de la vida nos exigen vivir vidas de fe y fidelidad. Debemos confiar en nuestra posición para vivir con seguridad como miembros, y nuestra fe se expresa, en parte, siendo fieles a las tareas que se nos asignan en nuestro puesto particular dentro de una comunidad. En resumen, la vocación aborda las siguientes cuestiones sobre nuestra vida en Cristo: (1) ¿Cuál es nuestro estatus o posición en la comunidad? (2) ¿En qué o en quién debemos confiar para asegurar nuestro lugar? (3) ¿A quién debemos servir? (4) ¿Cuáles son nuestras tareas y responsabilidades?

Para ilustrarlo, pensemos en un hijo joven que vive con su familia. Su vocación es, en primer lugar, un llamado a *ser* hijo. En segundo lugar, está llamado a confiar en su filiación, a confiar en que es verdadera y ciertamente hijo de sus padres, un miembro legítimo de la familia. Debe confiar en que sus padres tienen derecho a reclamarlo como suyo, un derecho de amor

---

3. *AE* 26, pp. 235-236.

que lo ha hecho hijo y miembro de la familia. A partir de esta posición en la familia, vive diariamente bajo el llamado a ser un hijo fiel, es decir, a vivir su filiación utilizando su tiempo y sus capacidades para contribuir al bienestar de la familia de innumerables maneras, según las indicaciones de papá y mamá.

Observa que el llamado del hijo a servir a la casa es un aspecto secundario de su vocación. Se deriva de su llamado primario a ser miembro de la familia. En todo momento, lo que hace depende de quién es. En segundo lugar, lo que es en la familia depende totalmente de la iniciativa de sus padres, no de su iniciativa propia. Su fidelidad no lo convierte en hijo ni le asegura su filiación en el futuro. Esta se establece y preserva por el amor y el compromiso de sus padres. Y, algo muy importante, vemos la necesidad de la fe. El hijo debe confiar en sus padres y en su amor por él para vivir seguro de su filiación. De esa fe puede brotar la fidelidad. Su vida de servicio fiel a la familia toma forma y se desarrolla a medida que madura. Sus tareas le dan la oportunidad de expresar su amor por los demás en la familia y vivir su fe en su filiación; su confianza en quién y qué es.

La forma en que estamos llamados a vivir una vida de servicio depende de quiénes somos. Nuestra identidad y nuestro estatus en la comunidad se reciben como un don. No son obra nuestra. La forma en que estamos llamados a vivir una vida de servicio depende de nuestra posición, del lugar que ocupamos en la comunidad. Nuestras tareas y nuestra fidelidad a ellas son expresiones de nuestra confianza en quiénes somos y en qué somos como miembros de la comunidad.

La doble ciudadanía del cristiano

La vida cristiana se vive como un llamado, una vocación que brota del llamado y del amor que Dios nos tiene en Cristo. A través del evangelio, nos ha llamado a ser hijos e hijas de su familia. Este llamado es, ante todo, un llamado a una vida de fe, un llamado a confiar en la obra salvadora de Cristo y en lo que somos por su gracia: hijos perdonados y adoptados de su amor. Los cristianos han recibido su llamado vocacional de Dios en el bautismo. Este concede que, misericordiosamente, Dios nos reclame a todos como hijos suyos. Su llamado conlleva la pertenencia plena y segura en su Reino. Las tareas que Dios nos ha encomendado son la expresión de nuestra fe en su llamado. Son el medio de expresar nuestra fidelidad a él y a su familia. La verdadera piedad expresa o pone en acción nuestra confianza en lo que somos en el llamado de Dios. *La vocación da forma a las expresiones de la verdadera piedad cristiana.*

Deben abordarse cuestiones importantes sobre la vocación cristiana. ¿Cómo y en qué lugar del mundo debemos vivir y servir a nuestro Dios como hijos suyos? ¿Cuáles son nuestras tareas? ¿Cuál debe ser nuestra relación con los ciudadanos y las estructuras sociales del mundo? ¿Qué tienen que ver nuestros vínculos y compromisos con nuestra familia, nuestro trabajo y nuestra participación cívica, con vivir de acuerdo con el llamado de Dios? A lo largo de los siglos, la Iglesia se ha planteado estas cuestiones y ha dado respuestas muy diversas.

San Agustín, el gran pensador de la Iglesia antigua, expuso su visión del llamado de Dios en su monumental obra *La Ciudad de Dios*. Agustín concibió la Iglesia como un pueblo peregrino, ciudadanos de otra época que viajan por la vida de este mundo hacia su verdadero hogar, *la Ciudad de Dios*. El llamado a la fe es un llamado a vivir fielmente en nuestro camino hacia el Reino eterno que Dios introducirá al final de los tiempos. Agustín veía la ciudadanía como un estatus exclusivo. Por tanto, puesto que los creyentes son ciudadanos del Reino eterno de Dios, solo habitan las estructuras sociales de este mundo como extranjeros, forasteros en camino hacia su verdadero hogar. Durante el viaje, Dios educa y prepara a su pueblo para la era venidera. Esta fue la visión de Agustín de lo que Jesús quiso decir cuando llamó a sus discípulos a estar en el mundo, pero no ser del mundo. Vivimos en el mundo, pero como extranjeros; ciudadanos del Reino que no es contiguo a ninguna comunidad temporal. Nuestros días en la tierra se centran en el poder misericordioso de Dios, que nos transforma en santidad, haciéndonos aptos para la vida en el Reino.

Esta visión de la vocación cristiana creó para Agustín una especie de ambivalencia hacia las comunidades sociales de este mundo. Los cristianos deben vivir en paz dentro de ellas, pero como están caídas y desaparecerán cuando amanezca el Reino, debemos ver el llamado de Dios y las tareas más elevadas de la fidelidad como algo que trasciende nuestra participación en ellas. La verdadera piedad implica para el cristiano fiel una vida superior que perseguimos por encima de las obligaciones y compromisos que surgen de nuestra estancia en las comunidades del mundo. Las responsabilidades de la vida en el viejo mundo no son de la misma naturaleza que las obras de un llamado a la ciudadanía divina. Puede que el peregrino cristiano tenga que comprometerse con las primeras, pero la verdadera piedad que brota de la fe impone un orden superior de deberes que se derivan de la ciudadanía divina. Para Agustín, uno es ciudadano de este mundo o de la Ciudad de Dios, pero no de ambos. Su retrato de las expresiones piadosas de la fe implicó un conjunto extraordinario de tareas, que en gran medida conllevaban autodisciplina y devoción espiritual. Estaban por encima y más allá de los deberes cotidianos que surgen de nuestra estancia en los órdenes sociales de este mundo. Aquí, dentro de lo ordinario de la vida, están los deberes extraordinarios de una vocación más elevada, y estos son la materia de la verdadera piedad cristiana.

Si esto es realmente la verdadera piedad cristiana, ¿por qué no separarse de los enredos de este mundo y dedicarse a la piedad a tiempo completo? En los siglos II y III, algunos pensadores cristianos radicales tenían precisamente ese plan en mente. Pusieron un énfasis extremo en el lado negativo del llamado de Dios, a *no ser del mundo*. Influenciados por la filosofía estoica griega, concibieron el llamado de Cristo como un llamado a vivir en reclusión, divorciados de toda comunidad humana. Guiados por esta visión, equipararon el llamado de Dios con una vida de aislamiento y abnegación. Muchos creyentes se adentraron en el desierto y vivieron solitarios en cuevas. Para ellos, la verdadera piedad cristiana estaba ligada a una vida ascética de abnegación. Llevaban una existencia física austera, comiendo y bebiendo solo lo suficiente para mantenerse con vida. Eran *Ermitaños de Cristo* que se dedicaban a la lectura de las Escrituras, la oración y la meditación mientras esperaban a que Dios introdujera la plenitud del Reino. Para ellos, la vida cristiana era ciertamente extraordinaria y notable.

Durante la Edad Media, una variante del movimiento eremítico se convirtió en la forma estándar de lo que se denominó *el llamado superior* de Dios. En lugar de cuevas, con un ermitaño por cueva, los cristianos persiguieron la vocación superior de Dios enclaustrándose agrupados dentro de monasterios. Como fraternidades sagradas, monjes y monjas se dedicaron a una vida piadosa de devoción a Dios, separados de todo compromiso y apego a los órdenes sociales de este mundo. Una vez más, el orden más elevado de la verdadera piedad se representó como una vida de abnegación y reclusión. La pobreza, el celibato y la obediencia estricta a la orden monástica se consideraron sacrificios virtuosos, el arquetipo de la fidelidad. Libre de preocupaciones seculares, el creyente podía sumergirse en un régimen superior de culto, oración y meditación. El monacato floreció en el cristianismo occidental durante más de mil años como una forma ejemplar de vocación y piedad cristianas. Fue una síntesis de la visión de Agustín de la ciudadanía cristiana y del movimiento eremita. Los cristianos podían elegir. Podían ser ordinarios o extraordinarios. Podían vivir una vida de piedad mediocre en las comunidades del viejo mundo, tratando de hacer cosas piadosas además de las tareas terrenales que consumían mucho tiempo, o podían seguir una vida más piadosa (el llamado superior) y hacer las cosas piadosas de la ciudadanía divina *a tiempo completo* dentro del monacato.

Siendo él mismo un joven monje, Lutero escudriñó las Escrituras y redescubrió la centralidad de la Encarnación y la cruz en el llamado de Dios. Al desarrollar su teología de la cruz, reconoció que la obra y el llamado salvíficos de Dios implican una especie de *mundanalidad salvífica* en su método. Él elige utilizar elementos y estructuras mundanales de su creación caída como instrumentos o medios para llevar a cabo sus propósitos salvíficos. Piensa por un momento en todo el ciclo de acontecimientos de la extensa narración de José en Génesis. Las palabras «el Señor estaba con José» (Gn 39:2) señalan al lector que en, con y bajo todos los acontecimientos mundanales y trágicos que les sucedieron a José y a sus hermanos, Dios estaba obrando con gracia para bendecir a la familia de Israel. José sabía con todos sus sentidos que sus hermanos y otras personas estaban actuando con malos propósitos, pero por fe reconoció la actividad salvadora de Dios que obraba para su bien (Gn 45:5-8; 50:20).

Piensa también más centralmente en el método de salvación de Dios en la encarnación de su Hijo y en la cruz. Dios adopta y se esconde en carne humana ordinaria. Luego pone al servicio de su obra salvadora la vida familiar terrenal, el oficio de carpintero y los movimientos políticos y religiosos de la época. Elabora, pero oculta, su justicia y perdón para nosotros en el espantoso acto de la pena capital por crucifixión (un trágico acontecimiento político). Por percepción común vemos sus instrumentos y eventos mundanales escogidos. Sin embargo, solo por la fe vemos la gloria de Dios en el Siervo Sufriente y nuestra justicia adquirida. Comprender la actuación de Dios en el mundo es aferrarse tanto a lo que vemos como a lo que se da por fe. Ninguna de las dos dimensiones debe negarse u omitirse en la fe y la confesión de la Iglesia. En la Encarnación y en la cruz, Dios revela la máxima expresión de la mundanalidad salvífica, en la que la extraordinaria obra de Dios está vinculada a los acontecimientos ordinarios de este mundo caído y se oculta en ellos. Como observó Lutero, *el hombre esconde sus cosas para ocultarlas; Dios esconde sus cosas para revelarlas*[4].

La mundanalidad salvífica es también la forma en que debemos entender la vocación del cristiano y la verdadera piedad cristiana desde una teología de la cruz. Hemos llegado a ser una nueva creación en Cristo y un templo del Espíritu Santo, pero Dios nos ha llamado a una vida de fe y fidelidad en la carne y la sangre de la vieja creación. Esto significa que la vocación cristiana nos llama a ser simultáneamente miembros de las comunidades de este mundo caído y ciudadanos del Reino de Dios.

---

4. Un sermón de Lutero pronunciado el 24 de febrero de 1517, WA 1.138.13-15, citado en A. McGrath, *Luther's Theology of the Cross*, p. 167.

Jesús llevó a cabo su llamado del Padre dentro de las comunidades de la vieja creación: la familia terrenal, el trabajo y las estructuras sociales de la sociedad general. Lo mismo debemos hacer quienes ahora vivimos en Cristo. La vida y la vocación cristianas implican una dualidad. La ciudadanía cristiana implica una ciudadanía extraordinaria dentro de la ordinaria. Se presenta una pertenencia extraordinaria al Reino de Dios, vivida dentro de una pertenencia ordinaria a las comunidades de la vieja creación y a las estructuras de la vida cotidiana.

En un nivel, la fidelidad en la vocación cristiana implica dedicarse a vivir sencillamente los compromisos y proyectos surgidos de nuestra pertenencia y posición específica en nuestras familias, nuestro lugar de trabajo, y la sociedad en general. El llamado de Dios a una vida de fe y fidelidad siempre nos toca dentro de nuestro espacio, donde ya vivimos. No exige que vayamos a vivir en cuevas o comunidades separadas. En este nivel, la naturaleza externa de la vida cristiana no difiere radicalmente del ciudadano medio de este mundo. En este sentido, es decididamente ordinaria. Sin embargo, en, con y bajo esta vida secular, Dios llama al creyente a una vida de fe y fidelidad como ciudadano de su Reino.

El llamado superior del cristiano no es un llamado a un estado paralelo o separado de nuestra participación en las comunidades existentes, sino que está integrado en ellas. La verdadera piedad cristiana es la vida extraordinaria de fe y fidelidad en Cristo. Pero es la obediencia de una fe extraordinaria expresada en los deberes y responsabilidades de la vida ordinaria. La verdadera piedad cristiana está ligada a las tareas comunes y a menudo rutinarias que conforman la vida en nuestra ciudadanía del viejo mundo. Esto es lo que quería decir el apóstol Pablo en 1 Corintios 7:17, donde instruyó a los cristianos a conservar los lugares en la vida que el Señor nos ha asignado y a los que Dios nos ha llamado a cada uno. Nuestras funciones y compromisos dentro de esas estructuras de vida son la escuela mediante la cual el Señor nos enseña a vivir nuestra fe. Aquí nos enseña cómo la fe ha de expresarse en la vida como servicio amoroso.

En efecto, Cristo quiere que, en última instancia, nuestras obras le sirvan a él. Sin embargo, hay algunos matices importantes que no son muy halagüeños. En primer lugar, nosotros no tenemos nada que él necesite. Segundo, todo lo que somos y todo lo que tenemos de bueno, él lo hizo y nos lo dio. Todo lo de verdadero valor es una bendición, y alabamos a Dios, de quien proceden *todas* las bendiciones. Es nuestro prójimo quien necesita nuestros dones, habilidades, tiempo y bendiciones que el Señor nos ha confiado. Nuestro cónyuge, nuestros hijos, los que viven en la casa de al lado, los compañeros de trabajo, el cliente, aquellos que encontramos donde vivimos, trabajamos y jugamos: estos son los que necesitan nuestros bienes y obras de servicio. Jesús nos instruye que, así como él sirvió al prójimo (y el siervo no está por encima de su Señor; Jn 13:16), nosotros también debemos hacerlo. Y luego el Señor hace este tipo de arreglo: cuando los sirvamos, él lo acreditará como un servicio prestado a él (Mt 25:35-40). He aquí, pues, la economía de la fe y las obras: pon tu fe en Dios y da tus obras a tu prójimo.

Quizás la lección más dramática y humilde que Jesús nos dio sobre las obras de nuestra vocación fue en una posada de alto nivel, cuando celebró la Pascua e instituyó su Cena en privado con sus discípulos (Jn 13). Ausente estaba el criado que habitualmente lavaba los pies y los tobillos de los huéspedes que entraban, dando un toque de clase. El gran cuenco, las toallas y la jarra de agua estaban allí esperando. Conocemos la historia. Cuando todos estuvieron sentados, Jesús se levantó, se rodeó la cintura con una de las toallas, echó agua en el recipiente y procedió a lavar los pies de sus discípulos sentados a la mesa. Cuando Jesús estaba a punto de lavarle los pies a Pedro, este se asusta. Exige que Jesús se detenga inmediatamente diciéndole que nunca permitirá tal cosa (vv. 4-8). No podía digerir la idea de que Aquel a quien había reconocido como el Cristo, el Hijo del Dios viviente (Mt 16:16), se rebajara a hacerse cargo de un humilde y sucio asunto que él mismo no haría.

Lavarles los pies a los discípulos fue el recurso que utilizó Jesús para ilustrar algunas cosas importantes sobre las obras de la vocación —la suya y la nuestra—. Era una lección ilustrativa para todos los que lo llaman Señor y, por lo tanto, son sus siervos. Tal como Jesús lavó los pies de los discípulos, todos los siervos deben lavarse los pies unos a otros como servicio prestado a nuestro Señor[5]. Servir a nuestro Señor será un servicio prestado indirectamente a través de nuestro prójimo (Jn 13:13-15).

Así que, como ejemplo de trabajo que sirve a Cristo, presenta el cuidado de lo que ensucia a nuestro prójimo, como el lavado de sus pies sucios. ¿Puedes imaginarlo? Cuando Jesús quiere ejemplificar la esencia de las buenas obras en el Reino de Dios, coge una toalla y se dedica a hacer cosas sucias. Esto es lo que asqueó a Pedro. ¿Cómo habrías reaccionado tú, si estuvieras en sus sandalias?

Aunque de vez en cuando seamos llamados a hacer algo asombroso, o incluso a participar en acciones valientes, lo que Jesús revela aquí como

---

5. Solo Cristo, en su vocación, perdona a los pecadores penitentes. Jesús está aquí dando a los discípulos un ejemplo sobre los elementos de la vocación de ellos (vv. 14-15): lavarse los pies unos a otros. No se trata de una extensión de la vocación de Cristo en la vocación apostólica implicando la confesión y la absolución autorizadas en Juan 20:23. Se trata de un servicio humano recíproco horizontal, no de una referencia metafórica al Oficio de las llaves.

un tipo de trabajo que, en última instancia, lo sirve como Señor, es el trabajo ordinario y sucio de la vida. ¿Cómo podríamos trasladar el lavado de los pies a las sucias tareas rutinarias de hoy en día? ¿Qué tal la humilde tarea doméstica del lavado semanal de la ropa sucia? Imaginemos lo que significaría lavar la ropa siguiendo el ejemplo de nuestro Señor. Al poner la ropa y los calcetines sucios, y agregar el detergente y los suavizantes, los ángeles del cielo se vuelven locos observando cómo las obras por excelencia del Reino de Dios se realizan. Así que, al servir a nuestro Señor sirviendo a nuestro prójimo, en última instancia es nuestro Señor Jesús quien recibe un juego de ropa limpia para la semana siguiente.

Cuando la fe sirve por temor, amor y confianza en Dios, incluso a los más pequeños de entre nosotros, en la más rutinaria de las formas, servimos a Cristo y glorificamos a nuestro Padre celestial. Lutero comprendió que cada mandamiento de Dios comienza con el temor y el amor a Dios. El primer mandamiento está incrustado en todos los demás. Esta dimensión centrada en el corazón está oculta al mundo, pero es percibida por los ojos de la fe. Cuando, por confianza en Cristo y amor a la gente servida, el comerciante cristiano barre la acera fuera de la tienda, o el jefe de hogar lava la ropa, o el padre ayuda al hijo con los deberes, o el vendedor cristiano ofrece un servicio de calidad, se rinde fidelidad al llamado de Dios. He aquí la esencia de la vida cristiana piadosa que glorifica a Dios y por la cual las huestes celestiales alaban a Dios. Fidelidad brota del corazón de fe y amor cuando nos ocupamos de toda la gama de deberes y tareas que surgen de nuestros compromisos ordinarios. Las obras externas del servicio mundanal son vistas y percibidas por todos. Pero la fe en Cristo, y el temor, el amor y la confianza en Dios están ocultos. La vida cristiana en la *vocatio* de Dios, desde la fe hasta la fidelidad en el mundo, tal como Cristo y su obra salvadora, son extraordinarias en su condición oculta, y ordinarias en su dimensión revelada.

Por otra parte, la vocación cristiana nos llama a una comunión eterna con Cristo y con todos los santos que pertenecen a su Iglesia. Esta Iglesia es la familia de Dios que trasciende nuestro espacio y nuestro tiempo y llega también hasta las mansiones celestiales. En la tierra, esta comunidad de fe está dispersa, pero oculta, por todo el mundo. Pero, por la fe, confesamos la presencia y la comunión de este Reino eterno cuando nos reunimos en torno al evangelio proclamado y a los sacramentos administrados. El Reino de Dios y su comunión en el mundo también están ocultos y revelados.

En efecto, como reconoció Agustín, somos un pueblo peregrino en camino hacia nuestro hogar definitivo en la era venidera. Esperamos la venida de nuestro Rey y la plenitud de nuestro llamado como ciudadanos de una nueva era, que amanecerá cuando él regrese. La vida aquí, en nuestras comunidades de la vieja creación, es temporal y provisional. Nuestra visión de nuestro llamado final es sombría y vaga. Aún no está claro en qué nos convertiremos. Por ahora, el Señor dirige nuestra atención y nuestras energías a las tareas para las que nos ha llamado aquí, mientras esperamos la vida venidera. Como un todo, no son muy espectaculares ni convincentes a los ojos del mundo. Quizás podríamos describirlas como notablemente poco notables. Explorémoslas más de cerca.

Las tareas de la fidelidad

A medida que, partiendo desde las Escrituras, Lutero elaboró su teología de la cruz y su aplicación a la vocación cristiana, se dio cuenta de que el llamado de Cristo en la cruz fue un llamado a la libertad. El evangelio suprime la obediencia servil a la ley y excluye los mandamientos de las autoridades eclesiásticas que no tienen una base clara en la Palabra de Dios. Dos importantes ensayos escritos en 1520 expresan la esencia del pensamiento de Lutero sobre el carácter de la vocación cristiana bajo la cruz: *La libertad cristiana* y el *Tratado sobre las buenas obras*.

En *La libertad cristiana*, Lutero capturó el punto central de san Pablo en su carta a los Gálatas: que el evangelio de Cristo es el fin de la ley. Vivir en la justicia de Cristo imparte una polaridad de libertades; en el evangelio, los hijos de Dios tienen una *libertad de* y una *libertad para*. Somos *libres de* cualquier forma de obediencia servil y de la maldición de la ley. Y tenemos *libertad para* vivir una vida de fe y andar en el poder del Espíritu. Esto, para Lutero, significaba que la obediencia a la ley era reemplazada para el cristiano por la obediencia de la fe. Escribió: «¿No es tal alma, por esta fe, la más obediente a Dios en todas las cosas? ¿Qué mandamiento hay que tal obediencia no haya cumplido completamente? ¿Qué cumplimiento es más completo que la obediencia en todas las cosas? Esta obediencia, sin embargo, no se rinde por las obras, sino solo por la fe»[6]. La fe concede al cristiano ser *libre de* un amor propio esclavizante, y la *libertad para* amar a los demás estando seguro en el amor de Dios. La esclavitud de ordenar todos nuestros proyectos para lograr una autojustificación ha llegado a su fin. El llamado del evangelio no es una invitación a negar o denigrar el amor propio, ni nos prohíbe nuestros propios compromisos y proyectos en la vida. Más bien, la justicia de Cristo

---

6. *AE* 31, p. 350.

es el cumplimiento del amor propio en el amor de Dios. El amor propio puede pasar a un segundo plano y descansar en la libertad y la seguridad de estar bien. El pecado distorsionó nuestros amores al colocar el yo en el centro y al frente de las prioridades de la vida. Pero ahora, estando seguros en el veredicto de la cruz, Cristo exige una reordenación de nuestros amores que el pecado ha pervertido, a fin de volver a una expresión de la intención original de Dios. La fe por la que somos justificados se expresa —se realiza en la vida— a través de nuestros amores tal como Dios los ordenó originalmente. La fidelidad en la vocación cristiana es la actividad de la fe en el amor. Como nueva creación en Cristo, la libertad del cristiano consiste en oír a Dios dirigirse ahora a nosotros con la siguiente pregunta: *¿Qué te gustaría hacer, ahora que no tienes que hacer nada?*[7]

El segundo escrito de Lutero, su tratado sobre las *buenas obras*, es en gran medida una exposición ampliada de cada uno de los diez mandamientos. Fue un precursor de la Primera Parte Principal de sus catecismos, que escribió ocho años más tarde. Lutero reconoció que los mandamientos de Dios son un resumen exhaustivo de la ley, la ley que siempre desenmascara nuestra pecaminosidad y revela el juicio de Dios. Sin embargo, también reconoció que estos mandamientos expresan además todo lo que el cristiano necesita saber de Dios respecto de las obras buenas y agradables a él.

Se dio cuenta de que los mandamientos esbozan no solo el contexto en el que debe vivirse la vocación cristiana, sino también el orden de nuestros amores como Dios desea que los exprese la fe en Cristo. Las buenas obras no son actos extraordinarios para cuya realización apartamos un tiempo de la vida ordinaria. Tampoco son expresiones de una vida abnegada que tengan un valor intrínseco en sí mismas. Más bien, los mandamientos describen cómo la fe se realiza naturalmente en los asuntos cotidianos de la vida diaria en nuestras familias, trabajo y comunidad. De hecho, los mandamientos presuponen vivir la vida en estos órdenes sociales de la vieja creación.

La primera tabla de los mandamientos presupone que toda vida humana fluye de la implicación personal de un Dios santo en nuestras vidas. Él nos creó, nos protege y satisface diariamente todas nuestras necesidades. El cuarto mandamiento da por sentado que vivimos en el contexto de la familia y de una sociedad general ordenada por las estructuras de gobierno. El quinto mandamiento presupone la interacción con otros que puede

---

7. G. Forde, *Justification by Faith*, pp. 57-58.

afectar al bienestar corporal. El sexto mandamiento da por sentado el contacto sexual y la comunidad del matrimonio. Los mandamientos séptimo, noveno y décimo presuponen la posesión privada y algún tipo de intercambio apropiado de bienes y servicios. El octavo mandamiento refleja la realidad de que estamos en contacto e interactuamos unos con otros a través de la comunicación. Los mandamientos reflejan el carácter interpersonal de la forma en que vivimos, trabajamos y llevamos a cabo nuestros proyectos de vida ordinarios.

Sin embargo, la mayor perspicacia de Lutero en su *Tratado* fue su reconocimiento de la primacía y el impulso omnicomprensivo del primer mandamiento. En primer lugar, esto significa que debemos abordar todas nuestras tareas y compromisos en la vida desde la perspectiva del *temor*, el *amor* y la *confianza en Dios*. De hecho, todo nuestro ser debe orientarse dentro de esa relación con Dios. En segundo lugar, Lutero reconoció que el primer mandamiento está incrustado en todos los demás. Para Lutero, toda acción que, en el resto de los mandamientos, involucre los intereses, corresponde a un *obrar con fe*. Lo llamó un *sentido teológico* del obrar más que un sentido moral del obrar. A este respecto, escribió: «En la teología, por tanto, el "obrar" requiere necesariamente la fe misma como condición previa [...]. Por tanto, en la teología, el "obrar" siempre se entiende como obrar con fe, de modo que obrar con fe es otra esfera y un nuevo ámbito, por así decirlo, diferente del obrar moral. Por eso, cuando los teólogos hablamos de "obrar", es necesario que hablemos de obrar con fe, porque en la teología no tenemos una razón recta y buena voluntad, sino fe»[8]. La fe en Cristo se expresa primero en el temor y el amor a Dios. Luego, nuestro amor a Dios se canaliza en el servicio amoroso a los demás. Nuestra justificación por la fe en Cristo se expresa así en la vida a través del servicio amoroso al prójimo.

Nuestro prójimo está determinado por el lugar que ocupamos en la vida. Somos criaturas limitadas y dependientes llamadas por el evangelio a vivir dentro de las comunidades que conforman nuestro llamado vocacional. Podríamos llamar a este contexto «nuestro *círculo de proximidad*», que particulariza a nuestro prójimo y limita nuestras obras que lo sirven. Aquí nos encontramos con verdaderas personas de carne y sangre, con nombres y rostros. No hemos sido llamados a amar a una humanidad abstracta. Esto no significa que el amor se limite simplemente a *mi puesto y a sus deberes*. Nuestro círculo de proximidad puede incluir también al extraño que encontramos en nuestro camino mientras atendemos

---

8. *AE* 26, pp. 262-263.

nuestro puesto y sus deberes. Esto es lo que el *samaritano* de la parábola entendió y que, al parecer, el sacerdote y el levita no entendieron. Jesús insinuó lo mismo cuando dijo que, en la medida en que servimos al más pequeño de sus hermanos, lo servimos a él (Mt 25:40).

Cada uno de los ámbitos interpersonales reflejados en la segunda tabla de los mandamientos se convierte en un contexto en el que Dios nos llama a ejercer nuestra confianza en Cristo y nuestro amor a Dios. Nuestras tareas de servicio amoroso variarán según nuestras relaciones y compromisos dentro de las comunidades en que habitamos. El carácter del servicio amoroso a nuestro cónyuge será diferente del servicio al estudiante en el aula o a la cajera en el supermercado local. Los mandamientos no definen el amor ni presentan una lista exhaustiva de sus deberes. Más bien establecen parámetros dentro de los cuales se encuentran nuestros deberes y más allá de los cuales no pueden ir nuestros proyectos ni nuestros amores. Dados los límites de lo que *harás* y *no harás*, se pueden reconocer deberes vocacionales que surgen de la autoridad y responsabilidades que recaen en el individuo según los cargos que ocupa en nuestras comunidades humanas. Estas son las tareas que con seguridad Dios nos ha ordenado. Lutero cerró su extenso comentario sobre los diez mandamientos aconsejando sarcásticamente que, mientras no hayamos primero dominado los deberes de amor que estos diez imperativos esbozan, no pidamos a Dios más cosas que hacer para él. Aquello nos mantendrá ocupados toda una vida.

La *vocatio* de la Iglesia

Hasta ahora, nuestro análisis de la vocación cristiana se ha centrado en el llamado de Dios a la fe, como se la vive y expresa en las comunidades sociales en las que vivimos. Hemos explorado la vida de fe como una vida de servicio y amor reordenado. Ahora queremos centrar nuestra atención en la dimensión colectiva del llamado de Dios que se relaciona con nuestra vocación de ser una *comunidad de fe* —una comunidad de personas de Dios llamada a salir—, aquello que más comúnmente llamamos la Iglesia de Cristo. Podemos pensar en nuestras vocaciones individuales dentro de las estructuras de vida de la vieja creación como llamados a ser la *Iglesia dispersa*. Aquí la vocación cristiana fluye de la obediencia de la fe subjetiva en los proyectos de servicio amoroso. La piedad cristiana individual suele ser extraordinariamente ordinaria. Ahora queremos considerar brevemente la piedad de la Iglesia colectiva y para ello debemos investigar los contornos de la vocación para la *Iglesia reunida*. Esto es lo que Werner Elert denominó nuestra *piedad colectiva*[9].

La Iglesia reunida está llamada a ser la familia de Dios que vive por la fe bajo la gracia y la jefatura de Cristo. Esto es lo que la Iglesia está llamada *a ser*, y es su vocación primordial. Y de su llamado primordial se deriva el llamado a sus deberes. Sin embargo, a diferencia de la piedad cristiana individual, la piedad de la Iglesia se expresa en tareas objetivas que no necesitan fluir de la fe subjetiva del cristiano individual para ser válidas. Mientras que la piedad del cristiano individual es en gran medida de naturaleza subjetiva y, por tanto, se oculta en las tareas y deberes ordinarios derivados de la pertenencia a las comunidades del viejo mundo, la piedad cristiana considerada colectivamente en la Iglesia es objetiva y se compone de mandatos específicos de Cristo que están abiertos a la observación y evaluación de todos. Esta es nuestra *piedad colectiva*, donde la vocación cristiana es *ordinariamente extraordinaria*. Aquí es donde los cristianos muestran, exhiben y hacen gala de su justicia y santidad; aquí quedan manifiestas para todos. Al manifestar su justicia y santidad, la Iglesia muestra quién es su Cabeza y distribuye la santidad que él da. Este es el *Servicio Divino*: la santa Esposa de Cristo expresa su fe objetivamente en la proclamación del evangelio, como Cristo lo enseñó a sus apóstoles, y en la administración de sus sacramentos como él lo instruyó. Además, la Iglesia está llamada a amonestar y disciplinar a sus miembros impenitentes y a restaurarlos mediante la gracia de él cuando se arrepienten. A través de la realización de estas tareas como medios, Jesús y su justicia son manifestados en el mundo y otorgados a los pecadores. Además, a través de estos medios como marcas, la Iglesia es localizada y su piedad es inequívocamente observada[10]. La Iglesia reunida no tiene una existencia fantasma en el mundo. En efecto, a diferencia del cristiano individual, la Iglesia se identifica a través de la vocación de su Cabeza, la justicia y la santidad de Cristo manifestadas en el evangelio y en los sacramentos.

A través de la vocación de la Iglesia, su Cabeza continúa su ministerio de edificar y extender el Reino de Dios. Para llevar a cabo esta vocación de la Iglesia, Cristo llama hoy a los pastores, como antes llamó a los apóstoles, para realizar el llamado colectivo de la Iglesia al ministerio de la Palabra

---

9. W. Elert, *Christian Ethos*, pp. 336-345.
10. La verdadera proclamación del evangelio y la correcta administración de los sacramentos se señalan en las confesiones luteranas como marcas de la presencia de la Iglesia de Cristo. A veces, la confesión y la absolución se han enumerado como una tercera marca en lugar de incluirla en la categoría de la proclamación del evangelio. Esta distinción es una cuestión semántica y no de fondo.

y los sacramentos. Considerar a la Iglesia dispersa es ver a cristianos individuales que reciben su llamado vocacional de Dios en su bautismo. Es un llamado a vivir en la gracia de Cristo por la fe como miembro de la familia de Dios principalmente y luego expresar esa fe en una vida de servicio en los deberes y compromisos de las comunidades de este mundo. La Iglesia reunida recibió su llamado de Cristo antes de que ascendiera al cielo y está llamada a expresar su fe en la proclamación pública del evangelio y la administración de los sacramentos.

Los miembros individuales de la familia de Dios se relacionan con el llamado de la Iglesia reunida de dos maneras. En primer lugar, el tercer mandamiento nos llama a no despreciar la comunión en la Palabra ni a ausentarnos de ella. Al contrario, estamos llamados a participar regularmente de la Palabra de Dios, tal como se proclama y se aplica en los sacramentos. Esto es de crucial importancia, porque a través de los medios de gracia, Cristo alimenta nuestra fe y la equipa y capacita para nuestros deberes diarios de servicio. En segundo lugar, la Iglesia dispersa debe dar testimonio de Cristo y amonestarse y consolarse mutuamente dentro de nuestro círculo de proximidad como parte de nuestros deberes de servicio. Cuando Jesús estaba con sus discípulos en el aposento alto, instruyó a la Iglesia dispersa sobre la vida de servicio amoroso. Esto incluye aun los asuntos ordinarios y sucios de la vida, como lavar los pies (Jn 13:14-15). Pero cuando llegó a «Esto es Mi cuerpo [...]; hagan esto en memoria de Mí», llamó a la Iglesia reunida a una parte de su vocación (Lc 22:19).

La piedad primordial de la Iglesia dispersa es sacrificial por naturaleza, y la piedad primordial de la Iglesia reunida es sacramental. La vida sacrificial de la Iglesia dispersa a través del servicio amoroso en el mundo fluye de la vida sacramental y dispensadora de gracia de la Iglesia reunida. La piedad de la Iglesia reunida es siempre lógicamente anterior a la piedad individual. Sin embargo, a medida que surge la necesidad y la oportunidad, damos testimonio de Cristo en nuestras vocaciones individuales. Y cuando surge la necesidad y la oportunidad, la Iglesia reunida ofrece un servicio sacrificial. A petición de Pablo, las Iglesias de Grecia hicieron una colecta para ayudar a la Iglesia de Jerusalén, azotada por el hambre. La Iglesia reunida lleva a cabo proyectos similares en la actualidad. La Iglesia está oculta dentro de las estructuras del viejo mundo de la sociedad e incluso en las estructuras del gobierno eclesiástico; pero en términos de su presencia se revela a la fe mediante su servicio de la Palabra y los sacramentos. La piedad cristiana individual es extraordinariamente ordinaria, pues está en gran medida oculta. La piedad colectiva de la Iglesia, sin embargo, es ordinariamente extraordinaria, y su piedad, que es la justicia de Cristo, se manifiesta en la Palabra y los sacramentos. Los seguidores de la teología de la cruz de Lutero dicen: Si quieres ver la piedad cristiana en vivo y en directo, ¡*aquí la tienes*!

A este respecto, Mark Noll, historiador de la Iglesia, dijo algunas cosas notablemente favorables sobre las contribuciones que el luteranismo norteamericano puede hacer a la escena cristiana estadounidense. Escribió:

> La tendencia protestante en Estados Unidos ha sido preservar la importancia de la predicación, la lectura de la Biblia, los sacramentos (u ordenanzas) y la comunión cristiana, pero interpretándolos como ocasiones para actos humanos de apropiación. Las convicciones de que *Dios* salva en el bautismo, *Dios* se da a sí mismo en la Cena, *Dios* anuncia su Palabra a través del sermón, y de que *Dios* es el mejor intérprete de su Palabra escrita, estas convicciones luteranas casi se han perdido frente a la confianza norteamericana en la capacidad humana.

> Finalmente, lo que los luteranos pueden ofrecer a los estadounidenses es la voz de Lutero, una voz de inusitada importancia en la historia cristiana [...] porque en ella oímos ecos poco comunes de la voz de Dios. [...] Por alguna razón, en la afable sabiduría de Dios, el discurso de Martín Lutero se oyó claro donde otros simplemente murmuraron[11].

† † †

Algunas aclaraciones importantes

Al considerar cuestiones que tienen que ver con la vocación, los cristianos no han sido llamados a hacerlo todo, por todos, todo el tiempo. El mero hecho de reconocer que alguien está necesitado no significa que tengamos ni la autoridad ni la responsabilidad de satisfacer esa necesidad. Salvo en situaciones de peligro vital, en las que incluso extraños pueden cruzarse en nuestro camino, nuestros deberes y prójimos suelen estar limitados por nuestros cargos vocacionales y las comunidades a las que estos cargos sirven. Además, los cristianos no han sido llamados a redimir el tiempo. Sí, la ociosidad se condena en varias ocasiones en las Escrituras (p. ej., 2 Ts 3:11; 1 Ti 5:13), pero al final del día, puedes acabar. Las labores (y los problemas) del día son suficientes y, al terminar, puedes retomar los proyectos de tu elección y descansar.

---

11. Mark Noll, «The Lutheran Difference», *First Things*, febrero de 1992, p. 39.

Si vamos más allá de estos límites exteriores de una piedad que vive en una teología de la cruz tal como Lutero la enunció con tanta claridad y fuerza, caeremos inevitablemente en una falsa piedad nacida de las muchas teologías de gloria que la historia de la Iglesia ha esparcido. Aquí, la piedad suele caer en el pietismo, el legalismo y el fariseísmo. El pietismo se cuela en el pensamiento de la Iglesia cuando comienza a desarrollar una actitud negativa hacia la participación en los intereses y preocupaciones mundanales de esta vida, cuando las obras de Dios se ligan a un *llamado superior* en esta vida que debería separarnos de los asuntos de la vida secular en la familia, el vecindario y la región. Cuando la piedad del cristiano se mide por un determinado código externo de actos santos demostrables —aunque estén extraídos de la Biblia—, nos hemos lanzado a una teología de gloria. Históricamente, el pietismo fue la ortodoxia cristiana puesta de cabeza. La ortodoxia abraza la presentación objetiva de Cristo y sus dones, tal como son mediados por la Palabra externa conectada al Espíritu y los sacramentos. A partir de estos dones de justicia y santidad, se expresa una piedad personal subjetiva en la fe activa en obras de servicio amoroso. El pietismo defendió una mediación subjetiva de Cristo y el Espíritu en el corazón del cristiano, mientras que las expresiones de la piedad cristiana fueron objetivamente delineadas y divorciadas de las tareas de interés mundano.

Lutero describió una piedad de obras externas ideada por las opiniones religiosas de los hombres refiriéndose a ella como *piedad de patio de iglesia*. El monacato fue la expresión contemporánea de la piedad de patio de iglesia que Lutero condenaba como una piedad falsa y vacía que sobrecargaba las conciencias y apartaba a los cristianos de las verdaderas tareas que Dios quería que realizaran en el mundo. Ese fue monacato de claustro. Hoy debemos tener cuidado con la piedad de patio de iglesia en el cuerpo eclesiástico o congregacional, el monacato eclesiástico moderno que busca inundar a los miembros de la Iglesia con un verdadero exceso de programas, actividades y eventos organizativos que carecen del contexto de la verdadera vocación cristiana de servicio sacrificial en las comunidades de este mundo. La piedad como involucramiento y participación en programas puede implicar de todo, desde la *confección de colchas para Cristo* hasta *cadenas de oración por los animales en peligro de extinción*. En algunas Iglesias, si no estás programando tu vida y el uso de tus dones de acuerdo con todo el calendario de eventos de la semana, se piensa que algo anda terriblemente mal. No has sido asimilado en el régimen de la *verdadera* vida cristiana. Algunas congregaciones incluso están recurriendo a un pastor especial encargado de asimilarte a todos estos eventos superespirituales: el Pastor o Director de Asimilación. El mensaje, apenas disimulado, parece ser: *Bienaventurados los involucra-dos y asimilados, porque ellos heredarán el Reino de Dios*. En todas las épocas, el activismo en obras que no fluyen del llamado vocacional indi-vidual se hace presente como una tentación a dejar los deberes ordinarios de la piedad cristiana en favor de lo extraordinario. Es piedad de patio de iglesia.

Lutero hizo una advertencia sobre una variedad adicional de falsa piedad; lo que él llamó *piedad de nave*. Es cuando la obediencia de la fe que vive en la justicia de Cristo es reemplazada por la obediencia de la ley. Hoy en día algunos tratan de reemplazar la obediencia de la fe con una fe que luego debe volverse obediente. Se nos dice que este es el ver-dadero objetivo del evangelio. El evangelio tiene como objetivo central convertirnos a todos en personas obedientes bajo el sistema legal de Dios. Se dice que la vida con Dios no termina evangélicamente con el evangelio —no es la Buena Nueva de la muerte a la vida—, sino que el evangelio solamente proporciona el boleto de entrada a una vida legal de obedien-cia a los preceptos de la ley. El evangelio es el medio y la ley es el fin. El señorío de Cristo no es el dominio de la gracia, sino el gobierno de Cristo el legislador. Esta es la noción del evangelio al servicio de la ley: la idea de que Dios nos ha salvado para la obediencia.

Debemos deshacernos de estas cosas. Debemos seguir a Lutero desde el patio de la iglesia, desde la nave, hasta el santuario donde la vida con Dios, la vida verdaderamente piadosa, comienza y termina con la justicia de Cristo, que es la obediencia de la fe. Cuando esta se pone a trabajar en el mundo, puede parecer bastante ordinaria, o aun muerta, si no se la mira a través de los ojos de la fe. Pero aquí, en el viejo mundo, las tareas de la vida cotidiana son los límites exteriores de la expresión de la justicia de la fe. No obstante, los límites interiores se encuentran en el santuario. Cuando nos reunimos en el santuario, cuando mostramos nuestra *piedad colectiva* manifestando a Cristo en la Palabra y los sacramentos, ahí se encuentra la justicia extraordinaria de todos nosotros —la verdadera pie-dad que nos ha liberado—. Y eso, como Mark Noll y todos los cristianos pueden reconocer y confesar, es y seguirá siendo siempre ¡*extraordinario*!

CAPÍTULO 11

La libertad de la gracia y la esclavitud del prójimo

La paradoja de la crianza cristiana

Aunque no era luterano, David Hicks describió elocuentemente una paradoja fundamental inherente a la educación cristiana clásica, especialmente cuando se la contempla desde una perspectiva luterana. Hicks describió una tensión pedagógica en una educación orientada a equipar simultáneamente a las mentes jóvenes para *la lucha del mundo y la salvación del alma*[1]. Con lucha del mundo, Hick se refería a todos los desafíos del cristiano que vive la vida de fe en un mundo caído. Tomados en conjunto, estos dos aspectos se asemejan mucho al carácter paradójico de la vida del cristiano en uno de los primeros —pero más profundos— ensayos de Lutero, su *Tratado sobre la libertad cristiana*, conocido también como *La libertad cristiana* (1520). En dicho ensayo, Lutero lo expresó así: «Un cristiano es un señor de todo, perfectamente libre, que no está sujeto a nadie. Un cristiano es un siervo de todos, perfectamente obediente, sujeto a todos»[2].

La intención de este capítulo es explorar la centralidad de estas paradojas. Más que nunca, los padres y los Siervos de la Palabra necesitamos comprenderlas para educar a nuestros hijos con una educación marcada por una Teología de la cruz. Y esta es la educación indispensable para ellos. Con este objeto, me gustaría añadir otra forma de describir la paradoja

---

1. David V. Hicks, *Norms and Nobility: A Treatise on Education* (New York: University Press of America, 1999), p. 2.
2. *AE* 31, p. 344.

que, según Lutero, da forma al camino de fe del cristiano. La vida cristiana se caracteriza por vivir en *la libertad de la gracia y la esclavitud del prójimo*.

Por un lado, una educación distintivamente cristiana, definida por la teología de la cruz de Lutero, requiere cultivar la comprensión y las actitudes moldeadas por la fe en la que somos bautizados. Esa fe proclama centralmente una vida de libertad asegurada: libertad simplemente para ser hijos de Dios y disfrutar de la vida con nuestro Creador por la gracia de Cristo. Cuando se trata de asegurar y mantener el favor de Dios, cuando se trata de lidiar con la brecha entre las personas que somos y las personas que deberíamos ser, cuando se trata de asegurar nuestro propio bienestar, no hay nada que debamos hacer, ni lograr, ni dominar. Debemos enseñar que ser salvo es cuestión de no hacer nada.

La verdadera ofensa del evangelio en lo que se refiere a la salvación del alma es que nos llama a una vida ridículamente pasiva, no muy distinta a la de un mendigo. Los mendigos carecen de las cosas básicas que se necesitan para vivir. Además, si se les da lo que necesitan para vivir, no tienen nada que ofrecer a cambio. Solo están allí, humildemente, listos para recibir una y otra vez lo que les den. Se cuenta que las últimas palabras de Lutero en su lecho de muerte fueron estas: *Todos somos mendigos, y esa es la verdad*. Así que esta es nuestra tarea: criar jóvenes mendigos que tengan por hábito simplemente ir —con humildad— al trono de la gracia y recibir toda la dignidad y el sustento para la vida que puedan obtener de la caridad sangrante de un Cristo crucificado. Deben aprender a tener y mantener un apetito espiritual simplemente para recibir de las manos ensangrentadas de Jesús todo lo que son y necesitan para la vida en este día y cada día. Y como mendigos, han de hacerlo con la clara convicción de que no tienen, ni tendrán nunca, nada que ofrecer a cambio a su Señor. Simplemente así es como debe ser. Cuando Dios logra lo que desea con nosotros, pasivamente nos volvemos cada vez más conscientes y apreciativos de nuestra pobreza y de su bondad. Podemos experimentar nuestra pobreza espiritual gracias al funcionamiento interno de la ley y los acontecimientos externos que nos traen la *tentatio* —prueba y tentación—, pero captamos la gracia de Dios solamente por la fe. Debemos enseñar a nuestros hijos a disfrutar de la libertad de no estar obligados nunca a hacer nada por Dios. Como hemos observado en las elocuentes palabras de Lutero en sus Tesis de Heidelberg, *La ley dice: «Haz esto», y jamás se hace. La gracia dice: «Cree en esto», y ya está todo hecho*[3]. Lo que Lutero aprendió del apóstol Pablo es que podemos vivir la vida bajo

---

3. Disputa de Heidelberg, 1518, Tesis 26, *AE* 31:41.

la ley, o podemos vivirla bajo el evangelio. Bajo la ley, cuando todo está dicho y hecho, siempre hay algo más que hacer. Pero bajo el evangelio, cuando se cree todo respecto de las promesas de Cristo, ya está todo hecho, y no queda nada por hacer. Y teniendo nada, obtienes todo. Eres libre. Esta es la gracia por la que somos salvos, y trae una libertad escandalosa; una libertad escandalosa en la que Dios nos susurra lo que Gerhard Forde ha llamado la hilaridad del evangelio: reflexionar sobre lo que harás cuando no tengas nada que hacer[4].

Según los criterios del mundo y la religión tradicional —incluso aquella que a menudo se hace pasar por cristiana—, esta es una comprensión de la gracia que resulta escandalosa e hilarante. Obtenemos todo lo que necesitamos en nuestra herencia bautismal, incluida la adopción en la familia real de su Hijo, y sin embargo, seguimos siendo mendigos. Nos convertimos en reyes en el Reino con el Señor Cristo, quien, como un mendigo real, también hizo su aparición al grito de *hosanna*[5]. ¡Eso nos convierte en mendigos reales! Nuestro Dios es un Dios que exige una justicia perfecta, y sin embargo, es él quien nos da justo lo que exige en la justicia de Cristo, otorgada repetidamente a nosotros en las cosas sagradas. Y recuerda la paradoja de esa justicia: ahora somos perfectamente suficientes en la justicia de Cristo, pero siempre necesitamos más. Somos mendigos reales de por vida.

La libertad del evangelio es la sabiduría de Dios, pero se la suele considerar una locura, una locura religiosa desde la perspectiva humana. De acuerdo al sentido de la justicia humana, todo el mundo obtiene lo que se merece. Sin embargo, como hemos observado, en la justicia de Dios, todos obtienen lo que no merecen. El justo Cristo recibe la ira de Dios y el castigo por el pecado, y nosotros, miserables pecadores, recibimos misericordia. Para nosotros, todo consiste en ser salvos sin hacer nada. Desde el punto de vista humano, parece una estafa para mantenernos indiferentes y perezosos. La sabiduría mundanal opera con la suposición de que, cuanto más importantes son los asuntos relacionados con la existencia humana, más necesitamos estar ocupados. Cuanto más Dios nos da

4. G. Forde, *Justification by Faith*, p. 33.

5. Nuestra identidad real mendicante fluye, en parte, de nuestra unión y herencia con Cristo, cuyo reinado se ocultaba bajo una apariencia mendiga. Lutero se refiere a Jesús como el mendigo real cuando expone la conexión de Mateo con la profecía de Zac 9:9 relativa a su entrada triunfal, aunque humilde, en Jerusalén. *Llega de un modo tan pordiosero, pero escucha lo que se dice y predica sobre este pobre rey. Su miseria y pobreza son manifiestas, pues viene montado en un asno como un mendigo que no tiene ni silla ni espuelas. Pero no se puede ver que él nos quitará el pecado, estrangulará la muerte, y nos dotará de santidad eterna, bienaventuranza eterna y vida eterna. Por lo tanto, debes oír y creer.* WA 37:201-2, citado en David Steinmetz, *Luther in Context* (Grand Rapids: Baker Book House, 1995), p. 28.

210 LA VIDA CRISTIANA

órdenes, y ciertamente lo hace en su ley (¡no son diez sugerencias!), más ocupados creemos que tenemos que estar. La religión del hombre siempre promueve la noción de que hay ayuda divina para aquellos que se ayudan a sí mismos; así, la cúspide del compromiso espiritual se manifiesta en lo que hacemos. Pero frente a tan sensata perspectiva, debemos enseñar a nuestros hijos a comprender y apreciar la locura divina del evangelio, que opera con una lógica diferente. El evangelio enseña, irónicamente, lo contrario de lo que los padres cristianos bienintencionados suelen enseñar, sobre todo en Navidad: *Es mejor dar que recibir.* La lógica del evangelio, irónicamente, es exactamente la contraria: *Es mejor recibir que dar.* Cuando se trata de la salvación del alma, debemos enseñar que todo compromiso de dar produce justo lo que Aristóteles prometió: un crecimiento en virtudes mundanales; sin embargo, cuando se trata de la salvación del alma, cuando se confía en tales cosas, producen además un boleto de ida al infierno. Por el contrario, la recepción pasiva de los dones salvíficos de Cristo produce justo lo que prometió el apóstol Pablo: justicia perfecta y un billete de ida al cielo.

Nuestro reto, hoy más que nunca, es proporcionar las experiencias, los puntos de vista y la lógica teológica para que nuestros hijos puedan ver (en primer lugar) y luego apreciar (en segundo lugar) la libertad que imparte la gracia de Cristo. En este sentido, la enseñanza cristiana para nuestros hijos ha cometido a menudo un error crítico que, por desgracia, se ha transmitido de generación en generación. Pensamos que la vida en Cristo puede ser mejor cultivada y apreciada por nuestros hijos pequeños manteniendo sus manos ocupadas en manualidades sin sentido y sus mentes en historias bíblicas innecesariamente suavizadas. Luego mezclamos esta fórmula con pensamientos insípidos sobre el amor de Jesús por los conejitos y las mariposas. Hemos sido testigos de cómo este régimen de suave papilla religiosa produce un aburrimiento malicioso en nuestros chicos tenaces hacia los ocho años de edad y una rebelión total en muchos niños de ambos sexos hacia los trece. A ojos de estos niños, la cultura juvenil de hoy puede no ser muy sana, ¡pero desde luego no es tan aburrida!

Necesitamos recuperar una comprensión distintivamente luterana de cómo se preparan los corazones y las mentes para el evangelio. Debemos renovar nuestra fe en lo que el profesor Ronald Feuerhahn denominó *el poder del pensamiento negativo*[6]. El poder del pensamiento negativo se aprovecha teniendo frecuentes encuentros con la ley en toda su fuerza. Los

---

6. El difunto Rvdo. Dr. Ronald Feuerhahn ha sido por muchos años un fiel y estimulante profesor de Teología Sistemática en el Concordia Seminary de St. Louis, Misuri.

mendigos espirituales se hacen —y renuevan su pasión por mendigar— al experimentar continuamente su propia pobreza espiritual. Solo quienes mueren al pecado pueden vivir en Cristo. Esto es cierto tanto para los jóvenes bautizados como para sus padres.

La lógica teológica que ancla la libertad del evangelio conlleva tres adversarios muy importantes que hay que vencer: el pecado, la muerte y el diablo. Sin una verdadera conciencia y percepción de estos tres enemigos, la necedad del evangelio será simplemente necedad y una necedad cada vez menos interesante. Debemos exponer continuamente a nuestros hijos a estos males, en su propia vida y en el mundo, para cultivar y mantener una mentalidad de mendigo de por vida. El pecado ha hecho que nuestros pequeños hijos estén muertos en sus delitos, propensos a convertir casi cualquier cosa o persona en un ídolo, y curvados sobre sí mismos con un amor propio desmesurado. Como todos nosotros, para usar la metáfora botánica, se han convertido en malas vides, en un mal viñedo, que solo produce uvas agrias[7]. En esta vida, somos y seguimos siendo —separados de Cristo— miserables pecadores.

Uno de los mayores retos para la educación cristiana de nuestros jóvenes es hacer que estas realidades sean claras, importantes, concretas y estén relacionadas con el tejido de la manera en que la vida debe vivirse en un mundo caído. La libertad de vivir como mendigos del favor de Dios en Cristo Jesús, y la paz y la seguridad que ello conlleva, tienen poco sentido si uno no es consciente ni dimensiona la magnitud del problema del mal. Para esto, la ley necesita más que ser enseñada; necesita impactar. El poder del pensamiento negativo necesita tener un impacto en las vidas de nuestros hijos temprano y a menudo, no solo para la disciplina, sino también para la formación apropiada del carácter. El problema del pecado no necesita simplemente ser analizado en la instrucción; necesita ser experimentado. El poder del pensamiento negativo en los corazones de nuestros hijos es la convicción, por la obra del Espíritu, de que, si no mueren al pecado, simplemente morirán. Esta convicción es lo que crea una vida que mendiga apasionadamente la escandalosa gracia de Dios sin preocuparse de poder dar algo a cambio. Y no solo los niños, sino que también los padres deben tener esta convicción sobre el problema del pecado. Tanto ellos como cada uno de nosotros, pueden vivir por gracia, o no vivirán en absoluto.

Sin embargo —agradecido sea Dios—, vivirán por gracia. La conciencia de las riquezas de la gracia de Dios no puede ser mayor que la conciencia

---

7. Una alusión a la metáfora de Is 5:1-4.

de la magnitud del propio pecado. Nuestros hijos solo pueden captar la maravilla del camino del evangelio en la medida en que este equilibra el impacto de la ley. Madurarán a la imagen de Cristo poco a poco, como decía Lutero, empezando siempre de nuevo: muriendo al pecado en el camino de la ley y resucitando a una vida nueva en la libertad del evangelio[8]. Esto es tan cierto para nuestros pequeños como lo es para nuestros adolescentes y para cada uno de nosotros.

Esclavos del prójimo

Llegados a este punto, puede que estés pensando: *Pero... pero... estás omitiendo cosas, ¡cosas importantes!* Sí, es cierto. La vida del cristiano tiene otra cara. Ya hemos hablado de la libertad de la gracia. Pero ahora debemos prestar atención al otro lado de la paradoja: la esclavitud en relación con el prójimo. Debemos preparar a nuestros hijos para lo que Hicks llama *la lucha del mundo*. Los cristianos están libres y atados a la vez. Curiosamente, las nociones de libertad y esclavitud no siempre son opuestas, desde una perspectiva bíblica. En el ámbito civil, nuestros antepasados vincularon estrechamente la idea de libertad con la de autogobierno o autogobierno autónomo. Nuestra Declaración de Independencia declaró que seríamos un pueblo libre, decidido a gobernarse a sí mismo, independiente de la corona británica. Sin embargo, cuando las Escrituras abordan lo que Lutero llamó las *cosas que están por encima de nosotros* —los asuntos espirituales—, no saben nada de la autonomía humana. O nos gobiernan en todo momento las potestades y principados del mal, o nos gobierna Dios[9]. Las Escrituras no vinculan la noción de libertad a la autonomía, sino a los propósitos de Dios. La vida del cristiano es libre, y sin embargo es una vida de esclavitud. Sí, Jesús enseñó que *si el Hijo los hace libres, ustedes serán realmente libres*[10]. Pero también instruyó a sus discípulos que, al reconocerlo correctamente como Señor, eso significaba que eran siervos, y un siervo no está por

---

8. *AE* 25, p. 478.
9. Esto significa que en Cristo estamos atados a su justicia, que produce el fruto de la fe; y aparte de Cristo, estamos atados al pecado. A este respecto, Lutero utilizó la poco halagadora ilustración de una mula que es montada por su amo. En cuestiones espirituales somos como una mula, ya sea montada por el diablo o montada por Cristo. La discusión de Oberman sobre *el hombre como una mula* es una deliciosa explicación de la analogía de Lutero aquí. Escribe: *Para Lutero, el hombre no es la mula que, desconcertada por la ignorancia, no puede decidir entre dos pajares; la educación podría ayudar a esa mula. No, la condición del hombre no depende de la amplitud de su educación, sino de su condición existencial de «mula» montada por Dios o por el diablo, pero sin elección en el asunto; sin libertad de decisión ni oportunidad de autodeterminación.* H. Oberman, *Luther*, 219.
10. Jn 8:36.

encima de su señor[11]. En la misma línea, el apóstol Pablo explicó que en nuestro bautismo hemos sido liberados de la esclavitud del pecado y estamos vivos para Dios en Cristo Jesús. Sin embargo, también nos hemos convertido en esclavos de Dios y de la justicia[12]. Tal como los esclavos están ligados a su señor, nosotros estamos ligados a Cristo. Somos una nueva creación modelada según su naturaleza humana y creada para realizar las obras que Dios planeó desde la eternidad[13].

El sentido de esclavitud aquí implica una conexión necesaria entre nuestro ser y nuestro hacer. Cuando se trata de las cosas espirituales, actuamos de acuerdo a lo que somos. El fruto bueno procede de un árbol bueno así como el malo procede de un árbol malo. Las uvas provienen de la vid porque así las ha hecho Dios. Jesús enseñó que él es la vid y nosotros los sarmientos, y que, permaneciendo en él, podemos producir una buena cosecha. Lo que hacemos fluye de lo que somos. Es Dios quien ha conectado nuestro ser y nuestro hacer. Aquí hay libertad, porque Dios nos diseñó para ser así, pero no hay autonomía. Esto, nuevamente, es lo inverso de Aristóteles. Aristóteles enseñó que nuestro ser va perfeccionándose a medida que se perfecciona progresivamente lo que hacemos. *Hacer* es invertir en lo que se llegará a ser, para bien o para mal. Por esta razón, Lutero consideró que la *Ética a Nicómaco* de Aristóteles procedía del diablo, pues iba contra todo el sentido de la obra creadora y salvadora de Dios.

Recordemos la observación de Lutero en sus Tesis de Heidelberg: *El amor de Dios no busca lo que le agrada, sino que lo crea*[14]. Dios nunca viene a nosotros como un mendigo, humildemente, esperando obtener de nosotros lo que desea (por ejemplo: *A Dios le gustaría mucho que te hicieras cristiano. ¿Qué te parece? ¿Qué dices?*). Todo lo que Dios quiere, lo hace solo. No necesita nuestra ayuda. Como hemos sostenido, la rúbrica interpretativa general de la Biblia es esta: todo lo que Dios manda, lo crea. Y todo lo que exige, lo da. Él ordenó la creación de los seres humanos en Génesis 1, y por el poder de su Palabra, así fue. Nos exige una justicia perfecta en su ley, y nos la da en la justicia de Cristo por medio del evangelio. En el evangelio, exhorta a la fe, y eso es lo que él crea por el poder del Espíritu a través de la Palabra de Cristo[15]. Su voluntad redentora es que nos convirtamos en una Nueva Creación en

---

11. Jn 13:13-16.
12. Ro 6:7, 17-19, 22.
13. Véase Ro 5:17; Ef 2:10; 4:13-15.
14. Disputa de Heidelberg, 1518, Tesis 28, *AE* 31:41.
15. Ro 1:16; 10:17; 1 Co 12:3.

Cristo, y eso es justo lo que él crea por el poder de la Palabra salvadora en las aguas del bautismo. Somos como él nos ha hecho y rehecho, y hacemos según lo que somos de acuerdo con su voluntad y obra.

Cualquier cristiano podría concluir naturalmente que, si Dios nos ha regenerado para ser esclavos del Señor Jesús, entonces debemos ante todo servirlo y serle obedientes. De hecho, así es como lo ha visto gran parte de la teología de la Iglesia a lo largo de los siglos. El cristiano ha sido llamado a una vida, bajo la obligación de un llamado superior, a fin de realizar obras espirituales especiales para nuestro Señor Jesús en obediencia a él. Cuanto más piadoso es, más tiempo de su vida dedica a realizarlas. Esta idea floreció en el monacato medieval. Ibas al monasterio a fin de realizar obras superespirituales para mérito tuyo y para el beneficio de Cristo. Hoy vemos residuos de tal pensamiento incluso en nuestras congregaciones. Ideamos obras especiales para servir a Jesús en nuestras congregaciones y luego imploramos a nuestros miembros que vengan y las hagan regularmente. Las congregaciones que pueden llenar cada mes del calendario con este tipo de actividades son consideradas *vivas*. A quienes se ocupan en hacerlas se los llama *miembros activos*. Podríamos llamar a esto monacato congregacional, y es un malentendido sobre la piedad y las obras cristianas[16].

Participar en la lucha del mundo es abandonar los confines del monasterio y del edificio de la Iglesia para emplear tus talentos y energías en el orden temporal de la vida —para hacer algún bien terrenal—. En el pensamiento de Lutero, es hacer que las cosas en esta vida sean un poco mejores. La vida cristiana proclama una servidumbre a nuestro prójimo y su bienestar. Este punto fue tratado en el capítulo anterior sobre la vocación cristiana, pero vale la pena repetirlo aquí. Hay dos razones poco halagüeñas que nos impiden servir directamente a nuestro Señor Jesús. La primera es que no tenemos nada que él necesite. La segunda —igualmente poco halagüeña— es que todo lo que tenemos de algún valor, lo hemos recibido de él. La fe genera amor. Dios quiere que canalicemos nuestro temor, amor y confianza en él (cosas que forman parte de ser una nueva creación en Cristo) distribuyendo como administradores las bendiciones que nos ha confiado. Él vincula nuestras obras a nuestro prójimo y así nos da algunas cosas importantes que hacer en esta vida. Al mismo tiempo, nos instruye en el delicado arte de amar, algo que haremos por la

---

16. Para un análisis más completo de la falsa piedad exhibida en el monacato y las formas congregacionales contemporáneas de lo mismo, véase mi ensayo «The Outer Limits of a Lutheran Piety», *Logia—a Journal of Lutheran Theology* 3, n.º 1 (enero de 1994): pp. 4-10.

eternidad. Y luego hace este arreglo: servir al prójimo en la fe se considera como un servicio prestado a él, aun cuando ese servicio se presta a los que uno podría considerar los más pequeños de sus hermanos[17].

La esclavitud en relación con el prójimo debe entenderse en un doble sentido: en el sentido del evangelio y en el sentido de la ley. Como nueva creación en Cristo, esta servidumbre se compone de las exigencias apremiantes de la gratitud y el amor. En el camino del evangelio, servimos al prójimo a partir de una gratitud por todo lo que nuestro Señor ha hecho y nos ha dado[18]. Esta es una libertad de todas las preocupaciones por nuestro propio bienestar, ya que han sido puestas a descansar en los dones y las promesas seguras de Cristo. Además, servimos a nuestro prójimo por amor, pues para eso ha sido hecha la Nueva Creación. Somos obra de Dios, y obramos conforme a lo que somos. Estas realidades sustentan aquel aspecto de las cosas que normalmente se enseña como *porque tú quieres*. Esta es la deliciosa esclavitud del amor. El prójimo se convierte en un ser amado, y el amor nos impele a servir y otorgar dones para su bienestar. Susanita se cayó y se peló las rodillas. Su amorosa madre la levantó, la consoló y curó sus heridas. Ahora bien, si fuéramos tan tontos como para preguntarle a la madre por qué hizo esto, o si pensó que *tenía que* hacerlo, seguramente ella pensaría que estamos locos. Las obras de amor conllevan algo de servidumbre —incluso de compulsión—, pues uno es cautivo de las necesidades de un ser querido, pero no puede haber cabida para consideraciones legales de deber y cálculo.

Tal es la esclavitud respecto del prójimo vista a la luz de las realidades de la nueva creación en Cristo, surgida de las aguas del bautismo. Pero la esclavitud respecto del prójimo tiene otra cara, pues el cristiano tiene otra cara. Separado de Cristo, el cristiano sigue siendo un pecador carnal, vendido al pecado como un esclavo, en el cual no habita nada bueno y del cual no sale nada bueno[19]. La esclavitud respecto del prójimo ofrece ocasiones para que el cristiano siga sometiendo y disciplinando la carne. Además, es una colina importante en el campo de batalla en que se libra

---

17. Véase la enseñanza de Jesús sobre las obras de las ovejas en el Día del Juicio en Mt 25:31-40.
18. Servimos por un sentido de lealtad a Cristo, que es Señor y nos ha hecho siervos/esclavos; no por un sentido de compulsión legal, sino por gracia. La vida de servicio fluye de un *ethos* bajo la gracia, no bajo la ley.
19. Véase la descripción del apóstol Pablo en Ro 7:14-20. Lutero expresó este *tú obras según lo que eres* distinguiendo entre la fe y la incredulidad de la siguiente manera: «Lo mismo sucede con las obras del hombre. Según sea el hombre, si es creyente o incrédulo, así también será su obra; será buena, si fue hecha en fe, o mala, si fue hecha en incredulidad. Pero no es cierto lo contrario, que la obra haga al hombre creyente o incrédulo». AE 31:361.

la guerra espiritual contra el mundo, la carne y el diablo. A nuestros hijos debemos decirles: *¿No quieres? Bueno, tienes que hacerlo.* Esta es la esclavitud respecto del prójimo en el camino de la ley.

Debemos ser muy claros al respecto. No hay libertad en la esclavitud del prójimo. No hay libertad en nuestro obrar o en el cultivo del obrar de nuestros hijos. Podemos estar constreñidos por el amor de Cristo y ser cautivos de las necesidades del prójimo, estar constreñidos por la ley y servir a nuestro prójimo por nuestro propio bien, o como sucede a menudo, podemos estar constreñidos por ambos[20]. En cualquier caso, todos salimos ganando. En la paradójica crianza de nuestros hijos que aborda la esclavitud respecto del prójimo, debemos utilizar la disciplina con todas sus recompensas y castigos para enseñar lo que *el enorme ego implacable*[21] de todos nuestros hijos necesita comprender: que si siguen las normas, les irá mejor que si las rompen. Llamamos *rectitud civil* a ese servicio que fluye de la disciplina. No es intrínsecamente materia de la piedad; es materia de sabiduría práctica. Por eso enseñamos a nuestros hijos: *Hazte un favor, ¡sigue las normas!*

Un buen árbol da lo que el Señor considera buenos frutos, y un árbol malo da lo que se considera malos frutos. Pero el Señor puede utilizar cualquiera de ellos, o ambos, para alimentar suficientemente al prójimo. Tocar el corazón de nuestros hijos por medio del evangelio produce la esclavitud del amor, y darles palmadas en el trasero —u otras medidas semejantes que hagan llegar el mensaje— produce discípulos de la ley. Tanto la ley como el evangelio son necesarios para cultivar la esclavitud que sirve al prójimo.

Una parábola amarga: ¿En qué nos equivocamos?

Hay una trágica parábola que se repite con demasiada frecuencia en muchas de nuestras mejores parroquias y hogares cristianos. Aunque tiene muchas variantes, ciertos hilos comunes recorren todas sus versiones. Su conclusión suele ser una pregunta planteada en voz muy baja: *¿En qué nos equivocamos?* La historia rara vez se cuenta en público, y cuando es compartida, quienes lo hacen suelen ser madres que derraman lágrimas.

---

20. Forde expresó esta dualidad de motivaciones como algo bastante típico de los santos comunes, e incluso en mayor medida. Para ser realistas, a este lado del escatón tendremos que decir indudablemente que, en nuestros verdaderos actos, hay una especie de mezcla de obligación y deseo, quizás habiendo incluso bastante más de lo primero que de lo segundo. Pero no debemos perder de vista la esperanza, la visión, inspirada por la promesa absolutamente incondicional. Porque al final, solo eso sobrevivirá: la verdadera santificación. G. Forde, *Justification*, p. 57.

21. Un delicioso término para referirse al enemigo central de la vida moral, acuñado por Iris Murdoch. Véase su obra *The Sovereignty of Good* (London: Rutledge & Kegan Paul, 1970), pp. 52, 66.

La historia trata de cómo muchos de nuestros hijos bautizados —hijos de veintitantos años o incluso mayores— han salido del Reino de Dios. No asisten a cultos cristianos, ya no confiesan a Cristo, y a menudo sienten animadversión por quienes sí lo hacen. Pareciera que, en la guerra espiritual del cristiano contra el mundo, la carne y el diablo, han perdido. Pensemos, por ejemplo, en Jennifer.

Bautizada siendo bebé, Jennifer creció en una familia que iba a la iglesia. Su congregación defendía la fe cristiana histórica tal como fue recuperada por Lutero, y lo mismo hacía su pastor de toda la vida. La familia asistía regularmente a los servicios religiosos, y Jennifer iba a la escuela dominical y a la escuela bíblica de vacaciones cuando era niña. Su padre evitaba participar en el segmento educativo del domingo y prefería hablar de los asuntos de la congregación en el estacionamiento. Gestionar los activos físicos y financieros de la congregación era donde se sentía más cómodo. La madre de Jennifer asistía frecuentemente a la clase bíblica para adultos. También fue maestra ocasional en la escuela dominical y en la escuela bíblica de vacaciones cuando su hija era pequeña. Aparte de la memorización de algunos versículos y el estudio para la confirmación que llevaban a cabo Jennifer y su madre, cualquier articulación de la vida de fe en casa se limitaba mayormente a dar las gracias a la hora de la cena.

Jennifer asistió a las escuelas públicas del distrito escolar local porque tenían una sólida reputación de ser excelentes. Su liceo era reconocido por su alto rendimiento académico y la mayoría de sus alumnos iban a la universidad. Desde el punto de vista académico, se desenvolvió muy bien en el liceo, y la mayoría de las veces figuraba en el cuadro de honor. Aunque asistía ocasionalmente al grupo de jóvenes de secundaria de su congregación, sus amigos más importantes eran los del liceo público. Más allá de sus estudios, la vida de Jennifer incluía mucho deporte, el club de teatro, escuchar música hip-hop, ir al cine y salir con sus amigos del liceo.

Una vez graduada, Jennifer se fue a la universidad estatal como estudiante interna. Durante su primer año fuera de casa, sus conversaciones telefónicas con sus padres incluían a veces esta pregunta de su madre: *¿Estás yendo a la iglesia, o participando en algún ministerio universitario?* Jennifer solía responder con un tono de voz algo afligido: *¡Ay, madre! A veces, cuando puedo. Tengo que dedicar mucho tiempo a mis estudios, ya sabes.* El hecho es que, como solo se supo más tarde, Jennifer fue un par de veces —justo tras su llegada al campus—, pero después dejó de ir por completo. No obstante, asistía al culto con sus padres cuando venía a casa en Acción de Gracias, Navidad y otras vacaciones escolares.

Después del primer año, las visitas a casa se hicieron menos frecuentes. El segundo año, Jennifer encontró un trabajo a tiempo parcial como camarera fuera del campus. Ahora, durante la mayoría de las vacaciones escolares, se quedaba en la escuela para trabajar. También explicó a su madre que normalmente tenía que trabajar el domingo por la mañana y no podía asistir al culto en el campus. Las llamadas telefónicas a su familia también se hicieron menos frecuentes. Por lo general, era la madre de Jennifer quien hacía las llamadas, que a menudo se volvían tensas. En una ocasión, Jennifer le dijo a su madre que creía que, aparte de las tradiciones cristianas, había muchas expresiones válidas de espiritualidad humana. Cada persona tiene que encontrar la que más le convenga. En otra ocasión, discutió con su madre, indicándole que pensaba que la Iglesia había sido culpable de odio e intolerancia hacia la comunidad LGBTQ. La Iglesia no debería ser tan crítica. Eso desmotiva a la gente, dijo. Jennifer acusó a su madre de estrechez de miras e indicó que, en su opinión, las preferencias sexuales son asuntos personales que todo el mundo debe respetar.

Cuando su madre le preguntó por la gente con la que vivía, Jennifer respondió con indiferencia: «No pasa nada, mamá, la mayoría de mis amigos, aquí en la escuela, viven juntos. Sé que no lo apruebas, pero tengo que vivir mi propia vida». A la pregunta de la madre: «¿Crees que Dios aprueba lo que estás haciendo?», Jennifer gritó: «¡No me vengas con tus tonterías sobre Dios, madre, me va muy bien sin eso!». Y colgó.

En algún momento, en algún lugar, tras salir de casa, Jennifer dejó atrás la confesión de la Iglesia antes de dejar la universidad estatal. Su padre ha tenido muy poco que decir de todo esto. De vez en cuando, intenta consolar a su esposa, más preocupada: «Criamos a nuestra hija lo mejor que pudimos. Ya es mayorcita y tiene que vivir su propia vida. Tenemos que aceptarla como es y estar aquí cuando nos necesite». Eso no la consuela. La madre de Jennifer está dolida, enfadada y confusa. Aunque le avergüenza hablar de Jennifer con su pastor o con cualquiera de sus amigos de la Iglesia, tiene muchas preguntas y está llena de dudas sobre sí misma. Una y otra vez se pregunta: ¿En qué nos equivocamos?

¿Qué es lo que la comunidad cristiana necesita comprender y poner en práctica aquí y ahora para afrontar el reto de educar fielmente a nuestros jóvenes bautizados en el Señor? Más concretamente, ¿qué necesitamos saber y hacer como padres, pastores y parroquias para preparar a nuestros hijos para el asalto espiritual al que se enfrentan hoy en nuestra actual cultura anticristiana? ¿Qué debemos proporcionar, que a menudo no se da, para que los padres de futuras chicas como Jennifer no se pregunten: ¿En qué nos equivocamos?

Lo que menos necesitamos para concluir la reflexión sobre esta parábola son clichés espirituales sentimentales o palabras que pasen por alto la gravedad de la guerra espiritual a la cual nuestros hijos se enfrentan para retener su fe y crecer en ella. Sí, oraremos por nuestros hijos no tan jóvenes que ya no confiesan a Cristo. Sí, para Dios todo es posible, y él no los ha abandonado. Jesús es el Buen Pastor que deja a las noventa y nueve para buscar a la extraviada y perdida (Lc 15:3-7). Consolémonos con estas realidades sobre nuestro Dios y Señor misericordioso. Sin embargo, puede ser útil tener en cuenta lo dicho sobre nuestros hijos bautizados en el capítulo 7:

Lo que a menudo no se enseña ni se explica a los padres, especialmente a los papás, es que el bautismo de sus hijos los ha puesto en una zona de guerra espiritual en la que el diablo merodea infatigablemente para recuperarlos. La verdad a menudo no dicha es que el bautismo de nuestros hijos los ha puesto en una guerra espiritual de por vida con el diablo. Jesús enseñó que el que persevere hasta el fin se salvará (Mt 24:13). Con sus aliados cercanos —el mundo caído (o, digamos, la cultura juvenil) y el Yo Pecaminoso— Satanás trabaja para que tu hijo no sea uno de los salvados. Quieren que sea daño colateral en el Reino de Dios.

La fe cristiana consiste en comprender y percibir que el problema del pecado siempre será el mayor problema de nuestros hijos. El pecado ha dado como resultado un problema mortal, y al igual que todos nosotros, ellos lo tienen 24/7 (Ro 5:12, 21). Si no se lo resuelve, cancela la posibilidad de que vivan felices para siempre. En cuanto a nuestro problema mortal, el cristianismo presenta solo dos opciones: puedes morir al pecado en Cristo, o puedes simplemente morir. La única solución al problema de la muerte es morir y resucitar en la cruz de Cristo y ser cubierto con su justicia (Ro 5:3-11, 20-21). Todas las demás vías solo permiten evadirse o sobrellevar. Estas verdades bíblicas deben recibir nuestra mayor atención en el cuidado y la crianza espiritual de nuestros hijos, independientemente de la edad que tengan. La vida con Dios en Cristo significa disfrutar de su inmerecido perdón y favor, pero también significa compartir su inmerecido sufrimiento y el menosprecio del mundo. Si estas realidades sobre la existencia humana y la vida en Cristo no se comprenden y perciben, ser o seguir siendo cristiano puede tener poco sentido. Otras opciones —casi cualquiera de ellas— pueden fácilmente parecer más atractivas y satisfactorias. Oramos para que Dios ilumine y utilice a los padres, a los Siervos de la Palabra y a los amigos cristianos como instrumentos suyos a fin de ayudar a nuestros hijos a profundizar en su comprensión y percepción de estas realidades o, como en el caso de Jennifer, a recuperarlas para su felicidad perpetua.

Educar a los hijos, en medio de su guerra espiritual, para que vivan en la libertad de la gracia y la servidumbre del prójimo, corresponde a una doble ciudadanía que Dios ha llamado a todos sus hijos a ocupar como Iglesia militante. Bajo el señorío de Cristo, somos simultáneamente ciudadanos del Reino de Dios y de comunidades terrenales y mundanales. Vivimos una vida segura como mendigos de la gracia que nos hace libres, y vivimos vidas significativas haciendo obras que nos vinculan a nuestro prójimo. Estas son grandes y maravillosas verdades sobre la identidad fundamental de todos nosotros, incluidos nuestros hijos —sí, aun los más pequeños—. Sin embargo, siempre debemos recordar la guerra espiritual muy real de nuestros hijos que atacará continuamente esa identidad en ambas comunidades. Ataques que asaltarán la libertad vivificante de la gracia, la esclavitud respecto del prójimo, o ambas. Estos hijos son simplemente un préstamo que nos hace su Padre Celestial y, a través de la adopción, son nuestros hermanos en el evangelio. Desechemos (o exijamos que se desechen) la brillantina, la pintura de dedos y las tonterías que hacemos en nombre de la educación cristiana y enseñemos esta identidad paradójica de la vida en la cruz de Cristo. Delineemos correctamente la Palabra de Verdad, enseñando y aplicando la ley de Dios y su evangelio para que nuestros hijos puedan adoptar de por vida un hábito de morir para vivir; morir al pecado, y resucitar a la vida nueva, sirviendo a Cristo en la necesidad del prójimo; siendo señores de todo, no sujetos a nadie, y siervos de todos, sujetos a todos. Eduquemos a nuestros hijos con la meta y la esperanza confiada de que, en aquel día, cuando reúnas a tu familia terrenal en la plenitud de la salvación, por la gracia de Dios, ellos estarán allí.

CAPÍTULO 12

Algunas reflexiones sobre el cielo y el infierno

¿Dónde están el cielo y el infierno?

Mientras tratamos de comprender mentalmente los reinos eternos del cielo y del infierno, ¿cómo debemos concebirlos? ¿Cuál es su relación con el lugar donde vivimos nuestra vida de fe ahora mismo en la cruz de Cristo, aquí en el espacio y en el tiempo? Una de las grandes divisiones que surgieron en la época de la Reforma giró en torno a la pregunta: Cuando Jesús ascendió al cielo, ¿se fue a algún lugar específico? ¿Debemos entender el cielo (o el infierno) como un lugar distante, implicando que el cuerpo ascendido de Jesús estaría ahora ausente? Si está ausente, lógicamente se seguiría que el cuerpo de Jesús no puede estar presente en la Cena. Esta es la perspectiva adoptada por los reformadores protestantes en contra de Lutero y los teólogos de Wittenberg. Reformadores como Zwinglio y Calvino argumentaron que, mientras la naturaleza divina del Jesús ascendido puede considerarse presente en cualquier lugar y en todas partes, debe entenderse que su naturaleza humana, especialmente su cuerpo, está ahora ausente. Jesús ascendió corporalmente al cielo, y puesto que el cielo es un *lugar*, y los cuerpos humanos ocupan un solo lugar a la vez, debemos insistir en la ausencia real del cuerpo de Cristo en la cena del Señor. Los luteranos protestaron que tal posición distorsiona las simples palabras de Jesús: *Esto es mi cuerpo*. También argumentaron sobre la base de la unión personal permanente de las dos naturalezas de Cristo. Donde está la naturaleza divina de Jesús, está también toda la Persona de Jesús con todos sus poderes divinos, incluida su naturaleza humana. El cuerpo de Jesús puede estar donde él desee que esté.

Hay aquí consideraciones adicionales importantes, no solo para entender la presencia real del cuerpo de Jesús en el sacramento, sino también para la forma en que debemos entender el cielo y el infierno —y en realidad, todo el reino de la eternidad en relación con el espacio y el tiempo—. Es erróneo concebir el cielo y el infierno como lugares, pese a la limitación de nuestro lenguaje, que se ve obligado a hablar de ellos como tales. Examinemos algunas palabras de nuestro Señor poco antes de ascender al cielo. En el aposento alto, indicó a sus discípulos que iba al Padre y que dentro de poco ya no lo verían (Jn 16:16). Pero ¿debemos entender sus palabras en el sentido de que ya no estaría con ellos? Él dijo: «Yo estoy con ustedes todos los días, hasta el fin del mundo» (Mt 28:20) y «Porque donde están dos o tres reunidos en Mi nombre, allí estoy Yo en medio de ellos» (Mt 18:20). Fíjate en su uso del pronombre personal. Dice: *Yo estoy con ustedes*; *yo estoy en medio de ustedes*. No dice: «Mi naturaleza divina está con ustedes». El *yo* se refiere a la persona completa, Jesús. El Jesús humano y divino estará con nosotros *hasta el fin del mundo*. El Cristo celestial y exaltado sigue con nosotros. Esto incluye también su cuerpo en la Santa Cena. En el sacramento, él es a la vez anfitrión y menú, cuando nos dice: Tomen, coman; esto es mi cuerpo.

El significado sencillo de estos pasajes es que Jesús está en el cielo y también con nosotros. En otras palabras, debemos ajustar nuestra forma de pensar sobre el cielo. No se trata de un lugar distinto o distante, opuesto a donde estamos nosotros. Más bien debemos pensar que el cielo y el infierno, todas las huestes celestiales y todos los poderes demoníacos del infierno están más cerca de nosotros que la vestimenta que llevamos puesta o más cerca de nosotros que nuestra propia nariz. Escucha cómo Lutero describe la presencia del diablo: *Un cristiano debe saber que está sentado entre demonios y que el diablo está más cerca de él que su abrigo o su camisa; es más, más cerca que su propia piel*[1]. Aunque ciertamente se reconoce aquí un misterio, podría ser útil concebir la eternidad y las esferas del cielo y del infierno como similares a otra dimensión que interactúa con nuestro universo tridimensional en cada punto del espacio y del tiempo. No son lugares dentro del espacio y el tiempo creados, aunque debamos utilizar el lenguaje espacial/temporal para hablar de ellos porque nuestro pensamiento y nuestro lenguaje tienen esos límites. Podemos describirlos como infinitos y eternos; es decir, aludirlos de manera negativa como realidades no limitadas ni atadas por el espacio o el tiempo.

---

1. WA 32, 112, citado en Ewald Plass, ed., *What Luther Says* (St. Louis: Concordia, 1991), p. 399.

Debemos hablar utilizando la negación porque en realidad no sabemos lo que son en términos positivos, pues están más allá de nuestra referencia conceptual. Sin embargo, no debemos considerar el cielo y el infierno como lugares más allá de los confines del universo. Más bien, como señala Lutero en relación con el diablo, están más cerca de nosotros que nuestra propia nariz.

Algunas juguetonas reflexiones sobre la eternidad

Para ampliar nuestra comprensión, veamos un par de ilustraciones imaginativas. La primera es un tanto filosófica; la segunda es bastante cursi, pero quizá útil. Pensemos por un momento en el problema conceptual de las formas de vida bidimensionales que se plantean la realidad de la tercera dimensión, la *profundidad*. Imaginemos una clase de filosofía donde un grupo de amebas, dispuestas sobre un portaobjetos, intentan comprender el concepto de *profundidad* en una clase de filosofía basada en gérmenes. El profesor ameba indica que la profundidad no debe concebirse como un lugar distante, en los confines de la longitud o la anchura. Insiste en que de ningún modo debe verse como algo *allá fuera*. Más bien, dice, la profundidad debe entenderse como presente *aquí*. A continuación se refiere a la profundidad ofreciendo esta definición negativa: *no está limitada por la longitud ni por la anchura*. En la última fila está sentada una ameba sabelotodo que quiere dejar perplejo al profesor. Levantando la mano, pregunta: *Díganos, profesor, ¿cómo debemos entender la relación de la profundidad con la longitud y la anchura? ¿De qué manera la profundidad interactúa con la longitud y la anchura?* El profesor responde: *La profundidad interactúa directa y completamente en cada punto de la longitud y la anchura. No hay ningún punto a lo largo y a lo ancho que esté más cerca o más lejos de la profundidad. Está aquí, allá y en todas partes.* ¿Qué te parece su respuesta? Quienes vivimos en un mundo tridimensional sabemos que lo hizo bastante bien. Quizá por analogía, esta ilustración pueda ayudarnos a concebir de qué modo la eternidad interactúa con nuestro universo tridimensional. El cielo y el infierno, y en realidad toda la eternidad, interactúan por igual en todos los puntos del espacio y del tiempo. Ningún punto del espacio o del tiempo está más cerca o más lejos del cielo o del infierno. Podemos pensar en ellos como si estuvieran aquí y allá, en cualquier lugar y en cualquier momento.

Consideremos otra ilustración más bien trivial. De manera un poco burda, podríamos comparar esta noción de la eternidad y el espacio/tiempo pensando en la relación entre una bañera y el cuarto de baño. La bañera representa nuestro mundo del espacio y el tiempo. La eternidad —la esfera del cielo y del infierno— está representada por el cuarto de baño. Vivimos en la bañera. Estando en ella, ¿dónde debemos decir que está el cuarto de baño? Simplemente diríamos que *aquí*, ¿no? Y aunque nos situemos en un extremo u otro de la bañera, no está más cerca ni más lejos de nosotros. Además, hoy el baño no está más cerca ni más lejos de nosotros que ayer o mañana. De la misma manera deberíamos entender el cielo y el infierno. Simplemente están aquí y allá, tanto ahora como entonces. El misterio es que no podemos percibirlos con nuestros sentidos naturales. Pero también está la cortina de la ducha, que sirve de interfaz entre la bañera y el cuarto de baño. Cuando estás en la bañera, el cuarto de baño está aquí, pero no puedes verlo.

Tal vez podamos concebir una interfaz misteriosa similar entre este orden creado y la eternidad. Antes de la caída en el pecado y la maldición de la tierra, había una interfaz que parecía transparente entre el espacio/tiempo y la eternidad. En el capítulo 2 de Génesis tenemos una imagen en la que Dios y Adán casi caminaban de la mano al fresco del día. Para los sentidos de Adán y Eva, el Señor Dios en el cielo estaba tan presente como ellos y todos en el huerto lo estaban entre sí. Sin embargo, cuando nuestros primeros padres cayeron en el pecado, y sus naturalezas se corrompieron, y sus cuerpos quedaron sujetos a la maldición de la tierra, el esplendor y la gloria del Señor Dios, con todo lo que es el cielo, llegaron a ser más de lo que la naturaleza humana corrompida podía soportar. Fue una sobrecarga sensorial. Tal vez, Dios hizo que la cortina de la ducha (la interfaz) se volviera difusa, impidiendo que nuestras capacidades perceptivas naturales vieran el baño de la eternidad y las huestes celestiales. No pudiendo ya soportar ver la gloria celestial y el esplendor que se pretendía que viéramos con la plenitud de nuestros sentidos, Dios, por su gracia y misericordia, proporcionó un velo para bloquear lo que no podemos manejar mientras estamos caídos y frágiles aquí en la tierra. De modo que ahora, para tener comunión con nosotros, Dios entra en la bañera y elige máscaras —cosas ordinarias de este mundo— para ocultarse y revelarse a nosotros aquí, en nuestro espacio y tiempo mundanales. Pensemos en Moisés y la zarza ardiente, la naturaleza humana de Jesús, el agua, el pan, el vino y el lenguaje humano común.

Más allá de estas consideraciones, podríamos preguntarnos cómo son el cielo y el infierno. ¿Qué podemos saber de ellos ahora, teniendo presentes nuestras limitaciones conceptuales? ¿Qué debemos esperar comprender cuando la gloria de la eternidad se abata sobre nosotros en la

Segunda Epifanía de Cristo? Nuestro problema con la comprensión del cielo aquí y ahora podría compararse al de un ciego de nacimiento que intenta comprender un mundo lleno de color. Solo podemos utilizar formas, texturas y sonidos para transmitir colores que no corresponden a eso, pero que deben servir para representarlos. Si se le dice al hombre que un día *verá* el cielo, ¿qué debe hacer con esa promesa? ¿Cómo podrá entender, de manera positiva, lo que solo podría conocer a través de experiencias que aún no llegan? Usaríamos negaciones en abundancia: *No más golpes ni moretones dolorosos.*

El cielo y el infierno como el cumplimiento del deseo del corazón

Quizás la imagen más común del cielo y el infierno sea algo así: el cielo es un lugar donde encontrarás en abundancia desbordante todo lo que quieres y te gusta; y el infierno es exactamente lo contrario. Es un lugar donde todo lo que odias y menos deseas será tuyo para siempre. Yo y mi hijo de treinta y ocho años, con necesidades especiales, hemos tenido una constante discusión sobre estas cosas. Él ha insistido obstinadamente en que el cielo será un lugar donde habrá todo lo que él desea, simplemente porque lo desea mucho. Y la mayor parte de lo que desea es simplemente una versión más sofisticada de la canción *The Big Rock Candy Mountains*[2]. Para él, y para muchas personas sin necesidades especiales, el cielo se entiende como el lugar donde Dios nos dará todas las cosas que queremos y que él ha decidido no darnos ahora, o al menos, no en la abundancia que deseamos. He intentado convencer a mi hijo de que el cielo será lo que Dios ha planeado para él y que será completamente feliz y estará contento con ello. No he podido convencerlo. Acepta que yo tenga mi opinión, pero eso es todo. Parece que tengo poca autoridad en estos asuntos espirituales y eso es muy humillante para su padre. Sin embargo, hay un grano de verdad en la comprensión de mi hijo. En la eternidad hay una conexión con nuestros anhelos y deseos más profundos. La forma en que el cielo y el infierno se relacionan con los deseos del corazón se reduce a la condición espiritual del corazón y a la naturaleza de sus deseos. En último término —cielo o infierno— todos acabarán obteniendo exactamente lo que más desean.

Aunque hemos observado cómo algunos autores cristianos de hoy intentan vender principios de comportamiento espiritual basado en la Biblia

---

2. «Las grandes montañas de azúcar piedra». Una canción donde un vagabundo describe su propio paraíso ideal (N. del T.).

haciendo promesas que reflejan el eslogan de la cerveza —*Nada podría ser mejor que esto*—, ¡en el cielo sí que hay algo mejor! Los días de verdadera gloria están en camino. Puesto que el pecado no es un algo, sino más bien una corrupción o una falta de lo que Dios creó como bueno, el cielo nos libra de la maldición de una creación y una existencia estropeadas. Mientras estamos aquí, no nos afligimos por un ser querido fallecido que muere en la fe; nos afligimos por nosotros mismos en nuestra pérdida de esa persona amada. El tío Juan, que ha partido de esta vida en la fe, está muy bien, muchas gracias. Por fin ha llegado a los verdes pastos junto a las aguas de reposo. Pero nosotros hemos quedado atrás, y aún debemos luchar aquí, en el valle de sombra de muerte, durante un tiempo más. Como se describe en el capítulo 8, sobre la *Tentatio*: «Experimentamos la vida como algo amargo/dulce: nuestra copa está entre medio vacía y medio llena. Anhelamos mucho más de lo que nuestra vida cotidiana nos proporciona. Por eso, la voz interior puede machacarnos con una conclusión dolorosa: la vida que estamos viviendo se queda lamentablemente corta en relación con nuestros anhelos de lo que debería ser para los aspirantes a ciudadanos del Reino de Dios». El libro de Apocalipsis es especialmente rico en imágenes del cielo que acentúan cosas importantes del valle de sombra de muerte que no se encuentran allí. En el cielo, aquello que ya no tienes es muy importante. Escucha el interludio entre el sexto y el séptimo sello en la segunda visión de Juan en Apocalipsis 7:13-17:

Uno de los ancianos habló diciéndome: «Estos que están vestidos con vestiduras blancas, ¿quiénes son y de dónde han venido?». Y le respondí: «Señor mío, usted lo sabe». Y él me dijo: «Estos son los que vienen de la gran tribulación, y han lavado sus vestiduras y las han emblanquecido en la sangre del Cordero. Por eso están delante del trono de Dios, y le sirven día y noche en Su templo; y Aquel que está sentado en el trono extenderá Su tabernáculo sobre ellos. Ya no tendrán hambre ni sed, ni el sol les hará daño, ni ningún calor abrasador, pues el Cordero que está en medio del trono los pastoreará y los guiará a manantiales de aguas de vida, y Dios enjugará toda lágrima de sus ojos».

En el cielo, las cosas corruptas que sufrimos por nuestra condición caída en un mundo maldito ya no existirán. Lo que obtienes es el Cordero inmolado en cuya sangre has sido limpiado. En el cielo finalmente estarás con tu Amante Celestial. Como novia amada del Novio Celestial, podrás dejar las cartas de amor que han sido el material de tu relación de amor con él, y ser, finalmente, llevada a casa y a sus brazos eternos para siempre.

Lo que obtienes en el cielo, en un sentido positivo, es el deseo de tu corazón que pertenece a la nueva creación. Simplemente, lo que obtienes en el cielo es a Dios... tu Creador y Redentor... y de una manera más rica que nunca en esta vida. Nuevamente fue C. S. Lewis quien lo expresó muy bien:

> Con la mayor certeza, más allá de todos los mundos, incondicionado e inimaginable, trascendiendo el pensamiento discursivo, se abre para siempre el Hecho último, la fuente de todos los demás hechos, la profundidad ardiente e ilimitada de la Vida Divina. Con la mayor certeza, también, estar unido a esa Vida en la Filiación eterna de Cristo es, estrictamente hablando, lo único que merece un momento de consideración. Y en la medida en que *eso* es lo que entiendes por *cielo*, la naturaleza divina de Cristo nunca lo abandonó, y por lo tanto, nunca regresó a él: y su naturaleza humana no ascendió allí en el momento de la Ascensión, sino a cada momento [...]. Concedo y recalco que la Palabra eterna, la Segunda Persona de la Trinidad, jamás puede estar, ni ha estado, confinada a lugar alguno en absoluto: es, más bien, en él que todos los lugares existen[3].

Ahora lo tienes en la cruz bajo las máscaras de las cosas sagradas dadas a su Iglesia. Viene a nosotros velado en las cosas triviales de este mundo como el agua, el pan, el vino e incluso los locos siervos de la Palabra que se visten con trajes de Jesús para el Servicio Divino. Pero al ser finalmente glorificado en el cielo, ves la verdad de tu Dios en todo su esplendor y gloria. El cielo no es un lugar; es una presencia total del glorioso Señor de todo. Él, en toda su gloria y esplendor, es lo que el cielo es; no es un lugar, sino un rico compañerismo que absorbes con todo tu ser, sentidos físicos y facultades espirituales en unión. El cuerpo ya no compite con el espíritu. Se acabaron las máscaras y los velos. Como observó C. S. Lewis, *es seguro decir a los puros de corazón que verán a Dios, porque solo los puros de corazón quieren hacerlo*[4]. Quienes no lo quieren *a él*, y no quieren *eso*, realmente no quieren el cielo. Todo lo demás no viene al caso. Solo quienes son como Dios quieren el cielo, porque allí llegas a ser pura y completamente... como Dios. *Si aún no tienes al menos algunas de estas cualidades, es muy difícil imaginar que aquello sea el «cielo» para alguien*[5].

En el infierno, todo sigue igual. En la Caída, nuestros padres quisieron ser señores de sus propias vidas y esta inclinación se ha transmitido a todos

3. C. S. Lewis, *Miracles* (New York: Macmillan, 1960), p. 155.
4. C. S. Lewis, *The Problem of Pain* (New York: Macmillan, 1962), p. 145.
5. C. S. Lewis, *Mere Christianity* (New York: Macmillan, 1960), p. 78.

los hijos e hijas de Adán. Es una lucha que no puede obtener su fin en esta vida; solo se logra plenamente en el infierno. Hay que renacer del Segundo Adán para anhelar meramente ser *como* Dios, dejando que cada cual, como el verdadero Dios, sea simplemente el que es. En el cielo, solo Dios intenta llevar la gran D en su camiseta, y tanto él como nosotros no querríamos que fuera de otro modo.

El cielo y el infierno y la justicia de Dios

Una noción común ha sido que la diferencia entre el cielo y el infierno y la obra de Dios es que, en el cielo, Dios gobierna con misericordia, mientras que el infierno es la morada donde prevalece su justicia. O recibes la misericordia de Dios y te salvas, o recibes su justicia y te condenas. En realidad, la verdadera imagen del cielo y del infierno son casi lo opuesto en muchos sentidos. El cielo es realmente el único lugar donde la justicia de Dios reina suprema, mientras que, a la vez, irónicamente, es la única condición eterna patentemente injusta. ¡Sí! Injusticia es el nombre del *ethos* del cielo. Apesta absolutamente a injusticia. No obstante, al mismo tiempo, el cielo es también donde la justicia de Dios reina suprema. Con la justicia de Dios, obtienes misericordia. Pero con la justicia de Dios, a diferencia de la nuestra, todos reciben lo que no merecen. La ejecución de la justicia de Dios por los pecados de todo el mundo se encuentra en la expiación vicaria universal de la cruz de Cristo. El inocente Jesús recibe el castigo por todos nuestros pecados, y nosotros, los culpables, salimos impunes. Por medio del sacrificio vicario del Cordero de Dios, todos los destinados al cielo viven por gracia inmerecida, pero es una gracia por medio de la ejecución de la justicia de Dios, no a pesar de ella.

Lo que reina aquí es la voluntad de Dios. El cielo es el lugar donde la voluntad de Dios no solo debe cumplirse, sino que *se cumple*. Es todo lo que hay. No obstante, si no quieres tener nada que ver con la caridad sangrante de su justicia en la cual se ha hecho su voluntad, sino que insistes en oponer tu voluntad a la suya, entonces el infierno es la provisión consecuente de Dios para ti. El infierno es donde no se hace otra cosa que tu voluntad, porque eso es todo lo que hay: solo tus apasionados deseos *curvados sobre ti mismo*, interminables, para siempre. Mateo caracteriza el infierno como la oscuridad donde *hay llanto y crujir de dientes*. La oscuridad es simplemente la ausencia de la comunión de Dios y todo lo que él ha hecho. Allí están simplemente tus inagotables pasiones que anhelan lo que mereces pero no tienes, porque lo mereces. El infierno está lleno de todos los que insisten en sus derechos y en lo que merecen... y están dispuestos a morir por ello.

La visión común del infierno es que es un lugar de castigo divino por haber sido incorregiblemente malos. Es el castigo eterno de Dios por haber obrado mal y, como tal, proporciona a quienes llegan allí una existencia ajena a todo lo que desean y sienten. No quieren ir allí; no quieren estar allí; y si tuvieran una segunda oportunidad para ir al cielo, la aprovecharían de inmediato y la considerarían una dulce liberación. Pero es una ficción que el infierno sea un lugar donde la justicia de Dios se aplica contra los pecadores impenitentes. Él ya ejecutó su justicia contra todos los malos y malhechores a través de su Hijo en la cruz del Calvario. Jesús murió por todos, no solo por los arrepentidos. Aquí los luteranos se separan seriamente de los reformados que defienden una expiación limitada en la cruz. En el infierno, todos son perdonados y justificados. Simplemente insisten en vivir separados de estas realidades y del Autor de las mismas. En lugar de decir al Señor Dios: *Hágase tu voluntad*, el Señor Dios, con reticencia, les ha dicho: *Hágase tu voluntad*.

La otra ficción es que, después de la muerte física, aquellos que están consumidos por el amor propio y no pueden soportar el olor del verdadero Dios, de alguna manera tendrán un cambio total de corazón. Los enemigos de Dios en esta vida siguen siendo lo mismo después de pasar a la otra. Piénsalo por un momento desde la perspectiva del incrédulo rebelde: si te dijeran que tendrás que pasar la eternidad separado de alguien a quien has odiado toda tu vida, ¿tendrías alguna objeción? Recuerda lo que nos dice san Pablo: *Mientras éramos enemigos, Cristo murió por nosotros*. O considera la imaginativa pregunta planteada en *El gran divorcio*, de Lewis: Si a los pecadores rebeldes del infierno se les diera la oportunidad de trasladarse al cielo y vivir en y para la plena presencia y la gloria de Dios, ¿querría alguno hacerlo? No. Piensen, chicas, en ese *nerd* que les erizaba la piel y que quería conquistarlas. Preferirías morir antes que estar con él, ¿verdad? Así es como los no creyentes están configurados para pensar sobre el verdadero Dios, el *Nerd* supremo del cielo. Preferirían morir antes que vivir con él, y Dios, a regañadientes, les permite exactamente eso. El infierno es la provisión de Dios para aquellos que prefieren morir antes que vivir con él. En ese sentido, Lewis concluyó: *Las puertas del infierno están cerradas por dentro*[6].

En el infierno, el enorme ego implacable de todas las criaturas caídas se convierte en el carcelero de nuestra propia prisión eterna. Para Lewis, la pregunta de si deberíamos creer en un infierno *real* se respondía con la idea de que *la propia mente de uno era lo suficientemente real*[7]. Inicias el

---

6. C. S. Lewis, *Problem of Pain*, p. 127.
7. C. S. Lewis, *The Letters of C. S. Lewis to Arthur Greeves* (New York: Macmillan, 1986), p. 508.

camino al infierno cuando estás amargado y resentido porque en la vida recibes lo que no mereces y estás completamente seguro de que Dios es el responsable. Y por supuesto, tienes razón. El camino en el que te encuentras incluye tu intención de hacer que las cosas cambien para poder obtener lo que justamente mereces. Sigue así y lo lograrás. Nos referimos a todo eso como infierno. El infierno no es simplemente un destino; es también el tipo de viaje que haces para llegar allí. Ya has estado allí antes de llegar. La Autopista al Infierno está pavimentada con los derechos que exige tu ego y acabarás en un destino donde todo, y solo lo que crees que te corresponde, será tuyo por la eternidad. ¿Existe el infierno en la Tierra? Sí, existe. El infierno es el lugar de la Tierra en el que te encuentras cuando tomas la autopista de *lo que yo merezco*. Es la naturaleza misma del viaje, así como su destino. Cuando tú y lo que deseas —por simple amor a ti mismo— es finalmente todo lo que te consume, estás en el infierno, ya sea en esta vida o en la otra. ¿Te parece espantoso? Pues escucha a Lewis: *En todas nuestras discusiones sobre el infierno deberíamos mantener constantemente delante de nuestros ojos la posible condenación, no de nuestros enemigos ni de nuestros amigos [...] sino de nosotros mismos*[8].

Y por supuesto, entendemos que la muerte es la puerta a cualquiera de los dos estados, el cielo o el infierno. La diferencia para todos los pecadores que viven bajo la maldición de la tierra es esta: puedes morir al pecado en esta vida, o simplemente morir. Si en esta vida estás totalmente comprometido contigo mismo como tu última preocupación, entonces ya vives en el infierno, muerto a causa del pecado. Tu condición posterior a tu muerte física será una continuación de lo mismo, sin posibilidad de cambio. Pero al unirte al Cristo crucificado, en tu bautismo, cuando mueres al pecado obtienes la vida. En el infierno obtienes la plenitud de ti mismo: tus derechos, lo que mereces, las pasiones del amor propio por encima de todo; el resultado final del *yo que se curva sobre sí mismo*; el yo que se derrumba finalmente y para siempre sobre el yo. El infierno es un estado mental. Por el contrario, el cielo es la realidad, la realidad total. Es todo lo que es real en la plenitud del tiempo: Dios y todas las cosas que él ha hecho, libres de las corrupciones y el deterioro del pecado, gloriosamente para siempre.

---

8. C. S. Lewis, *Problem of Pain*, p. 128.

www.ingramcontent.com/pod-product-compliance
Lightning Source LLC
Chambersburg PA
CBHW031502120626
46545CB00005B/1705